国家社会科学基金教育学一般课题（BGA 150037）

教育管办评分离的政府角色研究

史华楠◎著

本书在分析研究背景与研究目的之后，以政府教育职能转变、政府在教育管办评分离中的角色特征作为讨论的核心，以治理理论、制度理论和角色理论为核心分析工具，同时借鉴国外教育治理经验和我国地方教育改革实践，重点对教育管办评分离中政府主体所涉及的角色转型、职能重置、权力运行、合作共治、改革策略等进行了深入研究，梳理出政府教育职能的责任边界和权力清单，廓清政府角色定位的体制机制障碍，探索政府角色定位和政府行为转变的方略，在"政府管理教育"方面构建一个较为完整的结构模式和比较可行的政策体系。

九 州 出 版 社
JIUZHOUPRESS

图书在版编目（CIP）数据

教育管办评分离的政府角色研究／史华楠著．－－北京：九州出版社，2019.12

ISBN 978－7－5108－8731－4

Ⅰ.①教…　Ⅱ.①史…　Ⅲ.①教育职能—行政干预—研究—中国　Ⅳ.①G52

中国版本图书馆 CIP 数据核字（2019）第286220号

教育管办评分离的政府角色研究

作　　者	史华楠　著
出版发行	九州出版社
地　　址	北京市西城区阜外大街甲35号（100037）
发行电话	（010）68992190/3/5/6
网　　址	www.jiuzhoupress.com
电子信箱	jiuzhou@jiuzhoupress.com
印　　刷	三河市华东印刷有限公司
开　　本	710毫米×1000毫米　16开
印　　张	17.5
字　　数	295千字
版　　次	2020年6月第1版
印　　次	2020年6月第1次印刷
书　　号	ISBN 978－7－5108－8731－4
定　　价	75.00元

自　序

　　21 世纪初，当全面建设小康社会成为我国一切工作的出发点和归宿时，教育界就如何构建完善的现代国民教育体系、建立多样性的教育管理体制和教育发展机制，政府应如何确立教育优先发展战略地位等议题展开了有益讨论。而今，我国教育领域的治理方式已进入转轨期，教育体制改革步入深水区，政府成为这一轮教育改革的主要对象、着力点和推动力。随着我国教育改革发展进入新时代，建设教育强国是中华民族伟大复兴的基础工程，同时教育面临着国家治理转型、管办评分离、放管服改革的重大变革，此时政府的角色及其定位问题又摆在了我们面前。

　　构建教育治理现代化体系，推进教育管办评分离改革，责任在政府，关键是政府角色的重构和政府行为的转变。长期以来，我国政府教育职能的状况是：政府是学校的办学者、评价者和实际管理者，政校之间关系不分，学校组织行政化，管办评一体化，全国上下各级各类学校的一切事务皆由政府说了算，即便是高等学校，政府一般也是将其视为附属单位进行直接管理，自主办学权得不到落实。同时，事关学校建设发展和教育教学的各种教育评价一直由政府主导，评价运行机制的行政行为特征明显。这就意味着，政府在履行教育职能上存在的两大问题亟待解决：一是政府职能越位、错位、缺位等自身存在的突出问题，需要积极纠正；二是政府管理学校的威权强势模式，对教育事业发展产生不同程度的明显制约，需要加以治理。

　　但是，与上一次全面建设小康社会引发的政府角色定位讨论不同的是，当前政府角色的重新定位是在经历了推进行政职能转变、实施依法治教治校、巩固教育督导制度、探索政校分开和管办分离、扩大学校办学自主权等措施后提出的教育管理体制改革命题，已经触及了教育的本位和治理的真谛。而且，这一问题可以说是在深化教育改革、实现教育善治中带有基础性和制度性的重要问题。2010年《国家中长期教育改革和发展规划纲要（2010—2020年）》颁布以来，我国各级政府部门积极采取行动，不断推进管办评分离，先后取消了部分行政审批，有意识地向地方和学校放权。但是，由于教育改革涉及的复杂因素以及1949年后政府管理学校形成的历史惯性，加上政府、学校、社会三个主体在价值观念、合作目标、权利分享等方面一直存在冲突，导致现今政府管理、学校办学和社会评价的职能分割比较困难，从而造成政校分开、管办评分离步履艰难，社会参与教育评价仅仅停留在理论上，在一些关键领域的改革举措难以真正落地。从教育领域的基本状况看，影响管办评分离改革进程的因素很多，但归结为一点就是，过去的教育体制改革几乎没有触及政府的核心利益，政府缺乏进行"自我革命"的行为自觉，同时政府在教育治理中的"主导作用"和"示范作用"发挥得也不够，向基层学校和社会组织的分权放权依然偏于保守。由于政府在角色定位和职能转变上与教育领域顶层设计存在一些差距，致使教育管办评分离改革迈不出实质性步伐。

在教育改革的新时代，要实现"让美好人性自由舒展"的教育改革目标，就必须对"政府管理教育"的体制机制进行改革重构，厘清政府的职能方式和责任边界。党的十八大以来，我国的教育改革更加注重系统性、整体性、协同性，敢于涉深水区、啃硬骨头。党的十九大的召开，昭示着中国特色社会主义新时代的到来。习近平新时代中国特色社会主义教育思想，要求建设具有中国特色、世界水平的现代教育强国，其中强调要深化办学体制、管理体制等方面的改革，以教育公平促进社会公平正义。人们已越来越认识到：推进教育管办评分离改革是教育治理体系和能力现代化的重要途径！

在当下教育发展新目标和教育改革再出发的时代感召下，政府对自身角色有了更深的认识，而这种认识如何在教育管办评分离改革中实现"应然角色"与"实然角色"的统一，并取得教育体制改革的新突破，在很大程度上需要政府及时调整角色定位，改变履职方式。因此，在当前条件下，研究教育管办评分离的关键因素尤其是探索政府角色定位，揭示现实问题，把握主要矛盾，适应教育发展，促进治理转型，设计具有针对性的推进管办评分离的公共政策和行动策略。这对于提高政府管理教育的决策水平和行政效率具有战略性的现实意义。

本书是关于教育管办评分离中政府管理学校的角色定位和职能重构的学术著作。其内容主要来源于四个部分：一是国家社科基金教育学一般项目"教育管办评分离治理的政府角色研究"；二是江苏省社会科学基金项目"省级政府统筹下教育管办评分离改革的路径与制度设计研究"；三是江苏省教育厅委托研究课题"省级统筹下教育管办评分离改革研究"；四是近年在"教育经济与管理"专业研究生培养中对我国教育体制改革的重点焦点难点问题的最新心得。

但限于水平和能力，本书肯定存在认识不够全面、研究不够深入、论述不够准确等问题，期待有关领导、专家、同仁和各界朋友的批评指正。

史万楠

2019 年 9 月 18 日

目　录
CONTENTS

第一章

教育改革新课题：研究导论

构建教育治理现代化体系，推进教育管办评分离改革，责任在政府，关键是政府角色的重构和政府行为的转变。不论从时代背景、世界范围还是中国国情来说，在教育管办评分离改革中将政府角色重构作为一个核心要素加以研究显得尤为必要。本章主要是对教育管办评分离改革的政府角色研究的背景、价值、文献和学术构想等进行系统梳理，作为本书的开篇。

第一节　问题缘起及意义

一、问题的提出

在我国教育领域，"管办评分离"成为一种固定表述，最早出现在《国家中长期教育改革和发展规划纲要（2010—2020年)》（以下简称《国家教育规划纲要》)，此后我国把推进教育管办评分离提上教育改革的重要议事日程。《国家教育规划纲要》提出要"以转变政府职能和简政放权为重点，深化教育管理体制改革"，同时强调要"明确各级政府责任，规范学校办学行为，促进管办评分离"。紧接着，国家又以综合改革试点方式对教育体制机制改革进行了部署，在部分地区探索形成政府宏观管理、学校自主办学、社会有序参与的教育治理新格局。

党的十八大提出要"深化教育领域综合改革，构建政府、学校、社会之间新型关系"，党的十八届三中全会通过的《中共中央关于全面深化改革若干重大问题的决定》（以下简称十八届三中全会《决定》)在部署深化教育领域综合改革时提出要"深入推进管办评分离，扩大省级政府教育统筹权和学校办学自主权"。中央将"深入推进管办评分离"列为教育体制改革的首要任务，充分体现了教育管办评分离在构建国家教育治理体系中的重要地位。2015 年 5 月 4 日，教育部发布《关于深入推进教育管办评分离 促进政府职能转变的若干意见》（以下简称《教育管办评分离意见》），将推进教育管办评分离的任务概括为"厘清政府、学校、社会之间的权责关系，构建三者之间良性互动机制，促进政府职能转变"，提出管办评分离的目标就在于"提高政府效能、激发学校办学活力、调动各方面发展教育事业的积极性"。紧接着，教育部在全国范围内组织开展了教育管办评分离改革试点工作。与此同时，部分省市和地区参照中央的要求和教育部试点方案，积极推进了区域内教育管办评分离的改革试点工作。

应该看到，经过近几年国家的大力推进和各地的试点探索，教育管办评分离改革取得重要进展和有益经验，但仍存在一些问题和障碍。最明显的不足，就是一些地方政府的教育职能转变不到位，教育体制改革思路不清晰，管办评分离改革不彻底，出现明显的"夹生饭"现象；各级教育行政部门对基层学校的威权管控依然故我，同时学校的行政化和管理上的惯性思维积重难返，培育社会中介组织、引入社会力量参与教育评价步履艰难，等等。这些问题的存在足以说明，在贯彻执行《国家教育规划纲要》、十八届三中全会《决定》和《教育管办评分离意见》过程中，各级政府教育职能的重置、学校办学自主权的下放、社会组织参与教育评价的推进等面临着艰巨的任务，需要集中资源和智慧，积极寻找解决问题的"突破口"，深入研究推进教育管办评分离的应对之策。

二、研究的意义

在深化教育领域综合改革中推进教育管办评分离成为国家构建现代教育治理体系的顶层设计，政府及其教育行政部门对教育事业和各级各类学校的管理模式与角色行为必将发生重大转变，学术界和教育界急需就教育管办评分离中政府的教育职能和角色定位进行研究和探索，为构建政府、学校、社会之间新型关系，实现教育管办评分离目标，构建国家教育治理体系，拿出解决问题的方案。因此，不论是从世界教育公共治理历程看，还是单从我国教育体制改革实践看，教育管办评分离的政府角色研究都有着现实的必要性和重要的学术意义。

（一）研究的理论意义

在教育管办评分离改革研究中，比较而言，政府的角色重构有着更深层次的意义。政府教育职能的重新认定、调整与转换是教育管办评分离的实质内容之一，随着教育改革的深入发展，学术界围绕政府教育职能转变进行了富有价值的探讨。在这期间，学者们除对教育现代化背景下的政府教育职能展开讨论，对其科学内涵、一般特征和职能机构等基本认识进行探索外，更多是关注教育行政管理的现实与弊端。因而，教育行政管理的外部环境与社会基础、教育行政管理的体系特点、教育行政管理面临的主要矛盾和存在问题，都成为人们研究的热点。近年来，随着教育管办评分离命题的提出，教育行政职能的转换和政府管理角色的定位也日渐迫切，学界对此也展开了一些研究。例如对政府教育职能的理想目标进行了系统设计，对政府职能转换的具体内容进行了深入分析。这些研究形成的认识和结论或许不够完善，有的还需要经过实践的检验，但政府教育职能的转换趋向已逐渐达成共识，而这种职能转换和角色重构的有效实施还期待着相关的理论指导。因此，政府教育职能转换后的角色定位成为教育管办评分离研究的核心问题。

教育管办评分离是教育综合改革的热点，也是教育体制改革的目标之一。我国从上到下政府教育职能的行政模式单一，一般情况下与大多数行政机关的管理模式相似，因而学术界对政府的角色重构和职能定位的理论研究几乎是空白。这几年对教育管办评分离改革的关注增多是一个可喜现象，但围绕政府角色定位的成果不多，理论体系尚未建立，实践基础也较为薄弱。因此，本研究试图从理论上阐明政府教育职能转换、实施教育管办评分离的必然性，通过探究教育管办评分离政府角色重构的理论依据、制度设计和政策支持，为深入厘清政府管理教育的角色定位和主导作用，构建教育治理体系的"中国模式"提供基础理论和学术参考。

（二）研究的实践意义

教育领域的改革绝非是学校去行政化、办学相对独立化、自主招生和设置专业、精简编制职数等那么简单，将管理主体和办学主体分开，引入社会力量参与办学和开展教育评价，向社会购买教育服务，以构建现代教育治理结构，全面促进教育公平，则是教育领域的最终改革目标。现今教育领域政校不分、管办不分严重存在，一些地方的政府教育行政管理部门依然扮演着运动员、裁判员和评论员的角色。从 1985 年开始，党中央和国务院先后做出教育改革的一系列决定。30 多年过去了，教育体制改革进展缓慢，在实践中出现了许多新问题。因此，本研究通过深入调研和实证分析，找出制约政府角色定位和政校关系建构的"中国问题"，研究提出符合中国教育发展实际的应对策略，这对于繁荣国家教育事业，促进教育公平，提高办学效益，具有十分重要的现实意义。

第二节　国内外研究现状

国外教育公共治理和政府职能改革的研究，可以追溯到 20 世纪 70 年代，到了 20 世纪的末期，该问题更是受到越来越多的关注。学术界针对教育公共治理的研究，主要是依据"新公共管理"理论、教育市场化理论和教育权力理论，从教育治理基本内涵、教育治理主体关系、教育治理政府职能、教育治理市场培育、教育治理社会评价、教育治理目标措施等几个角度展开的。近年来，随着政府职能转变的加快和教育公共治理观念的普及，国内学者从不同的角度、用不同的方法对教育公共治理的现实问题展开了一些开拓性和架构性研究。然而梳理文献发现，现有研究基本没有突出政府角色在教育治理中的主导作用，教育管办评分离研究中属于政府角色重构和职能定位的成果并不多。

一、国外研究进展

教育管办评分离是我国特有的概念与教育治理形式，在一些发达国家虽没有专门的对应研究，但围绕政府教育管理、教育公共治理等方面的研究始终没有停止过。特别是受新公共管理思潮影响而引发的西方政府再造运动和地方分权改革，既对西方国家教育公共治理和教育制度变革产生重大影响，同时也成为我国教育管办评分离中政府角色重构的理论渊源和经验借鉴。因此，梳理回顾西方国家教育治理发展历程对于研究我国教育管办评分离改革中政府的角色功能有着重要的现实意义。

1. 新公共管理思潮与政府公共教育变革

自 20 世纪 70 年代开始，曾主导西方公共行政领域一个多世纪的传统政府公共行政，遭受到新环境的严峻挑战，昔日被许多国家视为行之有效的行政模式被纷纷质疑，即使包括伍德罗·威尔逊（Woodrow Wilson）与古德诺（Goodnow）的"政治—行政"二分论和马克斯·韦伯（M. Webe）的科层制在内的行政理论也无法回答和解决政府所面临的危机。在此背景下，西方国家先后掀起了新公共管理运动，并逐步形成了"新公共管理理论"（New Public Management Theory）。"新公共管理"概念最早是由胡德（C. C. Hood）在《一种普适性的公共管理》一文中提出的。他以经济学为基础，将"新公共管理"看成为一种以政府与市场的协调关系为核心，以明确的责任制、产出导向和绩效评估为手段，以改善竞争为特征，以准独立的行政单位为主的分权结构。与传统公共行政相比，新公共管理理论具有三个特点：首先是强调以市场为取向重塑政府与公众的新型关系，认为政府不再是只会发号施令的威权机构，而是以人为本的公共服务提供者，政府应实现从"管治行政"向"服务行政"的转变；其次是强调政府应该解决角色定位问题，在职责中明确"该管什么"和"不该管什么"，认为在公共行政中"掌舵"和"划桨"的职能各有不同，要建立一种把"政策制定（掌舵）"同"服务提供（划桨）"分开的行政体制；① 再次是强调重新定位政府职能及其与社会的关系，将竞争机制引入政府公共服务领域，认为政府公共管理需要"自由化"，其目的在于实现"让管理者来管理"。

不可否认，新公共管理的出现与西方社会所面临的一系列现实问题分不开，但它也反映了当时社会转型特征对各国公共管理所提出的新期许，其中一个重点是使对传统公共行政模式的批评延伸到了公共教育领域。一些研究者"提倡把市场竞争的某种形式作为学校改革的基础"，② 强调在新的制度框架下重建公共教育体系。其中约翰·E·丘伯和泰力·M·默依据新公共管理理论对公立学校的民主控制制度提出了质疑，他们对科层制体系进行了严厉抨击。他们认为："所有的学校都深受其所处的制度环境的影响——学校以何种形式进行组织，运作是否成功，在很大程度上反映了其所处的制度背景"，③ 而目前公立学校实行自上而下的高度层级化的民主控制制度，其运作效率是比较低下甚至无效的。在教育分权、择校运动、公立教育私营化和教育资源配置不断最优化条件下，

① 【美】戴维·奥斯本、特德·盖布勒：《改革政府：企业精神如何改革着公营部门》，上海：上海译文出版社，1996 年版，第 11－12 页。
② 【美】罗伯特·G·欧文斯：《教育组织行为学（第 7 版）》，上海：华东师范大学出版社，2001 年版，第 174 页。
③ 【美】约翰·E·丘伯、泰力·M·默：《政治、市场和学校》，北京：教育科学出版社，2003 年版，第 3 页。

如采取在制度内修修补补式的局部变革办法是无济于事的，需要通过大力推进制度变革才能从根本上提高教育质量，为社会大众提供最好的教育服务。他们认为，制度变革的有效途径在于，将自由市场的原则引入到公共教育体系，以私立学校的办学模式来改革公立中小学校。① 他们解释说，与传统低效的学校民主控制制度相比，建立在学校自主权、择校和竞争等要素基础上的教育市场制度效率会普遍提高，不失为一种可供选择的学校管理方式。

2. 教育市场化进程与政府教育职能改革

在现代社会中，政府与市场是两种最基本的组织形式，而且也是推动、控制和影响社会进步发展的两股强大力量。② 在 20 世纪最后的 20 多年，为迎接全球化、信息化和知识经济时代的来临，抑或也是为了摆脱财政困境、提高国际竞争力和政府效率，西方各国相继掀起了"政府再造"热潮。但是西方各国开启政府改革的起因、议程、途径和策略以及改革的范围和力度有所不同，不过有一个共同的特征就是借用企业家精神来克服政府的官僚主义，用市场导向来实现政府职能的全新定位，采用工商管理的理论和方法来推动以科层官僚制为基础的传统行政模式向以市场为基础的新公共管理转变。"政府再造"的倡导者认为："政府的职责是掌舵而不是划桨……直接提供服务就是划桨，可政府并不擅长于划桨。"③ 此观点为政府的教育市场化改革奠定了理论基础。在这种理论指导下，西方各国特别是一些发达国家在教育领域陆续进行了市场化改革，教育公共治理经历了"政府垄断""市场选择""社会参与""合作共治"等四个阶段。④

美国诺贝尔奖获得者弗里德曼（Milton Friedman）因其地位和影响，被看作是西方教育市场化的代言人和重要代表人物。弗里德曼对政府与市场关系的基本看法，反映在他对公共教育的态度上以及对政府"邻近影响"角色作用的认识上。作为教育市场化的推动者，他从 1955 年以后陆续发表《政府在教育中的

---

① 朱利霞：《国家观念、市场逻辑与公共教育——转型期西方公共教育改革研究》，济南：山东教育出版社，2010 年版，第 82 页。

② 陈振明：《政府再造——西方"新公共管理运动"述评》，北京：中国人民大学出版社，2003 年版，第 1 页。

③ 【美】戴维·奥斯本、特德·盖布勒：《改革政府：企业精神如何改革着公营部门》，上海：上海译文出版社，1996 年版，第 1 页。

④ 宋官东、吴访非：《我国教育公共治理的路径探析》，《中国教育学刊》2010 年第 12 期，第 19 - 22 页。

作用》《学校的问题在哪里》和《公立学校：使其私有化》等论著，阐述他对教育市场化的重要观点。在他看来，19世纪后半叶以来美国建立的公共教育制度实质是一种政府垄断，学校对学生、学生对自己的学习均不用负责；要改变这种状况，采取以往的改革措施必定是无效的，唯一出路是废除义务教育的立法、走教育市场化道路。他认为，公共教育领域应减少政府对学校的直接干预，政府应重点发挥两个作用，即"满足消费者最大限度的自由""提高办学效益和办学水准"。他分析说，政府对教育领域的职责不能无原则地扩大，政府如需干预学校办学只能限于两点缘由：一是"邻近影响"的存在，二是"家长主义"的关怀。① 他所谓"邻近影响"的作用有两层含义，既构成限制政府的活动，又构成扩展政府活动的理由。在他看来，政府应分清"负责任"和"不负责任"的界限，对那些不负责任的人来说，政府就有理由根据"家长主义"采取教育干预行为。当然，弗里德曼关于教育市场化改革的一些主张，在较长一段时间里并未被各国政府所接受，直到20世纪80年代末期，他的理论才开始引起人们的关注并迅速流行开来，对西方国家的公共教育改革和教育政策制定产生重大影响。

3. 地方分权理论与政府教育分权放权

地方政府间的权力结构运行与公共服务合作，一直是各国普遍关注的难点问题和热点领域，但真正以地方政府权力结构为研究对象则是从20世纪50年代开始的。从政府分权放权的概念看，西方学者偏好使用"地方分权"和"分散经营"来描述"自上而下"的教育改革趋势。在西方教育分权语境中出现频率较高的概念是"择校"，但相对于中国人的观念来说西方学者所谓的"择校"反映了西方人"权力共享"原则，其内涵至少包含了"放权""摆脱政府控制""摆脱区划"以及"废除种族隔离"等多个义项。美国学者唐纳德·凯特尔（Donald F. Kettl）在解释"权力共享"时认为，"并不是如何在市场或政府之间进行选择，而是如何在它们之间达到一种最佳的平衡状态，以及如何管理这一平衡过程所产生的各种问题"。② 学者劳格格（Lauglo）认为，"分权"不应被看成是一个单个的概念，其实它对传统官僚教育制度的八种选项进行了区分，

---

① 朱利霞：《国家观念、市场逻辑与公共教育——转型期西方公共教育改革研究》，济南：山东教育出版社，2010年版，第73页。

② 【美】唐纳德·凯特尔：《权力共享：公共治理与私人市场》，北京：北京大学出版社，2009年版，第30页。

即自由主义、联邦主义、平民论的地方主义、参与式民主、教师职业特性、目标管理、市场机制、分权，而其中有四项反映了权力重新分配时的政治合法化的不同，另外四项反映了在办学效益和办学质量上各自不同主张。① 法国学者雅基·西蒙（Jacky Simon）与热拉尔·勒萨热（Gerard Lesage）在他们的论述中力图区分放权与分权的不同，认为放权就是将决策权赋予中央权力机构成员以外的权力机构，分权是指将重要决策权赋予不同行政管理单位或服务部门，认为"权力分散只是领导的一种技巧，本身并没有民主含义"。②

从现有文献可知，一些西方学者对不同国家之间的教育分权政策做过一些比较和研究。他们的基本结论是，尽管不同国家教育改革呈现出分权趋势，但中央政府并非完全放弃教育管理权责，而且在政策的具体内容上不同国家、不同地区往往存在较大差异。在教育分权改革的效应方面，西方学者将争论的焦点集中在"以市场经济要素为核心的公共教育重建改革的利与弊"。③ 有一部分学者反对所谓教育分权改革，认为以市场为导向的教育分权和教育政策带给教育更多的是负面影响，市场导向的教育分权改革并非实现公平目标，相反在许多方面无公平可言。但一部分支持教育分权改革的学者认为，学校之间的竞争其目的在于有效降低教育成本，在此基础上再去确保教育质量的提高；放权与择校是将公立学校推向市场的重要途径；教育分权改革的重点是逐步分解集权化的教育体制，将市场因素引入教育领域，从而转变政府教育职能的家长式角色。④

二、国内研究现状

1985 年《中共中央关于教育体制改革的决定》颁布，正式开启了我国教育改革的进程。早期的教育改革，由中央政府发起并主导，所以这一时期研究文献大多是相关国家教育政策的汇编及其教育主管部门的改革设想，涉及教育体

---

① 【英】杰夫·惠迪、萨莉·鲍尔、大卫·哈尔平：《教育中的放权与择校：学校、政府和市场》，北京：教育科学出版社，2003 年版，第 44 页。
② 【法】雅基·西蒙、热拉尔·勒萨热：《法国国民教育的组织与管理（第 8 版）》，北京：教育科学出版社，2007 年版，第 159 页。
③ 蒲蕊：《政府与学校关系的重建——一种制度分析的视角》，武汉：武汉大学出版社，2009 年版，第 11 页。
④ 【美】约翰·E·丘伯、泰力·M·默：《政治、市场和学校》，北京：教育科学出版社，2003 年版，第 209 页。

制改革的学术类成果很少。20 世纪 90 年代以后，特别是党的十四大至十五大，学术界对教育改革的研究逐渐增多，研究的范畴和内容也大为拓展，其中教育体制改革受到重点关注，出版了一些教育改革的论著和论文。进入 21 世纪，我国教育体制改革的研究出现了新一轮的高潮。西方教育治理理论及其模式的引入，给我国正在进行的教育体制改革提供了崭新的视野。近年来，国内学者从不同的角度对我国教育公共治理及其管办评分离进行了一些开拓性研究。对教育管办评分离的政府角色研究而言，由于管办评分离属于教育体制的新近改革，理论上不成熟，实践上也没有以往经验作为参考，因此至今有关政府角色的文献资料屈指可数，更不成系统。现将相关研究概述如下：

1. 教育公共治理与政府角色作用研究

与国外相比，我国教育公共治理研究始于 20 世纪 90 年代。国内学者针对当时教育产业化实践出现的种种弊端，将教育研究的视角逐步移出教育与市场之间的"线性关系"，转而进入政府、市场、学校构建的"三重关系"。这个时期的研究成果一致指出，我国的教育治理主体应由政府"一体化"走向"多元化"。有学者以市场经济体制下政府、市场、大学的新型关系为题致力研究，引发人们对教育治理"三重关系"的关注；① 有学者从比较中西方教育体制的不同，集中论述了对教育公共治理的认识，拓展了我国教育治理的研究视野。② 检视文献发现，从 2003 年开始，学术界围绕教育公共治理的研究成果不断增多。这时期，除单篇论述外还出现了学术专著。这些成果的内容，大多致力于教育公共治理的学理研究，对我国教育公共治理的目标、内容、路径等进行了有益的探索。

教育公共治理是国家教育制度创新的重要产物，是在政府主导下的多主体协作实现教育公共利益最大化的过程。这一过程中，需要通过制度建构来保障政府、学校、市场和社会各主体共同参与教育公共管理并承担相应责任。为此，根据政府的基本特性，将教育公共治理的内容及政府在其中的角色作用归纳为四个方面：第一，教育公共治理是教育服务提供和生产的一种工具；第二，教育服务以何种方式提供是一种制度安排；第三，教育公共治理如何规范参与者

---

① 张德祥：《政府与高等学校之间的"缓冲器"》，《高等教育研究》1995 年第 4 期，第 37 – 41 页。

② 劳凯声：《重构公共教育体制：别国的经验和我国的实践》，《北京师范大学学报（社会科学版）》2003 年第 4 期，第 75 – 86 页。

的行为是政府的一项义务；第四，教育服务是否符合规范的要求，需要政府的监督与控制。① 学者们特别强调，政府是教育公共治理的主导者，一个国家以何种制度提供教育服务，以及如何规范和控制教育服务的过程和教育公共治理中不同主体的关系与行为，这既是政府的责任，也是政府的义务。有学者分析认为，我国教育公共治理有着自己的特色，主要包括"政府主导，多元参与；政校分离，自主办学；机制设计，激励相容；绩效评价，管教评分离"② 等几条路径。

2. 政府职能转变和教育行政权力研究

在我国教育领域，政府职能转变经历了从改革定向到政策落地的过程，其代表性文献有《中国教育改革和发展纲要》和《国家教育规划纲要》。1993 年中共中央国务院发布的《中国教育改革和发展纲要》，是指导 20 世纪末期乃至 21 世纪初我国教育改革和发展的纲领性文件，在中国教育发展史上特别是对改革开放以来的教育改革发展产生了非常深远的影响和作用。在新的形势下，学者们的研究选题开始聚焦到教育领域的政府职能转变问题，同时构建教育公共治理体系成为共同的呼唤。胡伶分析认为：构建教育公共治理体系，意味着政府履职方式将从"全能政府"向"有限政府"过渡，意味着教育管理体制从政府"一元中心"转向政府、社会、市场共同构成的"多中心"公共行动体系，而在这一过程中转变教育行政职能则是关键。为此，根据公共治理的原理和范式选取了地方教育行政职能转变的若干核心因素进行了研究，逐个分析了政府职能转变的战略优势、劣势、机遇和威胁，提出了教育行政组织实现教育行政职能合理转变的战略选择。③

为推进地方教育行政职能的转变，学术界对各级政府的教育行政权力的现状做了调查和研究。有学者引入组织行为学的概念框架和认识方法，力求使教育行政研究与一般性的行为科学和管理科学进行对接，他们从组织行为学的框架出发，针对某省教育行政机构组织结构、职能和行为进行调查研究，揭示了教育行政机构组织行为的一些特征和存在问题，初步回答了教育行政部门是什

① 宋官东：《教育公共治理导论》，沈阳：东北大学出版社，2012 年版，第 188 页。
② 宋官东、吴访非：《我国教育公共治理的路径探析》，《中国教育学刊》2010 年第 12 期，第 19 - 22 页。
③ 胡伶：《地方教育行政部门的职能转变——基于公共治理视角的分析》，《教育发展研究》2010 年第 12 期，第 14 - 20 页。

么、在做什么的问题。① 同时，有学者认识到，在教育管理体制中县级教育行政组织至关重要，县级教育行政组织的转变直接影响到教育管理体制改革的成效。有学者重点对浙江省、江苏省和贵州省的部分县级教育行政组织的职能范围、职能方式、职能机构和职能效果评价进行了实证调查和分析，就目前县级教育行政组织存在的问题提出了对策，认为："县级教育行政组织应从动态调整职能范围、更新职能履职方式、精简和调整职能机构、强调对职能效果的评价等方面入手，加强自身职能建设"。② 应该看到，这一时期教育行政权力边界问题也受到学者的重视。有学者认为：教育行政权力边界包括法制边界、专业边界和价值边界；由于教育行政体制缺陷及公众参与决策机制不完善等原因，造成教育行政权力容易逾越法制边界、专业边界和价值边界；应探索中国教育行政权力边界的守护机制，需要完善教育法制，改革教育行政体制，增强教育行政的法制化、民主化和科学化。③

3. 政府简政放权与政校关系重构研究

教育的分权和放权，是 20 世纪 80 年代以来全球性公共教育改革中的趋同理念和实践策略，国内有数篇文献论及这个问题。有学者在分析前人成果基础上将教育分权归结为五种基本类型：教育权力在政府及其教育行政机构之间的分散、分享与制衡；政府对学校放松管制，让学校自主办学；教育权力从政府部门向社会领域的分散、转移；学校管理中对教师的赋权；扩大家长的学校选择权。④ 有学者认为，教育行政体制改革应实行教育行政地方分权制，其功能是促进地方教育事务的推进以及跨地区的教育合作，优点在于地方政府实际拥有绝大部分权限，可因地制宜地制定教育政策促进本地区教育发展，避免出现教育的僵化和呆板，促进地方教育事业发展的多样化和个性化。⑤ 有学者认为：教育放权改革是深化教育管理体制改革、建立现代学校制度的必然趋势，意味

---

① 李轶：《教育行政：是什么、做什么——对某省教育行政机构组织结构、职能和行为的研究》，《北京大学教育评论》2007 年第 2 期，第 157 – 171 页。

② 胡伶：《地方教育行政职能现状的实证研究》，《教育理论与实践》2011 年第 2 期，第 20 – 24 页。

③ 龙耀：《论教育行政权力的边界——兼论中国教育行政权力边界的守护机制》，《高等教育研究》2011 年第 5 期，第 37 – 47 页。

④ 贺武华：《"教育分权"的类型研究》，《职业技术教育》2007 年第 28 期，第 17 – 19 页。

⑤ 龙耀：《论教育行政权力的边界——兼论中国教育行政权力边界的守护机制》，《高等教育研究》2011 年第 5 期，第 37 – 47 页。

着政府转变教育治理模式、社会有序参与、学校以绩效换自主以及督导问责制度和机制的建立和完善，但放权给谁、如何放权、放多大权合适，则是政府简政放权、学校依法自主办学和社会有序参与的前提性思考。①

政府与学校变革关系是现阶段教育管理体制改革的重要议题。有学者在研究我国政府与学校关系变革时发现，新中国成立以来政府与学校的关系变革主要涉及两个议题：一是政府间的教育管理体制变革；二是各级政府与处于教育变革中学校的关系。前者主要是政府间关系的调整，后者涉及学校自身变革自主权的问题，即学校在进行教育变革时是否具有以及在多大程度上具有办学自主权。为此，他们把60年来我国政府与学校变革关系的历程划分为四个阶段。②有学者立足于当代中国社会转型变革的宏观背景，采用一种制度分析的视角，对政府与学校关系重建问题进行了系统研究，在他们看来，探索重建政府与学校的新型关系，必须重视制度本身以及制度环境的基础作用；建立新型的政府与学校关系，需要适当的制度安排和制度创新。同时他们认为："在某种意义上说，重建政府与学校关系的过程，就是一个制度创新的过程"。③

4. 教育管办评分离的理论与实践研究

教育管办评分离是"推进国家治理体系和治理能力的现代化"的改革总目标在教育综合改革领域中的深刻反映，其核心任务就是"构建政府、学校、社会之间新型关系"。2010年以来，教育管办评分离逐渐进入教育理论研究的视野，尽管现有成果不是很多，但大体可以梳理出人们对该问题的认识轨迹。

有学者认为，从治理的角度说，教育管办评分离就是重新厘定政府作为行政管理者、学校作为具体办学者、社会作为教育评价者的关系，形成政府科学管理、学校自主办学、行业自律、社会参与、协同共治的开放互动的教育治理体系。④ 有学者认为："管办评分离，对学校的基本要求就是建设'依法办学、自主管理、民主监督、社会参与'的现代学校制度，致力于学校内部治理体系

---

① 蒲蕊、徐蕾：《对教育放权改革的思考》，《教育学报》2015年第5期，第13-18页。

② 凡勇昆、邬志辉：《建国以来我国政府与学校变革关系历史嬗变》，《现代教育管理》2012年第1期，第29-35页。

③ 蒲蕊：《政府与学校关系的重建——一种制度分析的视角》，武汉：武汉大学出版社，2009年版，第3页。

④ 杨志刚：《基础教育管办评分离的实践探索与理论分析》，《中国教育学刊》2014年第7期，第7-9+18页。

和治理能力的现代化"。①有学者认为：政府是公办教育的举办者，但不一定要亲自管理学校，管办评分离是打破千校一面格局的重要举措，形成"多样化的办学模式"。②有学者认为，深入推进管办评分离，就是厘清政府、学校、社会之间的权责关系，构建三者之间良性互动机制，形成"学校自主、行业自律、社会监督、政府监管的多元共治格局"。③

关于教育管办评分离的目标，学界普遍认为，推进管办评分离是现代教育管理制度的必然选择，是建设现代化教育强国的制度保障。有学者认为，管办评分离主要是解决政府对学校管得过多过细、抑制学校办学活力的问题，"管办评三者既相对分离也相互促进，相互协调，相互监督"，加快推进教育治理体系和治理能力现代化是"基本实现教育现代化的必然要求"。④在教育管办评分离的策略方面，有学者提出要明确各级政府的责任，规范学校办学行为，发挥社会力量的作用，以制度创新来激发教育事业可持续发展的动力。⑤ 有学者认为，实现教育管办评分离可以分三步走：一是推进政校分开，建设现代学校制度；二是推进依法行政，完善教育行政管理体制；三是推进依法评价，建立科学、规范、公正的教育评价制度。⑥ 在教育管办评分离的政策方面，有学者认为，要在深入理解国家相关政策文件的基础上，深入探讨教育管办评分离的政策含义，其工作重点在于"扩大省级政府教育统筹权和学校办学自主权"，"完善学校内部治理结构"，"改进和加强教育评估监测"。⑦

---

① 刘利民：《管办评分离是学校改革的新起点》，《中国教育学刊》2015 年 12 期"卷首"。

② 杨东平：《政府不一定要亲自管理学校》，《中国青年报》，2013 – 12 – 10，第 2 版。

③ 《推进管办评分离 构建教育公共治理新格局——〈教育部关于深入推进教育管办评分离促进政府职能转变的若干意见〉专家座谈会发言摘登》，《中国教育报》，2015 – 05 – 12，第 6 版。

④ 孙霄兵：《推进管办评分离 构建教育公共治理新格局》，《中国高等教育》，2015 年第 20 期，第 20 – 23 页。

⑤ 张力：《教育系统管办评分离的政策含义》，《中小学管理》2015 年第 3 期，第 15 – 17 页。

⑥ 《推进管办评分离 构建教育公共治理新格局——〈教育部关于深入推进教育管办评分离促进政府职能转变的若干意见〉专家座谈会发言摘登》，《中国教育报》，2015 – 05 – 12，第 6 版。

⑦ 张力：《教育系统管办评分离的政策含义》，《中小学管理》2015 年第 3 期，第 15 – 17 页。

三、既有研究评述

新公共管理理论和教育市场化理论对西方整个政府公共管理和教育制度改革无疑产生了重大影响。由于我国"教育管办分离"属于政府职能转变的一部分，因此，西方的新公共管理理论、教育市场化改革理论及其成熟运作模式的引入，给我国教育体制改革提供了崭新的理论和实践视野。新公共管理理论和教育市场化改革理论，尽管对政府的职能和角色进行了分类和界定，更加强调政府公共服务的有效提供，更加强调自由竞争条件下教育投资的市场因素及回报绩效，对我国政府行政体制改革和推进教育管办评分离改革不无借鉴意义，但是由于国外没有与我国政府构架和教育体制的直接对接物，因此许多理论和研究与我国实际情况不符，在借鉴国外研究成果时应该结合我国的实际情况进行取舍和扬弃。

"教育是让人追求有意义的生活，教育改革的目标是让美好人性自由舒展。"① 在教育改革的新时代，要实现"让美好人性自由舒展"的教育改革目标，就必须对政府管理教育的体制机制进行重构，真正理清政府的职能方式和责任边界。因此，"政府该干什么"是我国教育管办评分离中争论不休的问题。近年来我国学术界所做的研究是富有成效的，一些学者立足于国内现状，提出了许多不同的教育治理模式（如教育市场化模式、教育分权化模式、小政府大社会模式等），为管办评分离寻找路径。在政府角色方面，目前研究趋势主要表现为：其一，更多关注教育治理所处的现实问题；其二，更多关注政府与学校关系的建构，呼吁回归教育本质来定位政校关系；其三，更多关注教育管办评分离的内涵特质和实施路径。一些学者立足中国的大背景，对教育管办评主体的逻辑关系、分离的理想目标和应对策略做出了种种考虑，尤其对于教育分权改革和管办评分离条件下政府职能的进一步转变提出来一些设想和建议。这些研究，展示了国内学者对教育管办评分离基本问题的学术理解，也反映了政府角色之于教育管办评分离起关键作用的理论共识。但不可否认，国内研究对于教育管办评分离中政府角色的认知还不够全面，目前无人对政府角色定位问题进行专题研究，政府"为何"在管办评分离中扮演掌舵者角色以及"如何"去主导教育管办评分离的命题，尚未有人给出具体答案。

---

① 赖配根：《教育是让人追求有意义的生活》，《中国教育报》，2014 – 8 – 22，第 2 版。

第三节　研究的学术构思

一、相关概念的界定

概念对于理解和研究"教育管办评分离与政府角色重构"具有特殊的重要性，它是进行"思考、批评、辩论、解释和分析"的工具。[①] 为深入讨论问题，这里对研究中涉及的几组常见概念做一个界定说明和简略辨析。

1. 政府、学校、社会

"政府"首先是一个政治学概念。政府与其他组织的区别有两个：一是政府是服务于全体社会成员的组织；二是政府具有其他组织所不具备的强制力。从本义上来说，"政府"专指依法行使国家权力，掌管国家公共行政事务的机关。从外延上说，政府又是一个多层级、多领域的概念，大凡一切国家政权机关以及一切公共机关都可以统统归入政府的范畴。而本书研究的政府，则是一个狭义概念，其层级定位和领域指向比较明确，即所谓"小政府"：一方面指从中央到县（区）级政府组织；另一方面是指教育领域的各级教育行政部门，如"省教育厅""县教育局"等。从政府的定义中可见政府与国家的密切相关性，本书在后面的讨论中对国家与政府这两个概念并不加以严格区分。

"学校"是构成教育系统的主体部分，是政府管理教育的对象和客体。广义的学校应指"专门进行教育的机构"。[②] 考虑到政校关系中学校权限格局问题的常见性和突出性，为准确把握政府与学校关系的现状，本书所使用的"学校"概念特指公办的中小学、职业学校、特殊学校和高等学校。

"社会"在教育管理领域是一个含义很不明确的概念。在本书中，社会既指社会组织也指社会公民，是包括除政府和学校以外的所有机构和个人。

2. 职能、角色、定位

"职能"一词是职位和能力的合称，原指"一定职位的人完成其职务的能

---

① 【英】安德鲁·海伍德：《政治的密码》，北京：中国人民大学出版社，2016 年版，第 2 页。

② 商务印书馆：《现代汉语词典》（1996 年修订本），第 1430 页。

力"。引申用以描述机构职能时，一般包括机构所承担的职权、作用等内容。本书所使用的"职能"概念，主要指称"政府职能""教育行政职能""学校办学职能""校长管理职能"等。

"角色"，原指演员扮演的剧中人物，也比喻戏剧演员专业分工的类别，后来引申为生活中某种类型的人物。在心理学、社会学、行为学上，"角色"一般用于指人物的区分类型，但在行政管理、公共服务、机构改革等领域，"角色"也用以指称组织的作用类别。教育管办评中的"政府角色"，其含义就是指"政府的作用"。

"定位"，通俗的解释是"确定某一事物在一定环境中的位置"，如产品在市场中的定位，人物在组织中的定位等。"定位"这一概念源自军事领域，本义是"驱动军队抵达决战地点"，后来词义不断丰富，既指"确定事务的方位"，又指"一定的规矩或范围"。在本书中，"定位"概念的含义主要指后者。政府角色"定位"的目的在于从宏观的角度回答政府在教育管办评分离过程中"该干什么"的问题。

3. 事权、职权、威权

所谓"事权"，是指一级政府在公共管理中应承担的任务和职责，有时也指政府按照相关法律法规进行行政事务管理的权力。通常情况下，对政府间的事权进行划分和下放，主要依据各级政府的职能分工。在教育治理体系中，政府的事权是国家法律法规所赋予的职责，其教育管理权的划分和下放必须遵循严格的制度安排和行政程序。

所谓"职权"，是由职能派生出来的一种行政权力。职权与职能一般成"对称关系"，职能是明确职权的基础和前提，职权是保障实现职能的必要条件。在教育领域里，不同治理主体所拥有的不同职权，都来源于这些主体的职能规定，而超越"职能"的"职权"是不存在或是无效的。

所谓"威权"，是指威势和权力。行政学上有所谓"威权主义"，一般指的是依靠各种强制性行政手段以控制国民自由的一类政府。在威权体制下，政府要求国民绝对服从其权威，个人不得有思想和行动的自由。在教育管理上，"政府威权"仅仅局限在适当的行政层面，即使是高度管制的教育管理模式，也不能归入"威权主义"。

4. 行政、管理、治理

所谓"行政"，一般指的是政府行政机关和一定的社会组织在其活动过程中所进行的各种组织、控制、协调、监督等活动的总称。政府及其教育主管部门对区域内各类学校和各种教育活动实行方方面面的管理，其履职的整个过程通常称为"教育行政"。

所谓"管理"，是指在特定条件下，围绕既定组织目标，对组织所拥有的人、财、物及其他资源进行有效的决策、计划、组织、控制的过程。教育管理与教育行政的区别在于：前者是教育领域内的一种行政管理行为；后者则是对政府行使教育行政职能的总称。

所谓"治理"，其概念源于经济学和公共管理学，原指通行于规制空隙之间的那些制度安排，现在主要是指政府的治理工具或者政府治理方式，以及通过某种途径用以调节政府行为的机制。"治理"与"管理"虽只一词之差，但内涵大不一样。从管理到治理，最核心的变化就是治理主体的多元化。传统的教育管理一般是指政府从上至下的行政管理，而教育治理则强调作为公共机构的政府部门与社会组织共同管理教育活动和教育事务的过程。

二、研究的基本范畴

教育管办评分离中政府角色的研究对象，如果具体分解一下，应包括以下几个范畴：

1. 政府职能转变

"政府职能"也可理解为政府的作用，是指"在政治、经济和社会等公共领域，政府所承担的应然责任与发挥的应然功能"。[1] "政府职能反映了政府角色的基本方向、根本任务和主要作用。"[2] 政府在教育管办评分离中所要发挥的职能，即"政府角色"，其范畴包括政府的权力界限、功能范围、行为方式等若干方面。[3] 因此，"政府教育职能"，简单地说，就是一级政府及其教育主管部门在整个教育系统中所拥有的管理职责和工作要求，主要涉及"政府依法管什么""怎么依法管理"及其行政原则和工作程序等问题。所谓政府职能转变，是指

---

[1]　黄庆杰：《20世纪90年代以来政府职能转变述评》，《北京行政学院学报》2003年第1期，第34－39页。

[2]　金太军等：《政府职能梳理与重构》，广州：广东人民出版社，2002年版，第1页。

[3]　颜丙峰、宋晓慧：《教育中介组织的理论与实践》，上海：上海人民出版社，2006年版，第269－270页。

"政府职责和功能为适应客观条件的变化而发生的转换、变化和发展"。① 在中国语境下，政府职能的转变，主要是指各级行政机关为适应国家改革发展的客观条件的变化，在政府职能的重心、公共管理的性质、行政方式的内容等方面发生的转变和演化。

2. 教育公共治理

教育公共治理，有时也称"教育综合治理""教育多元治理"等，一般简称为"教育治理"。传统的教育管理是政府主导的"单向度"治理模式，突出表现为强势和威权；而教育公共治理则是不同利益相关者基于共同利益的多元共同治理。作为治理理念的延伸，教育公共治理同样是一种协调各教育相关主体的权力运作关系，其目的是"充分体现各主体的教育利益诉求，有效实现公共教育利益"。② 作为政府教育职能的具体行动，教育公共治理是指政府、社会组织、市场、公民个人等多个主体共同参与教育公共事务管理，目的在于形成"新型教育公共服务体系"。③ 当然，教育公共治理与传统教育管理在理论上和逻辑上并非对立的关系，教育公共治理可以说是"一种多元参与的教育管理形态"。④ 目前与教育公共治理概念密切相关的一个概念是"教育治理体系"。现代教育活动涉及由谁治理、治理什么、如何治理三个基本要素，而这三个要素又与教育行政权力的配置及其权力运行密切相关。教育治理中行政权力各要素的逻辑结构和内在关系，便构成了现代教育治理体系。

3. 教育管办评分离

教育管办评分离是教育领域综合改革的核心内容，要求明晰和处理好教育管理、教育实施、教育评价三个环节和三个主体的权责关系。《国家教育规划纲要》将之概括为"政府宏观管理，学校自主办学，社会广泛参与"，其实质就是通过教育体制机制的完善创新，把教育管理权留给政府，教育实施权还给学校，教育评价权交给社会。简言之，教育管办评分离是通过引入治理理念，实现政府宏观调控、学校自主办学、社会参与评价的多主体合作共治过程，是构建政

---

① 李文良等：《中国政府职能转变问题报告：问题、现状、挑战、对策》，北京：中国发展出版社，2003 年版，第 24 页。

② 李涛：《教育公共治理若干问题探析》，《教育发展研究》2009 年第 8 期，第 61 – 63 页。

③ 姜美玲：《教育公共治理：内涵、特征与模式》，《全球教育展望》2009 年第 5 期，第 39 – 46 页。

④ 范国睿：《教育管办评分离改革：理论假设与实践路径》，《教育科学研究》2017 年第 5 期，第 5 – 21 页。

府、学校、社会之间新型关系的先决条件，也是教育公共管理实现"善治"的重要标志。

4. 政府与学校的关系

政府与学校的关系简称"政校关系"。如何处理好政校关系是教育管办评分离中首先要回答的基本问题。政校之间到底是一种怎样的关系，许多学者从各自不同的理解阐述了他们的观点。有学者认为，政府与学校的关系是一种控制与被控制的关系，在这样的关系模式中，由于政府是"统治性的政府"，享有至高无上的权威，通过行政手段进行控制，于是学校变成了"行政化""基层化""机关化"的科层组织，必须服从上级主管领导。政校之间的这种关系类似于"婆媳关系"和"老子儿子关系"，充分反映了在官本位体制下学校对政府的行政隶属地位。正因为如此，从法理学的角度分析，所谓"政府与学校的关系"，就是"以命令与服从为基本内容的隶属性关系，即行政法律关系"。① 但是管办评分离中的"政府与学校的关系"则有特定内涵，切不可孤立地看待政校关系，这也是本书研究的重点内容之一。

三、研究的理论视角

1. 国家治理的视角

从大量的文献看，西方学者对政府教育职能研究是从以"政府再造"为理念的"国家治理"开始的，是建立在对"国家治理"价值、内涵和方式的系统认识上。著名经济学家丹尼尔·考夫曼（Daniel Kahneman）1989 年把"治理"概念引入经济学领域并将治理具体化为"国家治理"，认为国家治理实质就是一个国家权力运用的传统和制度。当前，我国正处于国家治理模式转型的重要时期，这既是教育管办评分离的改革背景，也是构建教育治理体系现代化的时代特征。因此，教育管办评分离的政府角色研究，首先应从"国家治理"视角进行切入，以此作为理论研究和政策分析的根据。

这样做的目的有三个：一是将研究的背景放在国家治理模式发生根本性转型的重要时期，把教育管办评分离作为构建教育治理体系现代化的重要组成部分；二是将研究的视野投向西方新公共管理理论及其政府再造进程，用以指导我国教育体制改革实践；三是将研究的重点放在教育管办评分离的治理目标和

---

① 褚启宏：《政府与学校的关系重构》，《教育科学研究》2005 年第 1 期，第 41 – 45 页。

治理策略方面，把握管办评分离治理的顶层设计和路径选择，厘清政府角色的责权边界和统筹职能，探索和构建教育治理体系现代化中政府定位的"中国模式"。

2. 制度变迁的视角

教育管办评分离实质是教育制度层面的重大改革，分析和解决这一问题必然涉及制度政治学、制度社会学和制度教育学的相关理论。这些理论和方法的共同特征就是"制度分析"。

历史上任何制度都是人的利益及其选择的结果。制度的主要功能是主动限制个人和组织的行动，同时制度一定是一种集体行动，也就是说制度的制定和实施都必须通过集体来完成。在新制度主义看来，制度是"为决定人们的相互关系而人为设定的一些制约"。①日本学者青木昌彦则认为，"制度是关于博弈如何进行的共有信念的一个自我维系系统"，它以"一种自我实施的方式制约着参与人的策略互动"，并反过来在连续变化的环境中影响决策选择。② 制度变迁是一种复杂的社会实践现象，新制度主义学者曾对此做过深入研究。在道格拉斯·C.诺思看来，制度变迁"不是泛指制度的任何一种变化，而是特指一种效率更高的制度代替原有的制度"。③ 诺思重新解释了制度变迁的过程，同时建立了以新古典方法为基础的制度变迁理论体系，其理论包括制度变迁动因、制度变迁路径、制度变迁主体、制度变迁方式等。制度和组织之间连续的相互作用是制度变迁的关键；过去的制度对现在和将来所实施的制度产生影响，以及人们过去的行为对现在和将来的行为产生影响的过程；制度创新以渐进式为主，制度变迁是完全连续的，其路径一般是一条从边际部分开始，只有量变没有质变的、平稳的、渐进的、连续的"和谐之道"。诺思指出，"只要制度变迁的预期收入超过预期成本，制度变迁就会发生。"④ 新制度主义和制度分析方法之所以引起普遍关注，从某一侧面反映出经济社会发展的内在需要。同样，这一理论对于解释一个国家教育制度变迁以及教育改革政策的推进过程，有着方法论

---

① 【美】道格拉斯·C.诺思：《制度、制度变迁与经济绩效》，上海：格致出版社、上海三联书店、上海人民出版社，1994年版，第3页。

② 【日】青木昌彦：《比较制度分析》，上海：上海远东出版社，2001年版，第28页。

③ 张翼：《教育发展与制度选择——我国二十五年来教育制度变迁分析》，广州：暨南大学出版社，2012年版，第37页。

④ 程虹：《制度变迁的周期——一个一般理论及其对中国改革的研究》，北京：中国发展出版社，2003年版，第11页。

上的契合性和重要性。

作为一种研究方法，制度分析的要义是"将行动与互动纳入一种有规则和结构的开放系统中，分析行动与互动的逻辑可能性、规则、结构性位置、可能的后果、运行的机制"。① 教育管办评分离的政府角色研究需要思考的问题，集中在教育改革如何依靠制度设计和政策调整，具体确定政府的教育职能，加快推进教育分权放权改革，构建政府、学校和社会三者的新型关系。对教育管办评分离改革中的政府角色进行制度分析，主要基于三个目的：一是阐释国家现有制度环境下政府角色的行为特征、履职要求和具体表现，论析政治、经济、社会等方面的制度环境对政府与学校、社会关系重建的影响，揭示制度环境和政府角色与管办评分离模式形成之间的内在联系；二是探索重建政府与学校、社会关系的理论基础和制度基础，从国家与社会、政府与市场的宏观层面分析政府管理、学校办学、社会评价的制度逻辑，研究制度创新在政府角色重构和管办评关系重建中的引领作用；三是围绕管办评分离目标，从推进政府分权放权改革、落实学校办学自主权、引导社会力量参与评价等要求出发，运用制度分析方法对各级政府之间的职能对接和政策衔接进行规划设计。

3. 管理角色的视角

"管理角色"也称"经理角色"，是加拿大著名管理思想家亨利·明茨伯格（Henry Mintzberg）在20世纪70年代所创立的概念。他认为，"角色就是属于一定职责或地位的一套有条理的行为"。②明茨伯格在《管理工作的特质》（又译《经理工作的性质》）一书中对管理角色做了非常精彩的描述，将管理者的管理活动分为人际关系、信息、决策三大类，在这三大类中又细分为管理者的"十种角色"。③ 探索教育管办评分离中政府角色重构，以管理角色理论作为分析工具是有重要价值的。

从管理角色的视角研究政府的定位和作用，其目的在于：其一，为了提高政府职能研究的综合性、理论性、学术性和操作性，即既可以研究清楚管办评

---

① 黄建：《制度分析方法：公共行政学研究的"利器"》，《理论月刊》2008年第8期，第139－141页。

② 【加】亨利·明茨伯格：《经理工作的性质》，北京：中国社会科学出版社，1986年版，第119－120页。

③ 【加】亨利·明茨伯格：《经理工作的性质》，北京：中国社会科学出版社，1986年版，第74页。

分离中政府职能的形成机理，又可以具体厘清政府在管办评分离特别是教育分权放权后的权责清单；其二，为了提高政府职能定位研究的科学性、准确性和合理性，即既可以分析教育管办评分离中政府角色的职能定位，又可以研究政府教育职能的权力界限、功能范围、行为方式等。

四、研究的主要方法

（一）政策分析法

政策分析是研究者对现行的组织政策、决策程序和行政活动中的情况、问题以及有关背景信息进行系统的调研、观察，并作出定性和定量分析的过程。本书应用政策分析的理论框架，力求阐释清楚我国教育公共管理、教育公共服务以及教育管办评分离政策发展的基本规律和突出问题。在探讨教育管办评分离改革时，紧扣政府教育职能转变和扩大省级政府教育统筹权的政策背景，将教育管办评分离视为一个系统的整体，分析内部要素与外部环境的密切相关性。

（二）调查分析法

调查分析法是指研究者通过实地面谈、提问调查等方式，收集、了解事物详细资料数据，并加以分析的方法。本书在对我国几十年教育体制改革实践经验进行总结的基础上，围绕"政府角色定位"这一主题，采用抽样调查、问卷调查和访谈调查，对"政府教育职能履行现状"和"学校自主办学实施状况"进行调查考察。

（三）角色分析法

角色分析法原是文学研究和社会研究常用的方法，主要分析作品中的人物形象或研究社会生活中的各类角色。本书借用这一方法，旨在具象描述和深入分析教育管办评分离相关"角色"在分权和协同中的特征和规律。教育管办评分离中涉及政府、学校、社会等多个利益主体，各利益相关主体间必须从原本的管办不分、行政评价等单纯关系过渡到管办评分离关系，这种教育治理体系新架构的实现，需要主体之间的合作和参与。角色分析法就是理清教育治理主体角色及其参与和合作动力的基本方法。

第二章

管理体制新常态：政策透视

作为我国教育管理体制新常态的管办评分离，其政策的提出和实施有着深刻的时代特征和改革动因。国家进入教育治理转型期、政府职能转变期、政府角色重塑期，教育管办评分离目前处于较为有利的社会环境、政策环境、改革环境和实践环境。推进教育管办评分离，厘清政府、学校、社会之间的责任和义务是关键，重塑政府教育职能是核心。正确认识教育管办评分离改革的本质内涵，是研究"政府管理教育"角色定位的前提和基础。

第一节　教育管办评分离的政策意蕴

一、教育管办评分离的政策历程

教育领域的"管办评分离"是一个发展的概念。在《国家教育规划纲要》颁布之前，我国教育文献中只有"管办分离"的提法。所谓"教育管办评分离"，就是在现代法治精神与国家法律框架下，政府、学校和社会尊重各自的主体地位，恪守各自的权责边界，在政府转变职能、学校自主办学的同时，引入和培育教育服务市场，引导社会力量有序参与教育监督和评价，形成政府管教育、学校办教育、社会评教育的良性治理结构，构建上下衔接、左右协调、各方联动的教育管理体制机制。

（一）教育管办评分离的政策由来

改革开放以来，人们一直认为我国教育改革的重点在于应试教育和素质教育之争，其实我国教育改革始终将目光投在教育管理体制改革，但又始终没有找到解决问题的方案。在传统的教育管理体制中，公办学校既是政府所办，也是政府所管，又是政府所评，政府包办一切，存在严重的政校不分和职责不清，因此公共教育质量不高，教育服务满意度受到质疑。为了改善公共教育服务的管理水平，提高公共教育服务的品质，急需转变政府职能，实行"管办评分离"。

自 1985 年开始，我国在教育管理体制改革的观念认知和政策取向上，由"管理"一元主体到"管理、办学"二元主体，再到"管理、办学、评价"三元主体，逐步将"管办评分离"固化为国家的顶层设计和制度安排。2010 年以后，国家以综合改革方式对教育管办评分离政策进行确立，使教育公共治理模式从雏形中得以成长发展。学术界一般认为，如果说《国家教育规划纲要》提出了"教育管办评分离"的命题，党的十八大作出了"深化教育领域综合改革，构建政府、学校、社会之间新型关系"的决策，那么党的十八届三中全会通过的《决定》便是确认和部署了深化教育领域综合改革、深入推进管办评分离的任务。

2010 年 7 月，《国家教育规划纲要》的"管理体制改革"部分，提出要"深化教育管理体制改革""促进管办评分离"，形成政事分开、权责明确、统筹协调、规范有序的教育管理体制。2013 年 11 月，十八届三中全会《决定》正式提出以"管办评分离"为核心的教育改革顶层设计。2014 年 1 月，全国教育工作年会将管办评分离解释为"政府宏观管理，学校自主办学，社会广泛参与"。2016 年 1 月，全国教育工作会议提出"系统谋划管办评分离路径"。2015 年 5 月，教育部印发《教育管办评分离意见》，出台的 22 条实施措施将教育管办评分离改革不断向前推进。2017 年 1 月，国务院印发《国家教育事业发展"十三五"规划》，提出到 2020 年"基本实现管办评分离"。至此，我国教育管办评分离的政策基本形成。

（二）教育管办评分离的政策渊源

我国教育管办评分离政策形成的渊源和脉络，是与教育体制改革的逐步探索紧密联系在一起的。

1. 教育问题聚焦教育体制

中国教育的问题集中在教育体制，中国教育改革也是从教育体制入手的。在从计划经济向市场经济转变的过程中，克服体制性障碍成为教育改革的重要突破口。从 20 世纪 80 年代始，教育体制存在的弊端为有识之士所认知和感受。人们普遍认为当时的教育体制很不符合教育发展的需求，教育体制问题是制约教育良性发展的重要障碍，教育体制改革势在必行。1985 年 5 月中共中央做出《关于教育体制改革的决定》，掀开了我国教育体制改革的序幕。针对当时教育领域存在的突出问题，国家将教育体制改革重点明确为：一是基础教育管理体制实施"地方负责、分级管理"，形成了县、乡、村三级办学，县、乡两级管理的模式；二是积极探索多元化办学体制，建立国家和社会力量共同办学的新体制；三是为保证地方教育发展，除了国家拨款以外，尝试筹资体制多元化。①尽管如此，通过多年的争论和探索，许多教育发展的关键问题仍得不到实质性解决，一些体制性的问题甚至被视为"禁区"难以触动，相对于经济领域的由计划经济转向市场经济的变革，相对于国际教育的改革趋势，中国教育包得过多、管得过死等体制弊端已经成为制约教育发展的瓶颈。而所有问题都真真切切地摆在教育界的面前，需要不容回避地从教育体制改革入手加以探索和解决。于是，1993 年国家明确提出，教育体制改革要"随着经济体制、政治体制和科技体制改革的深化"，"采取综合配套、分步推进的方针，加快步伐，改革包得过多、统得过死的体制"。② 1998 年和 1999 年，伴随全面推进素质教育，国家对深化教育体制改革做出进一步的部署。2002 年，中央领导大力倡导"教育创新"，要求解决教育领域的"体制性障碍问题"，不断健全和完善与社会主义现代化建设要求相适应的教育体制。自此，不仅学术界、教育界开始审视教育体制创新问题，在教育实践领域也有越来越多的人、越来越多的声音更热衷于对体制问题进行探索。

从党的十七大、十八大到十九大之间的整整十年，国家对教育体制改革提出了新的更高要求。特别是将教育视为民生问题，确定国家财政性教育经费支出占 GDP 的比例达到 4%，推进教育治理体系和治理能力现代化，办好人民满意的高质量教育，教育体制改革再一次成为教育创新发展的核心问题。其间先后颁布的《国家教育规划纲要》和《关于深化教育体制机制改革的意见》两个文件，均聚焦于教育体制机制问题，系统提出了较有针对性的改革举措，确保到 2020 年教育的基础性制度体系基本形成。

2. 教育体制聚焦政府改革

自 1985 年国家启动教育体制改革以来，如何办好中国教育的几个核心问题

---

① 《中共中央关于教育体制改革的决定》（1985 年）。

② 《中国教育改革和发展纲要》（1993 年）。

逐步得以明确和解决，教育体制改革不断探索前行，并取得了显著的成效。回顾改革开放以来我国教育体制改革历程，不可否认，教育体制改革的设想与结果差别很大，正如有专家提出的那样："有些问题一直按着 1985 年的设想在推进，有些问题则几经周折，原地踏步，有些问题曲折前进。"① 事实上也是如此，几十年来我国逐步解决了办学体制多元化、多元化筹资体制、中央与地方关系等若干问题，但政府办教育的职责问题长期困扰着国家最高决策层。当然，随着党的十八大以来教育领域综合改革全面深化，教育体制改革的主体框架逐步树立，"政府管教育"和"政府办学校"在新的条件下再次成为教育体制改革的焦点。

3. 教育治理聚焦政府角色

党的十八大提出要深化教育领域综合改革，十八届三中全会明确提出国家治理体系和治理能力现代化的目标。教育治理现代化，直接主体就是政府。无论是教育界还是学术界都认识到，"避免政府越位问题的核心，在于限制政府权力，建设有限政府"。② 以管办评分离为特征的教育治理改革，要求政府角色做出新的转变，其关键点在于要与新时代教育发展的现实需求相适应。党的十八大之后，国家顶层设计中推进教育治理改革、实现政府角色转变的政策取向表现在：一是改革政府管理体制。改革政府管理体制，通过进一步简政放权发挥政府在管办评分离中的主导作用，简政放权与教育行政机构改革相结合，创新政府监管方式。二是健全法律法规制度。教育管办评分离要求政府角色做出新的转变，健全的法律法规制度是确保政府角色顺利转变的重要基础。政府部门要严格在法律规定权限范围内履行职责。三是加强对政府的监督。这是教育管办评分离中政府角色顺利转变的重要保障。四是培育完善社会中介组织。在教育治理上，政府不是唯一主体，社会中介组织的参与作用必不可少。因此，教育管办评分离在政府的职能重心上要实现从"全能型政府"向"服务型政府"的战略转移。无论是"越位""错位"，还是"失位""缺位"，都是与现代政府格格不入的行政行为。

---

① 杜育红、梁文艳：《教育体制改革 30 年的辉煌与展望》，《人民教育》2008 年第 19 期，第 2 - 5 页。

② 吴敬琏：《中国增长模式抉择（第 4 版）》，上海：上海远东出版社，2013 年版，第 208 页。

（三）教育管办评分离的政策轨迹

从教育政策变迁的角度看，"教育管办评分离"作为国家教育管理体制改革的重大举措，其政策轨迹基本与教育体制改革的启动和深化相向发展，伴随教育体制改革的推进和突破逐步得到确立。

1. 以明晰"政府办学职权"为内容的教育体制改革阶段（1985年—1993年）。1985年5月中共中央做出《关于教育体制改革的决定》，在中国教育改革发展史上是一件了不起的事情。当时国家最高层认识到教育管理权限的划分存在很大问题，政府部门管理学校过死，学校缺乏活力，同时政府应该管理的事情则没有很好管起来。为了从根本上改变这一状况，中央决定有系统地进行教育管理体制改革。为调动各级政府办学的积极性，《决定》明晰了中央和地方的权限和职责，规定了基础教育和高等教育的管理权属，明确要在加强宏观管理的同时"坚决实行简政放权，扩大学校的办学自主权"。该文件作为行动纲领，引领和影响着几十年来我国教育事业的各项决策和部署，"教育事业改革发展进程中的一座座里程碑，都能看到当初《决定》的身影"。①

2. 以引导"社会共同参与"为特征的教育体制改革阶段（1993年—2004年）。20世纪90年代，是我国经济体制、政治体制、科技体制和教育体制发生深刻变化的年代。1993年2月中共中央国务院发布《中国教育改革和发展纲要》，成为指导20世纪末期乃至21世纪初我国教育改革和发展的纲领性文件，在中国教育发展史上特别是对改革开放以来的教育改革发展产生了非常深远的影响和作用。该文件提出了政府职能转变的命题，在教育管理体制上明确"要建立健全社会中介组织"。1999年1月，国务院批转了教育部制定的《面向21世纪教育振兴行动计划》，这是在贯彻落实《中国教育改革和发展纲要》的基础上提出的跨世纪教育发展和改革的施工蓝图，首先明确规定了21世纪教育振兴行动的主要目标和50条具体实施措施，目的要"加快教育体制改革的步伐"和"尽快建立教育新体制的基本框架"。

3. 以实施"督导与评价"为重点的教育体制改革阶段（2004年—2010年）。进入21世纪以后，随着全面推进素质教育，以考试为教学杠杆的评价体制改革逐步受到关注。督导与评价作为衡量教育发展水平和指引教育发展方向

---

① 董少校、储召生、柯进：《教育体制改革没有完成时，只有进行时》，人民网 http：//edu. people. com. cn/n/2015/0526/c1053 - 27056827. html.

的工具，其地位越来越重要。2004 年 3 月国务院印发《2003—2007 年教育振兴行动计划》全面提出了"加快考试评价制度改革""完善高等学校教学质量评估与保障机制""健全教育督导与评估体系等策略"等三大任务，明确要"坚持督政与督学相结合"，"完善督导和监测手段"，"实行教学质量评估制度"。实践证明，这些改革措施不仅促进了教育督导与教育评价制度的建立，而且为新时代推进教育管办评分离、构建国家教育治理体系打下了重要基础。

4. 以推进"管办评分离"为核心的教育体制改革阶段（2010 年至今）。这一阶段以《国家教育规划纲要》为开端，以党的十八届三中全会作出重要"决定"和教育部印发《教育管办评分离意见》为标志。在中央颁布的一系列重要文件中，提出了教育管办评分离的任务，要求"健全政府主导、社会参与、办学主体多元、办学形式多样、充满生机活力的办学体制"，"形成政事分开、权责明确、统筹协调、规范有序的教育管理体制"，强调要"深化教育领域综合改革，构建政府、学校、社会之间新型关系"，"推进国家治理体系和治理能力现代化建设"。特别是教育部的《教育管办评分离意见》和中共中央办公厅国务院办公厅印发的《关于深化教育体制机制改革的意见》，基本明晰了政府、学校、第三方的权责边界，具体明确了教育管办评分离的行动路线图，提出到 2020 年要使政府依法宏观管理、学校依法自主办学、社会有序参与、各方合力推进的教育治理格局更加完善。这一阶段，在推进教育管办评分离改革方面，与中央政府同步行动的还有地方政府和各级教育主管部门。各地大力推进教育领域的综合改革不断取得新实效，政府实施的教育供给侧结构性改革和"放管服"改革不断探索出新经验。整个教育领域更加注重改变过去单纯依靠行政命令、计划调控的管理方式，逐步实现从直接管理向间接管理、从微观管理向宏观管理的转变。

二、教育管办评分离的政策要点

（一）教育管办评分离的官方解读

检视目前官方的政策文本，关于"教育管办评分离"的内涵有两个比较权威性的阐述。在 2014 年 1 月 15 日召开的全国教育工作会议上，教育部负责人做了《深化教育领域综合改革 加快推进教育治理体系和治理能力现代化》的主题讲话，代表官方对"教育管办评分离"做出了最权威的原则性阐释，主旨即"政府宏观管理，学校自主办学，社会广泛参与"。2017 年 1 月 10 日国务院印发了《国家教育事业发展"十三五"规划》，该规划在"以新理念引领教育现代化"部分的"主要目标"中提出，到 2020 年"基本实现管办评分离"，形成"政府依法管理、学校依法自主办学、社会各界依法参与和监督"的管办评分离格局。以上两处表述，尽管用词上有些差异，但其实质内涵是一致的，那就是政府管教育、学校办教育、社会评教育，构建政府、学校、社会之间的新型关系。

（二）教育管办评分离的实施目标

教育部《教育管办评分离意见》对推进教育管办评分离改革总体目标做了如下表述："按照完善和发展中国特色社会主义教育制度、推进教育治理体系和治理能力现代化"，"到 2020 年，基本形成政府依法管理、学校依法自主办学、社会各界依法参与和监督的教育公共治理新格局，为基本实现教育现代化提供重要制度保障"。这一目标的核心在于，通过推进教育管办评分离，形成管办评相分离的教育公共治理新格局，实现教育治理体系和治理能力的现代化。在此不久，中共中央办公厅国务院办公厅印发的《关于深化教育体制机制改革的意见》，对教育管办评分离所要达到的主要目标做了概括，即"深化简政放权、放管结合、优化服务改革，把该放的权力坚决放下去，把该管的事项切实管住管好"；"建立健全教育评价制度，建立贯通大中小幼的教育质量监测评估制度"；"建立标准健全、目标分层、多级评价、多元参与、学段完整的教育质量监测评估体系"；"健全第三方评价机制，增强评价的专业性、独立性和客观性"。

（三）教育管办评分离的改革重点

解读《教育管办评分离意见》，教育管办评分离的主要改革重点可以概括如下：

第一，强化政府管理的"枢纽"地位。改革政府管理教育的方式，形成政事分开、权责明确、统筹协调、规范有序的教育管理体制，逐步实现由微观管理、直接管理为主，向宏观管理、间接管理与服务为主的转变。梳理和完善教育行政部门的"权力清单""责任清单"和"负面清单"，重视政府规划引领、财政调控，通过购买第三方服务来强化督导、监测和评估功能。

第二，突出学校办学的"基础"地位。核心是建设依法办学、自主办学、民主监督、社会参与的现代学校制度，重点是依法保障和落实学校的办学自主权。加强学校章程建设和配套制度建设，优化多元主体参与的学校内部治理结构，建立健全各种办事程序、内部组织规则、议事规则等，形成管办评分离制度体系。加强教育行政管理，树立精细化管理理念，推动教育行政精细化、学校管理精细化、教师教学精细化。

第三，确立社会评价的"独立"地位。完善教育督导与评价工作机制，依法规范教育督导与评价，改革现有教育评估机构的运行方式，逐步推行政府购买服务实施第三方评价；培育和推动独立的教育中介组织参与教育评价和质量监测。

三、教育管办评分离的政策价值

（一）管办评分离是重启教育改革议程的时代诉求

2012年底我国经济学家吴敬琏发表了《重启改革议程》，激起了学界的共鸣和讨论。受此影响，教育界的有关专家也纷纷发表文章，主张要"回首教育改革的历程，反思已然取得的成就和依然存在的问题，瞻望教育的未来发展"。[①] 从此，"重启教育改革议程"和"重启经济改革议程"一道，构成了我国重启改革重大布局中的"姊妹篇"。但不管何种动因，"重启论"的共同目的则是排解教育改革的制度因素与心理障碍，深入推进管办评分离，建设现代学校制度，办好让人民满意的"中国教育"。近年来，我国教育强国战略虽然成就斐然，但教育改革发展还面临着诸多困境和挑战。于是，有识之士高呼"教育体制改革没有完成时，只有进行时"。[②] 梳理和分析我国教育领域出现的各种问题，其背后的原因均与政府、学校、社会、教育者、受教育者的权责界定不清晰有关，其中既有常态的，也有非常态的，情况比较复杂，特别是有一些关键的问题在30余年的教育改革中一直未得到有效解决或根治。因此，教育管办评分离是回应重启教育改革新诉求的重大改革，必须适应国家治理方式转型和教育新时代发展的需要，解决教育领域长期存在的、人民群众真切关心的重点、热点、难点和焦点问题。

（二）管办评分离是深化教育综合改革的核心命题

深化教育领域综合改革是教育主管部门及各级各类学校面临的全新课题。

---

① 张乐天：《对重启教育改革议程的思考》，《复旦教育论坛》2013年第3期，第5—9页。
② 董少校、储召生、柯进：《教育体制改革没有完成时，只有进行时》，人民网 http：//edu. people. com. cn/n/2015/0526/c1053 – 27056827. html.

教育综合改革主要是指"改革的整体性、综合性和系统性，包括综合研究改革、系统设计改革、科学组织改革和整体评估改革"。① 改革开放 40 年来，教育领域的各种问题依然存在，需要在全面深化教育领域综合改革、推进教育治理体系和治理能力现代化的进程中加以解决。深化教育领域综合改革，"大的方向是构建政府、学校、社会之间新型关系，落实和扩大学校办学自主权，建设依法办学、自主管理、民主监督、社会参与的现代学校制度"。② 关于教育管理体制改革，党的十八届三中全会《决定》准确抓住了"深化教育领域综合改革"的"牛鼻子"，使"管办评分离"成为从上到下"教育系统综合改革的重要主题"。③ 文本表述虽然只用了短短三句话："深入推进管办评分离"，"扩大省级政府教育统筹权和学校办学自主权"，"完善学校内部治理结构"，但其矛头直指长期以来制约我国教育改革发展，历届政府必改、想改，而又难下决心改的复杂顽症。在深化教育领域综合改革中将推进管办评分离列为核心问题，在一定意义上说是我国教育管理体制改革的智慧性制度安排。

（三）管办评分离是构建教育治理体系的必然选择

党的十八届三中全会《决定》将"深入推进管办评分离"作为教育体制改革的首要任务，充分体现了国家在教育改革中的用力所在。从教育改革的重点看，第一是要解决培养创新型人才的问题，第二就是提高现代教育治理能力，建立现代教育治理体系，而其突破口无疑在于推进管办评分离。审视教育改革的艰难历程，教育弊端依然存在的事实已经表明，教育管理体制背负着传统计划经济的沉重十字架，未与经济领域和企业部门改革一起与时俱进，实行面向市场、走向治理的大变革。推进教育管办评分离，首先需要教育思想观念实现转变，从自上而下的管理，走向各方参与的治理；其次需要重新认识市场在教育领域的作用，坚持政府主导，引导社会参与，更好地运用市场机制，更加科学合理地配置教育资源，提高教育活力和效率。党的十八届三中全会以后，国家确定了三项改革举措，即"改革资源配置方式促公平""改革人才培养模式提

---

① 高书国：《把握改革整体方向 深化教育综合改革》，《中国教育报》，2013 - 12 - 27，第 6 版。

② 袁贵仁：《深化教育领域综合改革 加快推进教育治理体系和治理能力现代化》，《中国教育报》，2014 - 2 - 13，第 1 版。

③ 张力：《教育系统管办评分离的政策含义》，《中小学管理》2015 年第 3 期，第 15 - 17 页。

质量""改革教育管理方式增活力"。① 这些改革的推进，对构建以教育管办评分离为核心的教育治理体系无疑具有深远意义。

第二节　教育管办评分离的治理结构

一、教育管办评分离的本质内涵

（一）教育治理体系中的"教育"

由"管理"走向"治理"是我国教育体制改革的重大命题。"治理"是公共管理学的一个重要范畴，国外研究者给出的定义很多，我国学界大多倾向于如下界定：所谓治理是指通过一定的规则和程序对相互冲突和相互竞争的利益的各方进行调解的一种过程。与"治理"相对的一个用词是"管制"，但这两个概念有着明显不同。首先，"管制的权威主要来自政府，而治理的权威并不为政府所垄断，治理的过程是国家与公民的合作，政府与非政府组织的合作，公共机构与私人机构的合作，强制与自愿的合作。政府在治理过程中只起到制度的供给、政策激励和外部的约束作用"。其次，"管制是自上而下的单向度的过程，而治理则是一个上下互动的过程，在这一过程中，与治理活动有关的各方，主要是通过合作、协商处理公共事务"。② 因此，有学者指出，现代教育治理体系是由谁治理、治理什么、如何治理这三个基本要素所组成的逻辑结构。

研究教育管办评分离的一个重要前提是要理解什么是"教育"。中西方对"教育"内涵的理解既有共同性也有不同点，共同性在于"把教育视为培养人的活动"。③这一定位，仅在分析"学校教育"中对"教育"概念的应然判断，并非我们在教育管理体制或教育治理体系中对"教育"内涵的实然认识。随着近代教育的兴起和发展，国家资助学校的公共教育制度得以确立，形成了严格意义上的教育系统，"在教育系统形成以后，教育越来越'制度化'了，称为制度

---

① 袁贵仁：《教育部将积极应对"单独二孩"政策》，人民网－教育频道 http：// edu. people. com. cn/n/2014/0308/c367001－24573474. html

② 孙绵涛：《教育治理：基本理论与现实问题》，《中国德育》2019 年第 7 期，第 48－54 页。

③ 扈中平主编：《现代教育学（第三版）》，北京：高等教育出版社，2010 年版，第 3 页。

化教育"。①到了现代，教育作为特定职业门类和社会分工已明显呈现出制度化、体系化、结构化和社会化的特征。现今的教育制度结构，有着丰富的内涵和外延，既包括培育人的活动、教育人的场所，也包括教育观念、教育体制、教育机构、教育制度等要素，同时与外部社会领域保持互通关系，共同组合为"教育规则圈"，共同构成了"教育的问题"。因此，现代教育治理体系中的"教育"，应是一个多元集合概念，特指制度结构意义上的教育。

（二）教育体制改革中的"管办评分离"

"管办评分离"已提出数年，成为我国教育管理体制的新常态。但由于教育界和学术界对"管办评分离"尚无一个权威的定论，造成社会和公众对这一概念的理解有不准确、不到位的情况。比如有人认为"管办评分离"就是解决我国教育事业发展中政府、学校和社会之间出现的不和谐的关系，甚至有人认为"管办评分离"就是今后学校如何办学政府可以不管了，质量到底怎么样政府可以不问了。这些认识，完全是对"教育管办评分离"政策的误读曲解。

从字面上看，"管"即负责、管理、统辖；"办"即举办、办学、办理；"评"即评估、评审、评价；"分离"意即分开、离开、隔离。在"管办评分离"的完整语义中，"管"就是政府管理教育，"办"就是学校自主办学，"评"就是社会参与评价，三个主体各得其所、各负其责、分工明确、相互配合、协同作用。但从教育领域综合改革的背景认知中，"管办评分离"涉及政府、学校、社会三个主体，它们又分别有着不同的地位和作为。在"管办评分离"治理体系中，作为"管教育"主体的政府处于主导地位，担任"教练员"角色，发挥业务监管作用，因为只有教育行政上的科学有序，才能为办学、评价、监督提供规则体系，形成促进教育改革发展的有效机制；作为"办教育"主体的学校处于自主地位，担任"运动员"角色，发挥教书育人作用，因为学校是办学的法人实体，办学质量直接决定着教育质量和政府效能；作为"评教育"主体的社会组织处于参与地位，担任"裁判员"角色，发挥测评监督作用，因为社会评价是对政府履行教育职能和学校办学水平的监督，评价结果反过来影响着政府的管理状态和学校的办学效果。

在教育体制改革中讨论"管办评分离"，有着时代深意和实践价值。第一，教育管办评分离必须立足于我国教育现代化的基础和教育体制改革的诉求，它

---

① 陈桂生：《"教育学视界"辨析》，上海：华东师范大学出版社，1997年版，第360页。

是"根据教育发展的自身规律和教育现代化的基本要求"而进行的顶层设计和国家行动；第二，推进教育管办评分离改革，核心是要解决教育体制的弊端，构建政府、学校、社会的新型关系；第三，实现教育管办评分离的过程是转变政府职能的过程，必须建立系统完备、科学规范、运行有效的制度体系，以便更好地激发学校的活力和发挥社会的作用。

（三）"教育管办评分离"的基本内容

教育界和学术界对"教育管办评分离"进行完整表述的，最早出现的时间在2007年。上海市教育评估院的李亚东先生在研究中认为，上海市通过教育行政管理体制创新在教育管理上构建了"政府管、学校办、社会评"的新格局，在中外合作办学认证体系上形成了"管、办、评"三分离的有效运行机制。①自"管办评分离"提出以来，相关方面对这一政策的解读不具体、不完整、不到位，现实中一些人在认识上出现了模糊和疑惑，甚至还有紧抱着传统做法不放的"口头分离派"。基于上述对"管办评分离"语义的认知和政策的理解，这里对"教育管办评分离"的基本内容做一些阐释。

1. 关于"政府宏观管理"

在教育体制改革中，政府的管理模式将由微观走向宏观。实现政府治理、学校办学和社会评价的良性互动是改革的必由之路。在管办评分离条件下，政府最主要的使命是找准作为教育管理者的平衡点，对学校进行宏观管理，"把该放的放掉，把该管的管好，做到不缺位、不越位、不错位"。② 政府宏观管理不能简单理解为政府缩减行政审批、废除行政命令等，而有着特定的内涵和要求。从总体上来看，政府宏观管理就是通过制定教育政策和发展规划，运用准入审核、教育督导和财政支持等方式，对学校实行宏观、间接和依法管理，提供更加高效的服务。但实现政府宏观管理，则取决于三个因素：

首先要看政府管理职能的范围与权限是否调整到位。在管办评分离的治理体系中，政府已无法对学校的方方面面进行全面控制和管理，必须将重点转为预防与调控，将原本隶属于学校的权力毫无保留地还给学校，同时将原本集中

---

① 李亚东：《构建"政府管、学校办、社会评"教育管理新格局——兼论我国教育行政管理体制的创新》，《辽宁教育研究》2007年第11期，第24－27页。

② 刘利民：《新形势下我国基础教育管办评分离思考》，《中国教育学刊》2015年第3期，第1－6页。

垄断的学校管理权力，适度下放给下级政府。此时的政府，应遵循学校办学规律和教育管理规律，其重点职能在于统筹规划、指导监督、制定标准和协调服务。

其次要看政府宏观管理学校的工具与手段是否使用适当。在新的条件下，政府需要对过去频繁使用的微观管理工具与手段进行评估和筛选，坚决放弃那些被人诟病的微观管理手段，有意识地选择和强化那些与管办评分离相匹配的有效工具和手段，并综合运用各种法律、经济、行政、信息等手段，对学校的发展方向、办学目标和内部治理加以引导与指导。

再次要看学校自主办学的独立法人身份是否确立运行。在推进"政府—学校—社会"新型互动关系的发展与成熟上，政府应该主动承担责任，只有学校的独立法人地位落实了，政府的管理才能谈得上宏观和间接。要确立学校的独立法人身份和独立办学地位，政府不应再将学校隶属于政府为顶层的科层体系中，而是要根据学校的办学特色、发展现状、物质条件等因素，有选择性地调整教育职能和行政权力，淡化直至消除学校和政府实际上存在的隶属关系。

2. 关于"学校自主办学"

教育管办评分离中的"学校自主办学"不是新近提出的概念。在西方国家，其教育治理的核心价值中始终贯彻着学校自主办学。在我国，早在1985年中共中央关于教育体制改革的《决定》中就已明白无误地表达了学校自主办学的基本原则。所谓"学校自主办学"，是指学校根据国家的法律规定和社会发展需要，依据党和国家的教育方针，独立地开展教育教学活动，对学校的内部事务独立进行有关决策和管理。应该看到，在教育发展史上，学校自主办学只能是一种理想状态，那种完全不受政府控制的自由办学和自主管理，其实是不存在的。因此，我国的"学校自主办学"，需要立足国情、区情和校情来讨论，重点在于对教育活动中政、校两者的"权力关系"进行科学配置，对学校办学中的"自主范围"进行合理划分。

教育管办评分离所主张的"学校自主办学"，要求完善学校的法人治理结构，落实学校办学主体地位，明确界定政府与学校的权利责任。作为政府，要重视发挥学校的办学主角作用，尊重学校的办学自主权，支持学校依法自主办学，引导学校构建自我发展、自我约束、自我管理、自我完善的现代学校制度。而对于学校，其自主办学的职责主要表现在两方面：一是自主进行教育创新和教学改革。学校在这个层次获得自主权相对比较容易，因为在改进教育教学质量方面，政府、学校和社会有着共同的利益要求，政府也希望学校积极参与和有所建树。二是学校内部制度的自主创新。其中包括人事管理、机构调整、职位设置、考核奖惩、教育教学、学术科研等项制度改革的独立决策权。这些制度虽在学校内部运作，但它们与政府有关部门所制定的政策紧密相关，而且多与政府部门的资源供给有关，因此在这些方面学校行使办学自主权的难度较大，需要从调整政府教育职能入手，为学校创造更为宽松的办学环境。

3. 关于"社会广泛参与"

在字面上，"社会广泛参与"是指每个社会公民都具有对学校教育教学的各方面事项进行管理、监督、评价的权利，并且都有权对学校、教师、专业、课程等教育产品按照一定的规则进行选择。从教育治理体系来看，"广泛参与"要求政府培育社会第三方评价机制，将评价权交给独立于政府和学校之外的教育中介组织或机构。社会参与教育评价，是政府对学校实施相应管理的重要策略。教育专业力量开展的第三方评价，也属于社会广泛参与的范畴，要求体现教育评价的专业性、独立性和客观性。在政府转变职能、学校自主办学的同时，应发挥中介组织和各种社会力量对学校办学的评价作用，引入和培育教育服务市场，引导社会力量有序参与教育监督和评价。

二、教育管办评分离的核心问题

管办评分离的关键在于明确"以均衡为特征的治理秩序和实现路径"。[①] 教育管办评分离改革的基础和前提，是体制上的分权、管理上的放权以及政府教育职能的转变，也就是说政府要将办学自主权交给学校，将学校办学和教育质量的评价权交给社会。在教育管办评分离的推进过程中，"分离的主体是谁、充当什么角色"，"主体的职能、责任是什么"，"职权的边界"以及"如何理顺关系"等，既是基本问题，也是核心问题。有学者认为，教育管办评分离的重点是"管办分离"，难点是"管评分离"，焦点是"评价独立"。[②] 笔者也持有相同的观点。

---

① 周海涛：《高等教育"管办评分离"的缘由与路径》，《国家教育行政学院学报》2014年第3期，第3-8页。
② 宋忠芳：《教育管办评分离改革问题分析》，《中国成人教育》2016年第18期，第61-63页。

（一）关于"管办分离"

我国传统教育管理体制是一种行政事业的一体化体制，政事不分、管办合一是其基本特征。这种管理体制是在计划经济体制下发展起来的，政府与学校之间是上下相承的行政隶属关系，教育主管部门依法依规并通过各种行政手段干预学校的办学行为和教育活动。因此，教育管办评分离首先必须打破"管办合一"弊端，实行"管办分离"的教育管理体制。

"管办分离"是教育管办评分离的重点和难点，其实质在于政府组织结构与职能分工的改革，是教育政策制定与教育政策执行的适度分离。所谓"管办分离"，就是要整合教育主管部门的决策权，在公共教育服务提供环节引入有关选择和竞争机制，完善学校的法人治理结构，选择和使用符合教育规律的有效监管方式。这里包含两层含义：一是在办学主体上，政府不是唯一主体，而是倡导办学主体多元化，也就是要在政府主导下吸引社会有效资源，让社会力量参与办学；二是在管理主体上，政府也不是唯一主体，而是要切实转变职能和简政放权，在政府主导下形成多元主体参与的教育治理格局。这就意味着，政府推进教育管办分离，既要立足"管"上的减法，也要重视"办"上的加法。对于政府，应转变教育职能，依法确权，制度分权，把该放的放下去，放给下级政府和学校，把该管的管起来，并设法管理好，发挥宏观监管职能，为学校导航护航。对于学校，应增强自主办学、主动作为的意识和担当，准确理解现代学校制度的内涵，完善"依法办学、自主管理、民主监督、社会参与"的内部治理结构，着力解决依法自主办学所涉及的主观能动性问题。

（二）关于"管评分离"

"管办评分离"的三个主体之间存在着三组不同的关系，即："管"和"办"的关系，"管"和"评"的关系，"评"和"办"的关系。在教育治理不断系统化和现代化的今天，人们把"管评分离"视为改革难点，其中的理由很简单，因为在管办评三个主体中，"评"起纽带作用，一头连着政府、一头连着学校，能否理顺"评"与"管"的关系，决定教育评价的价值走向和"社会评教育"机制的建成。因此，"区分'管'与'评'的关系，就是抓住了'管办评分离'的牛鼻子，有必要做一番详细的厘清"。①

---

① 龚姚东：《管办评分离：重在厘清"管"与"评"的关系》，《浙江教育报》，2015 - 10 - 21，第5版。

从我国教育发展状况看，"管评不分"是我国教育管理体制长期不变的一个现实和顽症。政府部门既管理学校又评价学校，"自管自评"和"管评合一"，成为教育行政管理的常规形态。教育管理中政府评价权力是教育管理权力的延伸和滥用，"从某种意义上讲，管评不分的影响力甚于管办不分，因为在这里，评价与管理结合得更紧密"。① 在这种状态下，想把评价权从管理权中剥离出来，显然与教育管理传统观念格格不入，破旧立新必然会遭遇阻力。

那么，如何破解"管评不分"难题呢？其路径只有一条，就是遵循"管办评分离"的教育治理规律。政府必须坚持"政事分开"的原则，将自己职权范围内的事情做好，把专业性和技术性强的教育评价交给专门的社会中介组织。但要真正实行"评"与"管、办"的分离，除了教育评估机构要保持"中介性、专业性和公正性"外，"还需要三者之间实行科学的职责分工，并建立有效的运行机制"。②

（三）关于"评价独立"

我国教育体制改革的愿景是实现教育善治，其基本构架就是"政府管教育，学校办教育，社会评教育"。此处"社会评教育"的官方表述是："教育质量要接受社会评价，教育成果要接受社会检验，教育决策要接受社会监督"。③这里突出了"社会"在教育评价中的地位，同时也强调了社会评价必须独立进行。

应该看到，参与教育评价中的"社会"是一个宽泛概念，其主体不可能是单一的社会组织形式。换句话说，有资格参与教育评价的"社会"应该是各个独立法人的评价组织或机构，即独立于政府和学校之外的"第三方"组织或机构（或称"教育中介组织"）。目前，我国真正独立的"第三方评价机构"少之又少。对于那些附属于教育行政部门、冠以"教育评估"的各种院、所、中心等，很难将它们归为"第三方"之列。因此，在"社会评教育"中如何做到社会评价的独立性，关涉许多问题，除教育内部现有的教育评估机构属不属于第三方外，还有四大疑问亟待求解：第一，第三方评价机构由谁来培育和认定，

---

① 宋忠芳：《教育管办评分离改革问题分析》，《中国成人教育》2016 年第 18 期，第 61 - 63 页。

② 吴启迪：《加强评估机构能力建设　努力促进管办评分离》，《中国高等教育》2011 年第 13 期，第 16 - 19 页。

③ 袁贵仁：《深化教育领域综合改革 加快推进教育治理体系和治理能力现代化》，《中国教育报》，2014 - 2 - 13，第 1 版。

如何培育和认定？第二，评价教育的任务交由"第三方"后，政府和学校应扮演什么角色？第三，"社会评价教育"和"政府督导教育"有什么关联性，能否实现督评对接？第四，教育评价交由"第三方"后，政府自评和学校自评的价值何在，是否还有存在理由？对于这些问题，本书将在第七章进行详细讨论。

三、教育管办评分离的主体特征

在教育管办评分离原则下，在教育治理体系宏观设计的基础上，将政府、学校、社会应该具备的基本职能细化为独立的、可操作的职责模块，这一过程称为治理主体的职能分解。对政府、学校和社会三个主体职能进行分解是很有必要的，因为合理的职能分解有助于清晰认识教育管办评分离的基本特征和运行规律。

（一）主体角色的互动关系

现代治理理论指出，社会治理的主体不可能是单一的，而是具有多元化的特征，包括"政府在内的一整套社会公共机构和具体行为者"。① 教育领域的治理主体，其规律也是如此，由谁治理、治理什么、如何治理三个基本要素组成一个逻辑结构。这里的"谁治理"就是指参与治理的各个主体。从教育管办评分离的内在要求看，参与教育治理的有政府、学校和社会三方（即三个子要素），其中政府是教育的举办者，学校是教育的实施者，而社会是教育的支持者或制约者，这三方理应成为现代教育治理的参与主体。

社会治理主体多元是当下时代发展的显著特点。教育治理主体多元化的实质就是政府、学校和社会之间建立平衡协商、互动对话的关系。对于政府主体来说，它们是作为教育服务产品的主要"提供者"和教育治理的主导者、参与者的身份出现的，对此我们必须对政府主体予以"有限政府"的基本假设，即政府在教育治理体系之中应当扮演有所为和有所不为的"有限参与者"角色。② 对于学校主体来说，与政府不同，学校是教育服务产品的"制造者"，是教育治理体系中的"微观参与主体"，在教育教学和自身发展方面应该拥有绝对自主权，但在威权教育体制下，学校往往受制于政府及其教育主管部门，学校自治和学术自由受到很大制约。对于社会主体来说，它是教育治理体系中的特殊主

---

① 俞可平主编：《治理与善治》，北京：社会科学文献出版社，2000 年版，第 35 页。
② 李涛：《教育公共治理若干问题探析》，《教育发展研究》2009 年第 8 期，第 61－63 页。

体，也是必不可少的主体，各种社会团体、社会组织以及公民个人自然成为继政府部门和学校之后的第三主体（第三部门）。社会主体特别是教育中介组织参与教育治理过程，已成为教育发展的必然要求。

（二）"政府"主体的角色特征

在教育领域，政府职能主要涉及政府应管什么、能管什么，以及如何管和发挥什么作用的问题。在教育发展的不同时期，在不同的教育制度和管理体制下，政府的角色和职能也各有不同。但在多中心治理结构和多元化治理主体中，政府角色则表现出三个特征：

一是政府是有限管理学校的主体。根据现代治理理论，从"过度主导"到"有限主导"是政府角色转换的模式选择。但在理解这一问题时，我们应客观地看待教育治理的政府主导模式。一方面，教育改革发展离不开政府的正确主导，而政府的过度主导往往又是引发教育领域某些关键问题的重要症结所在。这显然是教育治理中的一个悖论。这里的关键就是要准确定位政府角色，政府既不能不承担教育改革发展的主导责任，但又不可过度发挥作用，将政府主导演变成"越位""错位"或"空位""失位"。事实上，"越位"和"错位"是政府角色意识过强的表现，而"空位"和"失位"则是政府角色意识过弱的体现。"从某种程度上说，恰恰是政府的角色意识过强导致了学校角色意识过弱。"[1]正如新公共服务理论所揭示的，"政府其实是一个博弈参与者——而且在多数情况下是一个很重要的博弈参与者。但是……政府不再充当'主管'"。[2] 在教育管办评分离条件下，对于政府是不是行使有限主导职能，其判断标准一般有四个：第一，政府的权力、职能是否来源于法律的授权，其行政权力是否受到法律的严格限制；第二，政府的有限主导作用体现，是否确保了持续的财政投入、营造了良好的制度环境、保障了教育资源的合理配置、实施了对办学行为的监督、协调了各相关者的利益冲突等；第三，政府在行使教育监管权力时，是否受到透明公开的媒体、社会和公众监督；第四，当政府随意扩大自己的权力边界或工作失误乃至错误时，是否能够得到有效的制止、问责和纠正。因此，政

---

① 肖凤翔、邓小华：《"多中心"理念下职业教育治理主体的角色定位——"中和位育"思想的启示》，《高校教育管理》2018年第2期，第66–73页。

② 【美】珍妮特·V·登哈特、罗伯特·B·登哈特：《新公共服务：服务，而不是掌舵》，北京：中国人民大学出版社，2014年版，第76页。

府应极力避免各种越位和空位情况的发生，要以"有限政府"理念扮演好自己的角色、履行好相应的职责。

二是政府是提供教育服务的主体。这里的"服务"是指政府应为学校办学服务，为人才培养保驾护航。只有建设既小又强的服务政府，实现教育治理从"掌控模式"向"支持模式""引导模式"和"监管模式"的转变，才能更好地发挥政府的作用，激发各治理主体的积极性，提高教育治理水平和工作绩效。《教育管办评分离意见》针对政府改革提出了很多措施，充分表明了国家在推进教育管办评分离中简政放权、支持学校自主办学的决心，为政府的职能定位和角色转换提供了直接的政策依据。

三是政府是保障教育公平的主体。我国教育经历一个历史性的转变后，教育的供求关系和外部环境明显改善，正进入改革发展的新阶段。从《国家教育规划纲要》开始，中央政府就把构建责任政府、促进教育公平作为基本政策。当然，评价和衡量一个政府是不是"责任政府"，需要建立新的教育政绩评价标准。有学者认为，其评判标准可以从四个维度来审视，即"发展—绩效的维度、教育公平的维度、教育品质的维度，以及政府治理的维度"。[1] 这就意味着，保障教育公平的主要责任在各级政府，地方政府的首要任务是依法行政和依法办学，切实贯彻执行国家的法律和政策，维护各类教育的正常秩序。政府作为教育公共服务的提供者、教育公平的维护者，要真正做到依法行政和依法治教，还需要建立政府、社会组织、市场、公民个人共同参与的全新治理机制，通过建立社会参与的监督机制和教育问责制度，确保教育的公平性和公正性。

（三）"学校"主体的角色特征

教育管办评分离，不仅需要政府转变角色、服务教育，也需要学校正本清源、固守使命。由于"学校在教育公共治理中角色的特殊性主要是从它与其他利益相关主体关系的变化中体现出来"[2]，因此对学校主体的角色特征可从下列三个层面进行分析。

第一，学校是依法自主的办学主体。学校是一个复杂的教育组织，走向自主是学校发展的内在要求。《国家教育规划纲要》指出："推进政校分开、管办分离。建设依法办学、自主管理、民主监督、社会参与的现代学校制度。"党的

---

① 杨东平：《教育公平与政府责任》，《中国党政干部论坛》2012年第9期，第11-13页。
② 宋官东：《教育公共治理导论》，沈阳：东北大学出版社，2012年版，第157-158页。

十八届三中全会《决定》要求完善学校内部治理结构，关键是坚持依法治校、加强章程建设，使每一所学校都能依法行使办学自主权和承担相应的责任。这些文献中所阐明的是，教育改革应回归学校，教育管办评分离要突出法定主体的责任和义务的法定属性。但是，从现实情况看，我国的学校要真正成为依法自主办学的主体并不容易，亟待"从权力、法律和学校自身等多方面"做出努力。① 首先要通过政府转变观念、完善法律法规制度体系等路径，切实落实学校的自主办学权，倡导和推动教育家办学。只有当学校的自主办学权得到落实，学校才有可能成为自主办学的主体。其次要增强学校自主办学的意识和能力，依法制定各具特色的学校章程，建立健全法律法规规定的各项办学自主权的实施细则，根据学校章程依法自主办学。再次要在构建学校科学规范的内部治理体系基础上，提高学校领导者和管理机构的执行力，推进民主管理和依法治校。

第二，学校是立德树人的责任主体。学校是办学的责任主体，更是教育改革特别是育人模式改革的主要力量。根据委托—代理理论，学校是多重"委托—代理"关系的中心。在传统的教育管理中，学校作为政府的附庸，主要充当政府代理者的角色。同时面对教育市场环境，学校被动地适应市场需要，此时学校又主要充当家庭和社会代理者的角色。但是在现代教育治理体系中，政府、社会、家庭和学校结成彼此分工协作的网络结构，学校既是政府、社会和家庭的代理者，同时又是政府、社会和家庭的委托者。学校是国家意志的执行者，虽然教育治理强调政府、学校、市场和社会多主体合作治理，但是在学校办学的政治与文化方向上，政府的主导地位依然必须绝对保证。任何学校，不管是公立学校还是私立学校，其教育的导向都必须体现国家意志，履行立德树人责任。

第三，学校是接受监督问责的对象主体。教育管办评分离所主张的是学校自主办学而非自由办学，这是一杆重要标尺。推进教育管办评分离并不是要让学校办学自主权走向绝对化，而是要让学校在法定监管范围内根据法律赋予的办学权利和义务合法地从事教育组织实施活动和教育改革活动，同时结合国家政治制度和教育制度，严把"政治原则关"和"教育质量关"，学校不犯办学方向错误，师生不踩意识形态红线。在这一过程中，学校必须接受政府和教育

---

① 蒲蕊、柳燕：《教育管办评分离中政府、学校和社会的角色》，《教育科学研究》2016 年第 12 期，第 44 – 48 页。

主管部门的领导、指导和监督。因此，学校有责任有义务依法落实自主办学权，学校如果做出了有违国家法律法规明令禁止的事情，教育管理部门则要依法进行问责，追究其责任，并依法进行相应的处罚。

（四）"社会"主体的角色特征

相比于政府、学校等主体，社会是教育治理中真正意义上的"第三方"，因为"社会参与有助于教育评价更加公平"。① 笔者认为，"社会"角色特征具体表现在两个方面：

一方面，社会组织担当教育治理中的独立评价主体。现行教育模式下，学校的办学治理水平和教育教学质量，以及各参与主体的权利运用、责任履行和服务绩效等，都需要一个独立于政府和学校之外的公正的反馈、监测和评价系统。这时，作为教育评价第三方的社会组织的中介作用就显得尤为重要。管办评分离治理模式下的"社会评教育"，所强调的是把教育评价权和质量监督权更多地交给社会。社会组织在"管"与"办"的互动中发挥着特殊的"中间人"的作用。社会组织之所以具有相对独立性，是由其三个"中介特征"决定的：①居中性。这是宏观体系间的居中位置关系，是对教育评价中介活动的基本存在关系的"定位"。②使动性。这是中介具有的核心特性，也是其存在的基本价值。中介就是要通过自身的活动和优势，促成彼此事物间的联系和相互获取对方资源，实现非"中介"状态下的更大价值或利益。③服务性。这是由中介的活动内容决定的，它依靠自身掌握的大量信息资源、专业的评判技术、独特的社会关系、良好的社会声誉等无形资源，为政府和学校提供决策咨询、评鉴、协调、促进等服务支持。

另一方面，社会组织担当公民意识下的教育参与主体。现代社会的公民意识在不断生长，公民个人对自己在国家中地位的自我认识逐步具体化。特别是在现代法治下形成的公民意识，不仅表现为"公民"对国家政治、经济、法律、文化、教育等活动的参与意愿和理性自觉，而且体现为"公民"在保障与促进公民权利上的责任表达和规则监督。社会主义市场经济条件下，教育发展既讲究公益和公平，也奉行绩效主义原则，强调教育投入产出之间的比例，注重教育产品和教育服务在市场中的竞争力，这比起计划经济时代的政府统揽、政校

---

① 蒲蕊、柳燕：《教育管办评分离中政府、学校和社会的角色》，《教育科学研究》2016年第12期，第44－48页。

不分，明显是不同的教育体制，然而这一过程可以触发和唤醒广泛的公民意识，无疑更是社会的进步。到了这时，公民意识与社会组织共同走到了一起，通过"同构"变成教育评价的"参与主体"。社会组织在教育评价履职中，必然会承载更多的"公民意识"，主动担当社会的公共责任和公平正义。

四、教育管办评分离的职能分解

（一）政府充当"管教育"的主官

随着国家治理体系的确立，我国教育管理实践开启了"从管理到治理"的探索和转型。过去的教育行政管理，一切由政府说了算，而管办评分离关系建构后，政府要回归教育行政管理本位。政府始终履行"管教育"的权责，扮演管理者角色，发挥教育统筹功能，履行教育治理职责。

政府在教育治理体系中居于主导地位、处于核心位置，其他治理主体接受政府的规制与监督，这就是"政府管教育"的基本原则，也是"主官"角色的形象诠释。"主官"的含义就是"政府主导"。"政府主导"一词最先是在经济领域使用，相对于市场机制这只"看不见的手"，政府主导被作为"看得见的手"。教育领域中政府主导的理论也来源于此，因为"任何像样的教育政策理论必须关注政府的作用；当然任何像样的教育政策理论也不应该拘泥于政府控制的视角"。① 从实践层面来看，政府主导责任之于学校，就是保障和监督学校办学自主权，对学校进行财政投入、行政管理和督导评估；政府主导责任之于社会，就是培育和维护教育中介组织、让渡管理权力、财产支持、登记管理与业务管理，同时保障公民的基本教育需求，建立公民的利益诉求机制，提供畅通的社会参与渠道。

作为教育行政主体，政府既有管理的职权，也有服务和保障的义务。政府在"管教育"方面，一般有两项职能：其一是担当"举办者"，为发展教育事业，保障公民受教育权利，实现出资意图，并主导制定学校章程，确定学校办学性质、发展定位、培养目标以及管理体制、经费来源、校长遴选等重要事项；其二是担当"管理者"，从公共利益出发，维持正常的教育教学秩序，对社会其他办学者的办学意图、办学行为进行规范和调节，对学校的教育方针、教育条

---

① 李春玲：《理想的现实建构：政府主导型学校变革研究》，杭州：浙江大学出版社，2007 年版，第 16 页。

件、教育内容、教育标准、教育形式以及修业年限、招生对象等做出规定；其三是担当"维护者"，维护社会公平与正义，使民众的公共教育利益不受损害，其行为主要表现为对与公共教育的社会责任相关法律的执行与监督上。

（二）学校担当"办教育"的主角

学校在管办评分离链条中扮演办学者的角色，依法自主办学。在政府转变职能、简政放权和让出办学空间后，学校要提高办学的专业化水平，增强办学的自主性、开放性、独立性，提高民主办学、社会参与和多方监督的程度，真正实现自我管理、自我约束、自我发展。其"自主办学"的责任主要包括两个方面：首先，学校是与政府一样具备独立法人地位的办学实体，拥有办学自主权。其中，公立中小学具有国家机构与公法人的双重法律地位。公立学校与政府关系是外部行政关系，同时公立学校与政府关系又是行政隶属关系，学校办学自主权必然是有限的。私立学校是具有自主性的法人实体，其与政府的关系是外部行政关系。但是，无论公立学校还是私立学校，都必须严格遵守相关教育方针、政策和法令，执行政府教育决策，完成学校教育教学任务，向政府反馈教育诉求。其次，学校对社会组织主要发挥沟通和监督作用。社会组织参与教育治理的情况也较复杂，由于一些社会组织履行了政府让渡的部分公共管理职能，其参与学校教育的行为有可能出现不规范甚至违法的情况，以致侵害学校及师生的权益，此时作为办学主体的学校一方，有权力和责任站出来维护正常的管理秩序，维护学校和师生的利益，同时在政府的指导下，通过制度建设和法律支持，完善对社会和中介组织参与行为的监督体系。

（三）社会承当"评教育"的主力

教育治理中，"评"既是公众参与的形式，也是一种监督、批评和建议。[①]教育评价并非教育行政部门独揽，而是多元主体参与的协同行为。一般而言，教育评价包括政府评价、学校自评和社会评价，而社会评价由于是教育治理的"标配"要素，因而成为教育管办评分离的核心要义。《国家教育规划纲要》第15章第47条，特别强调要培育教育中介组织，建立教育中介组织的准入、资助、监管和行业自律制度。可以看出，政府通过引导社会力量参与到教育评价体系，逐步形成了"社会评教育"的立场和判断。

---

① 杨志刚：《基础教育管办评分离的实践探索与理论分析》，《中国教育学刊》2014 年第 7 期，第 7 - 18 页。

　　社会组织是填补政府职能转型形成的"治理真空"的重要力量，既是教育公共服务的主要提供者，又是教育治理的参与者，可以有效规避"政府失灵"和"市场失灵"。① 当然，社会组织有广义和狭义之分。广义的社会组织包括政府、企业、学校、医院、社会团体等，狭义的社会组织仅指政府组织和学校组织之外的第三部门组织。② 尽管是狭义的"社会组织"，其涵盖范围也很广，例如政府附属的教育评估机构（如教育评估院）和教育督导机构（督导室）、具有官方背景的各类教育协会、高等学校的有关教育研究机构、社会专业教育机构等等，它们共同构成社会参与的教育评价机构系统。社会组织之于政府的作用，主要体现在作为社会成员的利益代表对政府的教育职能进行制约与监督，参与政府决策，并对政府主导的教育改革发展规划提供咨询与服务。社会组织之于学校的行为方式，主要包括咨询服务、沟通协调、评估鉴定、监督管理等行为，但参与教育评价是其核心内容。当然，社会组织作为公民的利益代表，一方面可为公民提供丰富多彩的教育产品与服务，另一方面还承担反映公民教育诉求的责任，成为公民与政府、公民与学校之间进行沟通的重要桥梁。

第三节　教育管办评分离的推进策略

一、教育管办评分离的目标设计

　　教育管办评分离需要克服教育行政的思维惯性和独揽模式，需要用法人思维落实学校的主体地位，用法治观念构建教育治理结构，用共治价值引导构建教育评价体系。这里从教育权力、教育治理、教育评价和教育服务等四个维度进行目标设计。

　　（一）教育权力多元构架的制度化设计

　　推进教育管办评分离改革，重点放在制度规划、制度创新和制度供给上，

---

① 上海市浦东新区社会发展局：《中国教育改革前沿报告：浦东新区教育公共治理结构与服务体系研究》，上海：上海教育出版社，2009 年版，第 27 页。

② 褚宏启、贾继娥：《教育治理中的多元主体及其作用互补》，《教育发展研究》2014 年第 19 期，第 1 - 7 页。

而围绕政府权力的"自我革命"便成了改革是否成功的关键。教育管办评分离首先应从"元治理"层面的简政放权做起，其基本任务就是要厘清教育行政权力边界，通过"确权""分权""放权""让权"和"授权"等一系列制度化的设计，以科学配置教育权力，彻底改变管办评"三合一"的角色叠加体制。

首先，"把管理权留给政府"。政府的管理权是由政府作为社会公共行政机构的组织定位决定的。各级政府在管办评分离中是最具统筹性和主导性的力量，它们按照国家宪法和法律法规来管理教育事业。各级政府及其教育主管部门，应根据分级管理、分工负责的原则，统筹规划教育事业，领导管理各类学校和教育机构，牵头解决教育改革发展中的重要问题。

其次，"把办学权还给学校"。学校的办学权是由学校作为国家教育办学主体的组织性质决定的。政府只有将办学权交给学校，才能激发教育活力，调动基层办学的积极性和创造性。根据教育法、高等教育法、职业教育法和民办教育法等国家法律规定，我国各级各类学校拥有法人资格，是办学的实施者，享有法律规定的各项办学权。在教育管办评分离中，要强调学校办学的权利责任，落实学校的自主办学地位。在政府转变职能、简政放权和让出办学空间后，学校要履行"办"的权责，要提高办学的专业化水平，增强办学的自主性、开放性、独立性，提高民主办学、社会参与和多方监督的程度，积极探索办学模式的创新。

第三，"把评价权交给社会"。社会的评价权是由社会组织作为现代治理体系"第三部门"的组织特性决定的。这些社会组织具有机构存在的非政府性、地位影响的中间性和运行方式的独特性，最满足适合评价监督的条件和优势。政府理应将教育的评价权交给社会，通过教育市场化改革，建立社会组织参与教育评价的工作机制和激励机制。

（二）教育治理主体分离的法治化设计

政府、学校和社会三个主体，本来有着各自的"职能域"，教育治理运行的目标旨在解决三个主体各自"做什么"的问题，核心是依法界定管办评三方的职权范围，让三个主体按照国家法律法规明确的特定地位发挥相应的作用。

各级政府应以"有限管理"为目标，依法对各类学校教育实行宏观、间接的管理。教育部《全面推进依法治校实施纲要》指出："要切实转变管理学校的方式、手段，从具体的行政管理转向依法监管、提供服务；切实落实和尊重学校办学自主权，减少过多、过细的直接管理活动。"这给教育治理体系中的"有限政府"进行了规范。政府职能的"有限",主要表现在制定和实施促进教育均衡发展和可持续发展的公共政策,对教育多元主体实行宏观间接性的"有限管理",对学校办学实行公共服务式的"行业监管"。

各类学校应以"独立自主"为目标,建立现代学校制度,依法律按章程实行办学。现阶段,学校与政府之间存在难以割舍的隶属关系,但是学校不同于行政化组织,不该纳入政府部门的附属机构。学校作为一个相对独立的专业性、学术性组织,仅仅向社会公众提供教育服务,对社会的作用明显有别于政府组织,学校管理运作也不同于政府机关,享有较大程度的独立性和自主性。这种"独立自主"的特征,一方面要求学校依据国家法律法规建立法人制度和制定学校章程,另一方面要求学校遵循教育基本规律,实行民主开放办学,构建社会化的监督体系,使校内外各方因素拥有知情权、管理权、评价权和监督权。

社会组织应以"公信评价"为目标,依法参与教育评价过程,为政府决策提供参考,为学校改进教育教学提供依据。社会组织是介于政府和社会之间的中间领域,其组成要素是各种非政府所属的"第三部门"。政府如何认识和对待社会组织,如何发挥社会组织在教育治理中不可替代的作用,如何组织和激励它们为政府决策献计献策,并向政府和学校提供真实信息和做出客观评价,则是教育管办评分离目标设计不可或缺的一维。

(三)教育评价社会参与的民主化设计

由于我国教育办学体制、管理体制的固有特征,以及学校主体办学与教育行政管理出现的复杂矛盾,使我国的教育评价存在评价目的功利化、评价功能奖惩化、评价内容知识化、评价过程简单化、评价主体单一化、评价方法数据化等问题,其根源在于行政威权带来的管理僵化。长期以来,我国教育的行政评价过于强势,教育评价的民主化和公信力更是存在问题,事关教育评价的权威性、科学性、公正性的质疑从未中断过。党的十八届三中全会以来,地方政府以转变职能、简政放权和完善学校内部治理结构为重点,在"管"和"办"上做了很多工作,但教育评价的民主化建设依然是薄弱环节。

加强教育评价民主化建设,应成为教育管办评分离目标设计的应有之义。这里所说的"教育评价民主化",就是建立由政府、学校、家长及社会各方面参与的多元评价机制,主要包括"评管"(即评价政府行为)和"评办"(即评价学校行为)两个方面。教育治理各主体和各因素可以"评管",促使政府履行好经费投入、规划布局、均衡发展等职责,推动政府由"办教育"向"管教育"

转变，由"管理学校"向"服务学校"转变；教育治理各主体和各因素可以"评办"，监督学校维护教育的公平公正，促进学校提高办学水平和教育质量。

（四）教育服务购买机制的市场化设计

教育管办评分离要求把教育评价权和监督权更多地交给社会、回归社会，建立社会力量参与教育评价监督的市场化机制，发挥社会组织和公民在教育治理中的作用。英国著名经济学家哈耶克（F. A. Hayek）认为："市场是教育活动的基础和依据。"事实上，欧美国家教育改革所走的道路就是教育市场化，其中在教育评价上的一条重要经验就是重视吸收各种专业组织、社会团体、行业协会、基金会等社会力量参与教育质量保证，以政府购买服务的方式实现教育治理结果的最大化。让社会专业组织参与对教育和学校的评价与监测，让广大公民参与对教育行政和学校办学的评价与监督，无疑成为教育管办评分离目标设计的着力点。

二、教育管办评分离的改革路向

推进教育管办评分离改革，目前面临着许多问题。这些问题，有的是教育自身发展出现的深层次问题，有的是深化教育改革衍生的新问题。研究和破解这些问题，则是深化教育综合改革、推进管办评分离的基本路向。

（一）教育治理中的顶层设计问题

管办评分离改革是一项综合复杂的系统工程，只有用整体性、协同性的思维去审视教育发展规律和面临的各种问题，才能找出管办评分离的突破口。有学者认为应"从国家战略高度来谋划教育改革"，"从教育的管理部门、教育基本制度、教育机构的管理制度三个层面进行改革"。[①] 一是政府要"革自己的命"，通过简政放权和制度分权，增强政府对教育的服务性职能；二是正确处理好政府、学校和社会三个主体的关系定位，即政府职能应从"全能管控"转变为"行业监管"，学校办学应从"被动式管理"走向"自主式治理"，社会评价应从"无所作为"过渡到"有序参与"；三是教育改革应走委托管理、购买服务等市场化道路。因此，教育管办评分离的顶层设计，需要选择一条法治精神、行政方式和市场法则三者结合的综合改革之路。

---

① 袁绪程：《从国家战略高度谋划教育改革》，《教书育人》2010 年第 5 期，第 8 - 9 页。

（二）教育职能中的简政放权问题

教育管办评分离改革的核心是"管办分离"，而关键是加快政府职能转变和简政放权，包括政府职能内容的转变、政府行政方式的转变、政府机构的调整改革。在政府教育职能定位上，理想而有效的职能应该是"掌舵"而不是"划桨"。按照现代治理理论，政府职能定位需要考虑两个基本关系：一是政府与市场的关系，二是政府与社会的关系。在政府与市场的关系方面，政府职能应定位于让市场体系充分发育并发挥资源配置的主要作用；在政府与社会的关系方面，政府职能应定位于提供公共产品，保障社会公平，作用方式主要是社会管理和公共服务。① 从1958年我国教育体制第一次权力分配改革到1995年《教育法》对教育行政权力的重新划分，均未能在中央和地方之间实行合理的科学的职权划分，更不用说再对政府、学校和社会三个主体进行具体权力划分了。管办评分离改革的基础和前提是政府将办学自主权交给学校，将学校办学和教育质量的评价权交给社会。当前教育领域简政放权的重点是加快政府教育职能转变，合理配置教育行政资源，建立"行业监管"的教育行政制度。这既是深化教育综合改革的核心议题，也是实现教育管办评分离的必由之路。

（三）教育评价中的社会参与问题

《国家教育规划纲要》指出："建立科学、多样的评价标准。开展由政府、学校、家长及社会各方面参与的教育质量评价活动。"这是教育评价制度改革的总要求和总抓手。长期以来，我国教育评价的行政力量过于强势，社会中介机构的生长空间有限，事关教育中介评价的权威性、科学性、公正性的争议和质疑从未中断过。党的十八届三中全会以来，地方政府以转变职能、简政放权和完善学校内部治理结构为重点，在"管"和"办"上做了很多工作，但"评"特别是"社会评"依然势单力薄。因此，建立健全社会参与教育评价的体系，成为教育评价制度改革的重中之重。管办评分离中所谓的"评"绝不是强化行政评价，相反是在多元评价体系中弱化行政评价、突出社会参与评价。

（四）教育市场中的购买服务问题

教育管办评分离急需建立社会力量参与教育评价监测制度。为此，推进教

---

① 赵锡斌、查竞春：《论政府职能的第二次转变——政事分开、管办分离改革的理论与实践》，《武汉大学学报（哲学社会科学版）》2007年第3期，第362-369页。

育评价制度的市场化改革，发挥社会组织在教育公共治理中的作用显得尤为重要。欧美国家教育改革坚持走市场化道路，重视吸收各种专业组织、社会团体、行业协会、基金会等社会力量参与教育评价和教育监测，尤其是借助第三方组织，以政府购买服务的方式对教育评价监测给予支持。党的十八届三中全会要求"推广政府购买服务…通过合同、委托等方式向社会购买"。政府购买教育服务作为我国教育市场化改革的成果之一，现已成为社会参与教育治理的重要方式。近年来，有关地区政府购买教育服务的实践，对政府教育职能的转变、解决教育发展过程中出现的不均衡问题、实现教育公平等均产生了较好的政策效应。但是，这项制度还处于不断摸索总结的发展阶段，认识上需要进一步提高，理论和实践还存在一些待解问题。

（五）教育监督中的评价改革问题

推进教育管办评分离，对于政府来说，既要简政放权，也要加强行政监管。国家教育督导制度是经长期实践证明行之有效的教育监督形式，是政府加强宏观管理的基本手段，也是决策、执行、监督三者相互协调中不可或缺的重要环节，这与管办评分离改革形成的社会力量的参与评价与监督并不矛盾。相反，在管办评分离条件下实现国家教育监督制度与教育多元评价制度的"对接"和"交汇"，既有理论必要性，也有现实可能性。从我国教育现实看，把教育评价的责任简单交给社会或者教育行政部门，这很不现实也几无可能。只有把政府监督和社会评价两相结合，形成互为补充、各有侧重的立体评价格局，才能求解教育评价的诸多难题。从 1995 年将"国家实行教育督导制度和学校及其他教育机构教育评估制度"写入《教育法》起，我国逐步建立了督学、督政和检测三位一体的督导工作体系，这为各级政府履行教育职能创造了条件，也为推进教育管办评分离拓宽了思路。

（六）教育利益中的政府统筹问题

我国当前教育管办评分离改革有着政治、经济的双重取向，但无论哪种取向，政府的主导作用是不可动摇的，这是教育体制改革有别于经济体制改革的根本所在。现代教育的发展与改革，既离不开政府的资源投入，也无法摆脱政府的主导和控制，在教育利益调整中政府统筹作用更加明显。党的十八届三中全会明确要"扩大省级政府教育统筹权"。省级政府介于中央政府和办学主体之间，能够解决"大一统"所带来的区域差异和地方差异衍生的多样性和复杂性问题，对于资源的整合和调配能够更加贴近公众需求，其对教育改革的统筹作用自不待言。省级统筹不是省级集权，而是通过省级政府发挥教育统筹的优势，实现对市、县、镇的局域化管理。在省级统筹下，各级政府主导教育管办评分离与协同机制建设，应是教育综合改革向纵深推进的制度保障。

（七）教育制度中的政策衔接问题

经验表明，"教育从管理转向治理，要求政府深入洞察社会的发展，在社会演进的过程中寻找政策以及政策的切入口"。[①] 无疑，教育管办评分离改革需要政府的政策支持，也需要省、市、县三级政府在教育职能上步调一致、相互支持，形成上下一体、有机统一、衔接运行的"政策链"。地方教育体制改革探索出的一些成果，应转化为政府的政策与制度，同时通过进一步统一思想和提高认识，因地制宜地制定出台系统配套的教育政策。特别需要强调的是，各级政府应强化制度供给的执行力，确保顶层设计与基层和学校改革实践的紧密结合，做好省级及以下政府教育职能的重新定位和协调对接，明确学校管理权限的界定，吸引社会力量广泛参与教育治理，建立教育管办评分离的长效机制。

（八）教育协同中的合作共治问题

教育管办评分离改革需要顶层设计，更要靠各方力量的共同努力。从方案设计到具体推动，管办评分离改革需要采取统筹规划、课题带动、项目推进、行政保障、专家指导、典型引路的策略，构建政府主导改革、制度规范改革、市场参与改革的立体交叉、合作互动的工作推进机制。选择一条自上而下和自下而上结合的改革路径，加强各方的协同联动、整体攻关、综合推进，是实现教育管办评分离目标的重要策略。

---

① 尹后庆：《从教育管理走向教育治理——政府转变管理职责方式的思考》，《上海教育科研》2008 年第 1 期，第 4 – 13 页。

第三章

政府角色新转型：定位原理

我国教育治理变革逐步迈入"新常态"，这是与过去截然不同的发展态势。政府作为教育管办评分离的主导者和行动者，应当顺应"新常态"的要求，从权力重心、职能方向、责任体系和管理方式等方面进行重新定位。政府在教育管办评分离中扮演"元治理"角色，这与政府自身职能、教育治理目标有关。政府必须增强"元治理"意识，通过顶层设计、权力配置、职能掌舵、行业监管、依法办学、培育市场、关系调整、协同互动等综合因素，实现政府导向者、监督者、服务者、协调者角色的整体形塑。

第一节 政府角色"元治理"逻辑

一、国家教育治理中的"政府角色"

（一）"政府角色"的本质

1. 政府的概念

在对政府（government）概念的认识过程中，人们做出了广义的和狭义的两种界定。政府在广义上可以包括维护有序统治的任何机构，其核心特征是有权力和有能力制定、执行集体性决定。政府更常被理解为在国家层次运行、保持公共秩序、促进集体行动的正式的制度过程，其基础功能在于立法、行政和司法。狭义上看，政府专指"实施法律"的行政机关。英国政治学大师安德鲁·海伍德（Andrew Heywood）就认为，"在某些情况下，政府的行政机关被单独用来指代'政府'"。①

　　在政治学家看来，政府与治理的联系相当紧密，只不过"治理"是一个比"政府"更为宽泛的概念。安德鲁·海德伍对这两个概念之间的联系进行了经典概括，他指出，"治理"最广泛的含义是指协调社会的各种方法和途径，而"政府"可以被视为包括在"治理"之中的组织形式之一；换言之，"没有政府的治理"是可能的。他认为，"治理的主要模式包括市场、等级和网络"。所谓"市场"，是利用由供求力量形成的价格机制来协调社会生活；所谓"等级"，包括官僚制和政府组织的传统形式，是通过"自上而下"的权威体系来发挥作用的；所谓"网络"，则是一种"平面的"组织形式，它以实质上平等的行动者或社会机构之间的非正式关系为特征。②"治理"一词较"政府"一词的广泛使用不知晚了多少年，但它的出现却反映了政府和更广泛的社会中所发生的一系列变化。这些变化体现在两个方面：一是受新公共管理理论的影响，政府的职责日益被限定为"掌舵"而非"划桨"；二是随着公共领域与私人领域合作关系逐步增强，特别是当"政府失灵"而市场这个"无形之手"显得越发重要的时候，政府和市场的界限也就越来越难以区分。

　　2. 政府角色的内涵

　　"角色"一词，除在戏剧、电影中使用外，本与其他社会科学无关。当美国社会学家米德（G. H. Mead）将这个名词应用到社会心理学以后，其他学科多有移植，用来描述社会组织和个人的职责行为。其实，在我国当下的许多学科诸如行为学、组织学、管理学、政治学等均把"角色"概念引入到所在学科，用以解释现实社会中自然人的职业归属、特定人的身份品格和社会组织机构的特定职权。有学者认为："社会角色是指与人们的某种社会地位、身份相一致的一整套权利、义务的规范与行为模式。"③ 也有学者认为，"角色是和一定社会位置相联系的行为模式，是占有某一社会位置的个人、团体应有的行为表现。"④ 根据上述社会学的定义，笔者认为：教育治理中所谓的"政府角色"，

①　【英】安德鲁·海伍德：《政治的密码》，北京：中国人民大学出版社，2016 年版，第 16 页。

②　【英】安德鲁·海伍德：《政治的密码》，北京：中国人民大学出版社，2016 年版，第 16 页。

③　郑杭生主编：《社会学概论新编》，北京：中国人民大学出版社，1987 年版，第 126 页。

④　宋书伟、王因为主编：《社会学纲要》，济南：山东人民出版社，1988 年版，第 97 页。

是对政府依靠职能、权利、规范和行为模式发挥"社会角色"作用过程的形象化描述。在行政学看来，威权体制下的政府是立法、行政、司法的主体以及国家统治的行政者，其职能和权利早有法律规定，不需再做规范确认，行为模式也是沿用行政管理通行法则行事。但是在现代治理条件下，政府的职能、权利、规则和行为模式呈现出新特点，即一方面要恪守政府固有的属性和法定的职权，另一方面则要适应时代诉求和施政对象或被管理主体的行动觉醒而对政府职能进行适当调整，如从"划桨"转为"掌舵"就是政府在职能上的根本性变化。

卢梭的《社会契约论》把"行政权力的合法运用"称之为"政府"，认为国家需要政府的理由是"公共力量需要有自己的代理机构将自身的力量聚集起来，并使它按照公共意愿的指示而行动"。① 用历史的观点看，任何一个大规模的教育改革都离不开"政府的作用"。所谓"政府的作用"，就是指政府协调教育系统的群体利益矛盾，规范各种教育要素，使教育管理规范有序运行。由此看来，政府在教育管办评分离中所要发挥的作用即是"政府角色"，其范畴主要包括政府的"权力界限""功能范围"和"行为方式"等几个方面。② 社会学认为，作为一个人或社会组织，最重要的就是找准自己的角色定位，不时地问"我是谁"。然而，人们不能正确认识自己的主要原因，"一是将自己的定位过高，高于自己实际可以承担的角色定位；二是定位过低，低于自己实际可以承担的角色定位；三是角色错位，定位与自己实际应当承担的角色不符"。③因此，作为政府想找准自己的角色定位，一定要实事求是地看待自己，在定位上既不过高也不过低，更不能发生角色错位。

3. 政府角色的认同

"角色认同"是社会学和管理学关注的一个概念。一般认为，当一个人（或组织）了解了角色期望，愿意履行角色规范的要求，这种现象被称为角色认同。从这一点出发，政府角色定位可以定义为：政府在公共行政过程中，根据教育管理规律和时代发展特征，对自身的职能、责任、规范和行为模式等进行身份确认的过程。这里的身份是指政府"自身所处的地位"。所谓的"身份确认"

---

① 【法】卢梭：《社会契约论》，北京：商务印书馆，1980 年版，第 57 页。

② 颜丙峰、宋晓慧：《教育中介组织的理论与实践》，上海：上海人民出版社，2006 年版，第 269 – 270 页。

③ 奚从清：《角色论——个人与社会的互动》，杭州：浙江大学出版社，2011 年版，第 82 页。

则是笔者从西方文化研究经常使用的"身份认同"（Identity）概念移植过来的概念，借以解释政府职能方向、责任机制和行政规范的基本规律。"身份认同"的基本含义是指个人与特定社会文化的认同，具体追问："我是谁？从何而来？到何处去？"根据西方学者的研究，社会文化意义上的"身份认同"具有发展性，可以细分为三种倾向：一是"固定认同"，这是一种受传统的主体思想的影响的身份认同；二是"相对认同"，这是受相对主义影响，出现的一种带有时代发展特征，反对单一僵硬，提倡变动多样的身份认同；三是"折中认同"，这是一种秉承现代性批判理念、倡导相对本质主义的身份认同。"身份认同"理论所揭示的三种倾向，无疑对我们理解政府角色定位有重要的启发。

如果对政府角色进行更加深入的分析，政府的"身份认同"又分为主动和被动两个形态。主动认同是处于特定的国家制度和社会环境中由政府的自觉意识所带动实施的自上而下的政府地位变革；而被动认同则是在国家宏观政策背景下由社会的诉求影响所推动实施的自下而上的政府地位变革。在我国，政府身份认同机制则主要体现在政府职能的转变。作为国家行政机关，政府依法对社会公共事务进行管理，其承担的职责和具有的功能，便促成了政府身份认同，从而构成各级政府的职能体系，它反映着政府行政的基本内容，也是政府行政的本质表现。

4. 政府角色的变迁

近代以来，西方国家的政府角色经历过深刻的嬗变，其变迁轨迹是"从管制模式到治理模式"。① 政府在"无为""扶持"和"掠夺"的"三只手之间转换与实践"，② 在历史发展中寻找自己最佳的角色。在近代民族国家确立后，各自由国家普遍实行自由放任的经济社会政策，政府的职能只限于国防、治安和税收，尽可能不涉及经济和社会。上世纪前期罗斯福新政开始，美国乃至世界范围内的政府范式出现嬗变，标志着"管制时代"的到来。在政府管制时代，社会子系统已无法有效地自我调整，需要集中和权威的命令，同时政府开始插手经济社会领域，实行广泛和深入的干预，其范围涵盖包括教育在内的各个领域，政府开始用官僚化的结构，依照既定的目标导向，采取集中的垂直命令式

---

① 罗豪才等：《软法与公共治理》，北京：北京大学出版社，2006 年版，第 134 页。
② 金太军、鹿斌：《社会治理新常态下的地方政府角色转型》，《中国行政管理》2016 年第 10 期，第 11 – 15 页。

的立法和政策。而在新的历史背景下，人们发现市场本身也有其局限性，出现了诸如分配不均、信息不对称、集体行动困境、规模无效率等问题，政府的正当性也日益受到质疑。为回应和消除市场的弊端，政府逐渐开始转变其角色，从此政府新的治理范式对全球经济社会产生了重大影响。

新中国成立以来，"我国地方政府角色大致经历了两次典型的转变：第一次是从全能型政府向市场型政府转变；第二次是从市场型政府向服务型政府转变。每次转型虽然都是在体制、机制、结构等各个方面的整体变迁，但一个突出的特征是经历着从'统治者——市场主导者——服务者'的角色演化"。① 第一次转型是基于计划经济体制向市场经济体制过渡的政治考量，由于旧体制中单中心的统治及其官僚组织形式，造成了大量资源向行政部门集中，强制权力向基层社会渗透，地方政府以统驭者的身份包办一切、控制全局，形成一个稳定有序但僵化低效的治理格局。实践证明，这"不仅破坏了以地方为基础的管理基础结构和服务体系，而且集权的、等级制的、官僚制的行政管理模式已经失败"。② 第二次转型是伴随着市场经济发展的深入调整，逐步从强调地方政府在市场中的主导作用到发挥市场在资源配置中的决定性作用，进而认识到绩效驱动型政府所造成的种种弊端已然成为可持续发展的障碍。特别是政府角色，只有从直接参与市场活动中逐步撤出，通过提供充足优质的公共服务，才能证明自己存在的价值与合法性。因此，有学者强调，"没有扮演好服务角色的地方政府，就不可能成为现代化的地方政府"。③

（二）"政府角色"的结构分析

政府角色的定位是教育管办评分离中最基本和最核心的概念，但学术界至今没有一个权威性、完整性的定义。《中国教育改革和发展纲要》颁布以来的几十年里，我国围绕教育体制改革一直在探寻政府角色的准确定位，力图彻底弄清政府在教育管理过程中到底应具有什么身份和职权、可以发挥什么样的行政作用。尽管如此，教育管理由于长期受国家行政管理"大一统"的影响，政府

---

① 金太军、鹿斌：《社会治理新常态下的地方政府角色转型》，《中国行政管理》2016 年第 10 期，第 11－15 页。

② 朱光磊主编：《中国政府发展研究报告（第二辑）：服务型政府建设》，北京：中国人民大学出版社，2010 年版，第 23－26 页。

③ 金太军、鹿斌：《社会治理新常态下的地方政府角色转型》，《中国行政管理》2016 年第 10 期，第 11－15 页。

始终没有走出自我革命、角色调整的第一步，学界对政府角色定位的研究也始终没有实现突破。

1. 政府角色的职能方向

我国政府角色定位的趋势和要求，势必是教育治理的政府职能背景，也是研究教育管办评分离必须审视的宏观治理环境。

我国政府定位问题一直存在很多争议，其实在欧美国家，同样的争议时间更长，分歧更大。在西方，政府角色定位有"小政府"和"大政府"两种理论，但基本上都是"大政府"理论占主导。在经济学界，凯恩斯（J. M. Keynes）的经济学理论出台后，为政府职能的扩充、政府角色的重新定位提供了理论依据。在这个阶段，对政府职能而言，法律没有规定的领域政府功能仍然可以延伸到此，造成政府职能逐渐扩大，政府干预经济的功能便凸现出来。国家进入"行政本位"以后，政府的角色随之发生转变，由消极的行政转变为积极主动的行政。伴随新公共服务理论的出现，政府的职能范围做了压缩和概括，致使政府职能"小政府化"倾向凸显。根据新公共服务的观点，政府职能是服务而不是掌舵，政府的行政核心价值是公共利益，政府的行政行为强调民主性和责任性。

我国学者对政府职能范畴的认识也是有分歧，有共识。有学者认为，政府职能具体表现为五种角色，即公益人角色、调控人角色、管制人角色、仲裁人角色和守夜人角色。还有学者认为，在社会主义市场经济条件下政府的职能主要表现在四个方面：即政治职能、经济职能、文化职能和社会管理职能。但这些学者都共同看到的一个事实是，"我国政府职能的内容必须法治化，转变政府职能也应该法治化"。①

在计划经济体制下，政府职能几乎是"全能主义"的，政府行政力直接干涉或间接渗透到社会每个角落，其权力运行过程明显表现为"命令—服从"的人治模式。在经济全球化和政府职能变革的趋势下，从1988年到2008年，我国先后四次实行政府机构改革和行政管理体制改革，逐步转变政府职能，实行政企分开，建立了适应市场经济需要的宏观调控体制框架。国务院机构改革完成阶段性任务后，中央根据行政管理体制改革的总体部署，又通过了《关于地方

---

① 沈荣华：《关于转变政府职能的若干思考》，《政治学研究》1999 年第 4 期，第 54 - 56 页。

政府机构改革的意见》，提出适时跟进地方政府机构改革的主要任务是"转变职能，优化结构，强化责任，严控编制"。中央要求深化地方政府机构改革，把维护人民群众的根本利益作为改革的出发点和落脚点，着力解决制约地方经济社会发展的突出矛盾，着力解决人民群众最关心、最直接、最现实的利益问题，建设人民满意的政府。2007 年到 2014 年又先后启动服务型政府建设、政府职能转变、国家治理现代化等各项部署，又于 2016 年全力推进政府供给侧结构性改革，以提升政府服务的水平和效能。这些改革的历史意义和现实价值无疑非常巨大，它不仅通过构建政府新的行政机制促进了国家经济腾飞，同样也给包括教育在内的公共服务和社会管理营造了有利环境，带来了动力和希望。

2. 政府角色的组织行为

组织行为是一种重要的组织现象，其内涵是指"组织的个体、群体或组织本身从组织的角度出发，对内源性或外源性的刺激所作出的反应"。[1] 政府的教育机构是教育行政管理的组织行为系统，其设置是否合理、职责划分是否科学是决定政府教育管理效能的基本因素之一。在国家大力精简政府机构的背景下，建立一个精练高效的教育行政系统是一项基础性改革工程。从实际情况看，中央政府到地方政府在对教育行政机关名称所做的几次变更和调整中，均以适应教育改革发展为基础。尽管学术界的认识并未达到理想的境界，但相应的研究不同程度触及政府组织行为的一些深层次的问题。如教育行政的组织行为的本质和特征是什么、教育行政的组织行为类型有哪些、教育行政的机构设置和职责划分如何遵循组织行为的一般原则等，还存在着较大的探讨空间。从组织行为学来分析，政府角色的组织行为集中在教育行政职能和教育行政方式两个方面：

首先是教育行政职能。教育行政职能就是政府在教育事业发展中的规定性作用，在本质上是国家职能的重要部分和具体体现。在现代社会，教育行政职能是各国政府极为重要的公共职能之一，也是教育理论和教育实践中最为基础性的范畴。而这一范畴，一般"涉及教育的体制、机构、职能、内容、规范及队伍"，"从不同的方面决定着教育行政管理的特征与水平"。[2] 在教育行政管理

---

① 张爱卿：《组织行为学》，北京：机械工业出版社，2013 年版，第 2 页。
② 国家高级教育行政学院编著：《新中国教育行政管理五十年》，北京：人民教育出版社，1999 年版，第 2 页。

中，政府教育职能问题有着更深层次的意义和更广阔的理论空间，这意味着政府教育职能的重新认定与转换，也是教育行政管理改革中更为实质的内容。随着改革发展的实际需求，有关学者就教育行政管理问题进行了多角度、多层面的研究和讨论。除探讨现代教育行政管理的科学内涵、职能范畴、一般特征等基本认识问题以外，学者们更多的是关注教育行政管理的现实问题，如我国教育行政职能的外部环境与社会基础、我国教育行政职能的体系及特点、我国教育行政职能面临的主要矛盾及存在的突出问题等。近些年来，随着教育管办评分离问题的提出，政府教育职能的转换问题也日渐迫切，人们对此已开始重视并开展了一些研究。人们形成的共识和已经明确的方向，就是要使政府对学校教育的直接管理和行政干预，转变为保障学校办学自主权以及运用立法、规划、信息服务、政策指导以及有关行政手段进行间接式的宏观管理。

其次是教育行政方式。教育行政的内容比较广泛，既有教育的方向管理、规范管理、财政管理、人事管理、保障管理等教育事业的专项管理内容，又有对学校教育与教学活动的业务指导内容。当然，就政府教育职能的组织行为角度而言，这里主要也是指政府对学校专项工作的宏观管理，通常不包括学校内部的具体事务管理。教育管办评分离中政府的"管"，主要集中在政府对教育领域各专项事业和专项工作的宏观调控和管理指导。由于社会环境的发展变化和教育改革的不断深入，政府的组织行为紧紧围绕教育专项事业和学校办学运行实现职能性管理，但总的趋势是：要么不管、少管，要管就必须管好、管到位。

3. 政府角色的责任机制

政府角色定位必须建立在政府明确的责任基础上。政府的责任"在政治活动和公共管理中最一般的含义，是指与某个特定的职位或机构相联系的职责"。① 从职能上来说，政府的责任是政治文明发展进程中政府公共治理合法性的基础保证，而政府责任的确认及其实现，要求政府及其公职人员对社会公众的责任诉求做出及时、有效的回应。罗姆泽克（Romzek）是美国著名的教育管理学者，她一直从事公共领域中责任体系的研究，其突出贡献是为分析责任体系的类别提出了最完整的理论框架，对教育公共服务特别是高等教育领域产生影响。在她看来，一个完整的责任体系包括等级责任关系、法定责任关系、专

---

① 唐斌：《责任政府的逻辑——政府道歉的伦理内涵及其效用保障》，北京：中国社会科学出版社，2017年版，第1页。

业责任关系和政治责任关系。①

我国学者在研究政府角色时，同样对政府的行政责任保持着兴趣。其实，"行政责任"包括两方面含义：法律上的行政责任和普通的行政责任。所谓"法律上的行政责任"，是指政府工作人员除遵守国家公民必须遵守的基本法律法规外，还必须恪守适用于政府工作人员的有关法律规范。而所谓"普通行政责任"，主要是指政府组织及其工作人员所担负的政治责任、社会责任和道德责任等。这里的"政治责任"是指政府组织和行政人员最重要的责任之一。长期以来，我国教育事业投入严重不足，国家财政性教育支出占 GDP 的比重很低，但从 20 世纪 90 年代开始，我国政府连续三次（1993 年、2006 年、2010 年）明确提出要大幅度提高财政性教育经费，"逐步使财政性教育经费占国内生产总值的比例达到 4%"，可视为政府发展教育事业政治责任的具体体现。

4. 政府角色的行政规范

行政规范也称行政管理规则，是指由社会约定俗成或由国家机关明文规定的，要求政府及其工作人员在有效履行教育职能和行政责任、行使教育行政权力的过程中应该遵守的各种法律规范和道德准则。在政治学上，无论什么行政权力和行政行为，只要是在行政法律规范的范围之内，都应受到同等的约束和限制。

政府教育职能的行政规范是教育行政管理的主要依据，主要指教育政策与法规。应该承认，我国的教育政策分析与教育法规研究在很长的一个时期里都是政府教育职能研究中相对薄弱的一块，这种状况一直到本世纪初才开始得到改变，政策分析有所开展，法规研究也受到重视。特别在近些年，学者对教育管办评分离中政府职能研究开始产生兴趣，围绕政府职能的政策分析逐步深入，已经涉及价值取向、体系结构以及改革策略等问题。也有学者在对现行教育政策体系进行归纳与评价基础上，重点对政府管理学校的专项政策和行政规范进行研究，提出了一些思路和建议。尽管对有关的理论探讨与实证分析尚有不同的认识与评判，但就政府角色的行政规范建构来说，都是必不可少的学术研究。而就政府教育行政的紧迫性而言，教育领域的法规建设、行政执法以及教育规章的贯彻实施问题则逐渐凸现，在一定程度上其重要性已超越教育立法及规章

---

① 【美】简·柯里等：《全球化与大学的回应》，北京：北京大学出版社，2010 年版，第 134 页。

制定。

（三）"政府角色"对教育治理的价值

1. 政府角色定位是教育制度选择的产物

一个国家的教育制度是这个国家各级各类教育机构与组织体系及其管理规则的总和。这说明，与教育制度相联系有两个基本点：一是国家各级各类教育机构和组织体系；二是教育机构与组织体系赖以生存和运行的一整套管理规则。仅就教育机构与组织体系而言，教育制度不仅包括实施各级各类教育的机构与组织，而且包括教育的各种管理机构与专门组织。在教育学上，教育制度是指由上述这些教育机构与组织构成的系统，但在人们的普遍理解中，教育制度大多是指学校教育系统以及保障学校运行的法律法规和管理规则。

从广义上看，教育属于国家体制中的上层建筑，是国家体制的一部分。西方国家在教育制度上的一个传统，就是喜欢运用新古典主义的逻辑来审视教育问题和给政府角色定位。他们认为，在国家体制中，学校并不是完全属于公益事业，在追求经济利益方面实际上与企业没有多少区别。学校通过向消费者提供服务从中获取利益或者获得成本补偿，政府在考虑教育供给时往往会考虑学校能否从提供教育服务中获利或获得成本补偿。从经济角度上看，教育发展是教育产品的生产者与消费者在价格机制的作用下最终达到均衡的结果，但在教育发展的现实中，产品市场与资本市场都不可能满足完全竞争的条件，因而教育生产和教育消费的均衡也就始终无法达到。面对"市场失灵"，这时国家变革教育制度和发挥政府角色的调控作用，便成为教育治理中重要的制度选择。

教育理论中阐释国家（政府）与教育关系时有两个观念一直被人关注，一是教育发展有着不可忽视的制度因素，二是教育发展离不开政府的"介入"和"干预"。前一个观念认为，国家教育完全是经济社会的附庸，必然受制于国家和社会的经济发展水平，这就使得国家教育发展始终处于被动应付状态，教育总量矛盾和教育结构矛盾往往很难得到有效解决。这里的"教育总量矛盾"是指教育总供给与社会总需求之间的矛盾，"教育结构矛盾"是指教育各层次的结构与社会总需求的结构之间的矛盾。这两大矛盾制约着国家教育的发展程度、方向、水平和规模，直接影响着国家的经济社会发展进展。后一个观念认为，教育尽管追求独立发展，但并非完全的自由主义，因此政府介入教育、掌控学校，则是必然之举。有学者认为，政府之所以介入教育，是因为社会上存在着一些不负责任或无法负责任的人，而孩子和未成年人缺乏独立决策与判断的能力，这时政府有义务通过一定的干预为孩子们提供合适的教育。另外，学校的"技术垄断"也是政府介入教育的一个重要原因，由于地域、学生入学人数的问题使教育在某种程度上成为一个具有技术垄断性质的行业，这种垄断容易导致教育服务的质量下降，此时只有政府的强势介入，学生和家长才能接受到货真价实的教育服务。①

2. 政府角色定位是教育职能重构的内容

从行政职能看，政府通过有效利用公共行政权力，运用政府内外各种关系和行政机制，把人、财、物等各种有形无形资源合理组合起来，经过组织、领导、控制等行政行为向社会和公众提供公共产品与服务。权变领导理论认为，领导者若要取得高度的工作成果，一定要适应领导者本身的需求结构特征，随特定情境下的控制与影响程度的变化而变化。这一论点对于理解教育治理中政府角色定位的本质具有方法论价值，也就意味着一个致力于维护区域内教育发展秩序的地方政府所扮演的角色不能一成不变，其角色职能应与国家教育发展的顶层设计保持一致。对于这一点，卢梭曾用简短的一段话解释了政府角色定位始终处于动态变化之中的内在机理，他说："关于政府形式，在各个时代里，人们曾经有过许多争论，而并没有考虑它们之间的每一种形式在一定的情况下都可以是最好的，但在另一种情况下有可能是最坏的。"② 既然政府的教育职能会随着社会发展、教育发展和人们对教育需求的变化而不断变化，那么事关教育的任何决策和管理行为都应该立足当前、着眼长远、趋利避害，利用国家法律赋予的教育行政权力去监管教育事业、引领教育发展。

3. 政府角色定位是治理方式转变的前提

从角色变迁看，政府一方面随着社会经济和国民教育的发展进步而不断调整定位和转变职能，另一方面也会随着国家治理方式的转型而推进教育管理方式的转变。新中国成立以来，政府管理教育方式先是经历了百废待兴时期的行政垄断，接着是计划经济时期的高度集权，再到市场经济条件下依然的高度集中和威权管理，均突显了政府角色定位的时代特征。到了国家治理方式发生战略性转变的新时代，不断高涨的经济社会发展、人们对美好生活的向往以及对

---

① 【美】米尔顿·弗里德曼：《资本主义与自由》，北京：商务印书馆，2004 年版，第93 – 101 页。

② 【法】卢梭：《社会契约论》，北京：商务印书馆，1980 年版，第97 页。

高质量教育的诉求，对政府的职能转变催生一种倒逼机制，治理理念和法治观念被引入政府的教育管理，促使政府权衡考量内外环境，深入反思自身角色，从而对政府所要扮演的角色进行再定位。于是，面对教育领域的积弊和教育体制的顽症，教育管办评分离的改革政策便应运而生。

4. 政府角色定位是主导作用发挥的基石

国家教育改革步入深水区后，政府角色定位将是教育体制改革的着力点和推动力。从我国教育现况看，影响教育管办评分离的因素是多方面的，但这些问题可以归结为一点，就是过去的教育体制改革几乎没有触及政府的核心利益，政府缺乏进行"自我革命"的勇气和决心，治理的"主导作用"和改革的"示范作用"发挥得不够好，政府向学校和社会组织的分权放权依然偏于保守。由于政府在角色定位和职能转变上与教育治理顶层设计存在一些差距，致使教育管办评分离始终迈不出实质性步伐。纵观我国历次教育体制改革的实践，一个不可忽视的现象是，在每次改革带来一定成效的同时，政府的教育职能往往陷入"精简—膨胀—再精简—再膨胀"的怪圈循环。这说明，政府的角色定位一旦淡化了主导发展、引领改革的功能属性，就会削弱政府对教育的既定作用，导致一系列问题的产生，影响教育改革的进程。

5. 政府角色定位是多元主体协同的保证

长期以来，政府的"大一统"格局使行政权力过度集中、学校办学能力趋弱、社会参与评价和监督缺位，模糊了教育系统各要素之间的关系，造成政府在教育管理上的功能缺陷和动力缺失。构建教育治理体系和推进管办评分离既是一个庞大复杂的系统工程，也是一个从观念到体制、从制度到行动的动态过程。但教育管理体制改革不易、推进管办评分离更难是客观事实，也是困扰教育改革进一步深化的难点问题，成为引起社会广泛关注的热点问题。教育管办评分离的目标之一是"按照系统性、整体性、协同性的原则，将教育的决策权、管理权、监督权和评价权之间的关系加以重构，建立多元主体共同治理的良性结构"。① 解决管办评分离凸显的诸多问题，亟待建立政府角色定位多方参与的协同机制。

---

① 刘佳：《"管办评"分离的构建与协同机制研究》，《中国教育学刊》2015年第9期，第47－50＋82页。

二、政府角色定位的"元治理"理论

最早提出"元治理"（Metagovernance）理论的，是英国政治学家杰索普（Bob Jessop）。简单地说，"元治理"就是"治理的治理"，指在对国家、市场、公民社会等治理方式和力量进行一种宏观安排，重新组合成为新的治理机制，从而促进治理水平的提升。

（一）"元治理"理论的要义与价值

治理理论（Governance）是 20 世纪 80 年代兴起的公共管理领域最有影响的理论之一。作为一个宏大的理论体系，学术界对"治理"的解读很多。但是，治理理论由于高估了市场与公民社会的作用，在现实的应用和实践中其效果并不理想，有的学者便针对治理理论中的缺陷力图加以修正。其中杰索普"元治理"是最有影响的理论。

元治理认为，政府自身常常存在失灵问题，正是在政府有限资源条件下，通过正确的定位以及合理的规划、引领、协调和纠偏，借助公共治理平台和市场博弈杠杆，促进达成公共治理良性运行目标。很显然，"元治理"与"治理"的最大的区别，在于在坚持治理理论基本理念的同时，强调国家或政府"在公共治理中的重要作用"，[①] 强调政府在公共治理中处于"同辈中的长者"的特殊权力和主导地位，从而重新定义了"政府角色"的内涵。然而，"元治理"所强调的政府具有"同辈中的长者"的责任，并不是说需要构建一个至高无上、控制一切的威权主义政府，而是希望政府在公共治理体系中担任制度设计、提出远景和规划任务的主导者角色，促使公共治理与社会结构在良好的制度安排下得到完善和发展。

有学者认为，"政府主导"被看成是"中国模式"的重要特色，而中国制度的特点更有助于推行"政府主导"的发展模式，[②] 在多元参与的教育治理体系中，政府发挥着"元治理"的主导作用。其基本表现在于负责制度设计和提出远景，通过良好的行动协调，保证教育组织的完整和治理主体的互动运行，为教育管办评分离提供稳定的制度环境。

---

① 王诗宗：《治理理论的内在矛盾及其出路》，《哲学研究》2008 年第 2 期，第 83 – 89 页。
② 燕继荣：《变化中的中国政府治理》，载龙宁丽主编《政府改革与公共治理》，北京：中央编译出版社，2015 年版，第 18 页。

（二）政府"元治理"的基本属性

政府"元治理"的基本属性是研究教育管办评分离中政府主导角色定位的理论前提，也是探寻教育管办评分离中政府"元治理"路径的逻辑基础。然而，现有教育治理方面的研究，对政府"元治理"角色定位并没有给予足够的重视，也没有系统揭示管办评分离对政府"元治理"的期待及其规律。其实，在教育治理中，政府主体的改革和创新是上游，是基础性的，"它之所以重要，是因为管理的放权，将为办学和评价的创新提供空间，牵一发而动全身"。① 但是，政府"元治理"作为一种理想治理形态，在教育管办评分离经由特殊属性的规定而浮现出来，构成了责任政府（也称"教育政府"）、有限政府、服务政府和合作政府的具体目标。

1. 政府"元治理"主体的唯一性

在管办评分离条件下，学校扮演自主办学的角色，社会组织扮演公信评价的角色，而政府则担负着主导者、合作者、协调者的职责，其精力投向是规划引导、要素监管、职责纠偏和绩效评价等方面，不再扮演直接办学者和全方位管理者角色。角色定位发生转变后，政府不再对学校办学进行干预或管控，也不会包揽学校范围内的具体事务，更不会直接将教育评价权紧抓不放，而是通过对管办评三个主体"分离协同"规则的制定和维护，引导专业机构和中介组织参与教育治理，同时通过教育分权和依法授权实现权力分享，引导办学者和评价者的身份转变，从而实现政府、学校和社会的合作共赢。

然而，作为公共教育服务的提供者和教育公共治理主导者，政府"元治理"首先需要面对和处理的实践问题就是政府行政模式。就政府存在的现状和依据而言，在当下行政模式从"以政府为中心"向"以公民为中心"转变的过程中，社会各种力量的协同参与成了教育管办评分离的重要特征，但多元治理不是不要政府或撇开政府，相反则更加强调政府的主体作用，让政府扮演"同辈中长者"的元治理角色，维护和增进各方关系与公共利益。有学者在分析公共事务管理中的政府"元治理"时，曾概括了政府应发挥的四个作用，即主导和制定社会治理规则、与社会力量合作实现社会善治、促进社会信息透明、做社

---

① 杨银付、王蕊：《转变管理方式，提升教育水平》，《人民教育》2013 年第 8 期，第12 – 13 页。

会利益博弈的平衡器。①这一结论是政府行政模式决定政府"元治理"定位的具体描述，对于分析理解教育管办评分离中政府"元治理"的主体特征和合理定位具有重要意义。

2. 政府"元治理"结构的复杂性

杰索普提出"元治理"的动机，旨在对国家、市场、公民社会等治理方式和协同力量进行宏观安排，他之所以在"治理"之上突出一个"元"字，就是在遵循治理理念的同时，强调政府在公共治理中不可取代的主体地位。政府在教育管办评分离中扮演主导角色、承担主体责任，符合"元治理"的内在逻辑，但是教育管办评分离不是单一运用政府的政治权威，通过发号施令、制定政策和实施政策将几个权力一分了之，而是需要通过政府主导下的上下互动和协同治理，形成有分有合、既分又合的循环运行，这就使得政府"元治理"应更加注重协调性、专业性和系统性。

根据"元治理"的结构类型，教育管办评分离中政府"元治理"也可以分为两类："内部元治理"和"外部元治理"。所谓"内部元治理"是指发生在政府组织内部之间的"元治理"，需要去解决的是在处理教育公共治理体系相关问题时组织内部产生的"对立冲突"和"协同互补"。所谓"外部元治理"是指发生在政府组织与社会和市场之间的"元治理"，需要去解决的是在处理政府、学校、社会关系时相互之间产生的"对立冲突"和"协同互补"。② 就教育管办评分离而言，政府内部元治理可能更多面临的是"如何教育分权"，政府外部元治理可能更多面临的是"如何简政放权"。从目前看，政府"元治理"引发的分权放权改革，其关键是要打破传统科层制的束缚，整合政府部门决策权，转变政府教育职能，培育教育市场机制，向教育的不同利益相关者分权、放权、赋权和授权。显然，这一过程都显示出政府"元治理"结构的复杂性以及多主体参与、多力量协同的必要性。

3. 政府"元治理"职能的权威性

政府"元治理"的权威性表现在四个层面：

一是主导权威。我国学者将"政府管理学校"比喻为"教育导航"，认为

① 熊节春、陶学荣：《公共事务管理中政府"元治理"的内涵及其启示》，《江西社会科学》2011 年第 8 期，第 232 - 236 页。

② 熊节春、陶学荣：《公共事务管理中政府"元治理"的内涵及其启示》，《江西社会科学》2011 年第 8 期，第 232 - 236 页。

"驾驭整个教育系统是一个十分复杂的系统工程，新型的教育管理模式不可能是过去那种由教育部自上而下地控制千千万万个学校的中央控制系统"，因而力主构建"教育系统的导航机制"。① 但无论是掌舵还是导航，都说明了政府对教育管办评分离的主导作用。政府主导权威的基本范畴就是规划教育发展前景、明确教育发展方式、规范学校办学模式、落实质量监管手段，并为下级政府和学校提供良好的政策基础和运行环境。

二是平衡权威。教育管办评分离中，有两对无法绕开的关系需要政府去直接面对和妥善处理："政府与市场"和"政府与社会"。要处理好这两对关系，政府就要运用权威手段，在教育事业发展和公共教育服务中做各方利益博弈的"中间人"和"平衡器"，促进各方治理主体的参与和合作。

三是行政权威。从"元治理"角度分析，政府既扮演教育市场培育规则的主导者和制定者，又拥有政府购买教育服务的社会赋权和行政职权。因此，政府作为教育管理权责的履行者，对教育市场培育进行引导，对社会教育组织与基层学校的互动关系做出制度安排，明确划定政府购买教育服务的范围和形式，对教育专业机构、社会中介组织参与对教育和学校的评估与监测等方面提出规范性要求，无疑就是一种权威性行政管理。

四是统筹权威。政府按照教育属性和服务对象来划分教育管理权限，对教育领域实行分级分层统筹管理，这就是政府"元治理"所称的"统筹"。统筹也分为政策统筹、方案统筹、力量统筹、进度统筹等诸种，均为推进管办评分离改革、实现教育系统善治目标的有效方式。

4. 政府"元治理"责任的政治性

教育管办评分离是推进国家治理体系的改革目标在教育综合改革领域中的深刻反映，是办好人民满意的"中国教育"的重要决策。从这个意义上说，政府在推进教育管办评分离改革方面首当其冲负有重要的政治责任。

在中国语境下，政治责任是指政府及其行政人员的所作所为必须合乎人民的利益、权利和福利，其决策（包括政策与法规、规章和行政命令等）必须合乎人民的意志和利益。当然，政治责任是与法律责任不同的概念，其不仅仅是"对政治责任主体政治行为是否符合法律规范和法律程序即形式正义的评价，更

---

① 王晓辉：《关于教育治理的理论构思》，《北京师范大学学报（社会科学版）》2007 年第 4 期，第 5 - 14 页。

是对其政治性决策及其后果是否合理正当即实质正义的考察"。① 很显然，各级政府及其教育行政部门应结合当地教育发展实际和教育治理目标，把教育改革举措的具体细化和推进落实作为政治任务，明确教育改革的主责部门和协同部门，发挥好在教育治理上的基本职能，投入更大的力量，采取更有力的措施，通过实行目标制、责任制、督查制、问责制等推进教育改革目标的如期实现。

（三）政府"元治理"的理论追问

1. 政府为何担当"元治理"角色

长期以来，我国教育管理政府层面暴露出来的一个弊端，集中于"政府行为"的无边界扩张和"官僚行为"的无节制增长，造成政府角色定位的严重失准。政府过高估计自己的权力对教育领域各种事务的干预能力，任意扩大政府权力的行使边界，"管制"范围无所不包，无隙不入，管了许多"不该管""管不好"和"管不了"的事。如在传统的教育制度中，公办学校既是政府所办，也是政府所管，又是政府所评，政校不分、职责不清，上到教育部、下到各市县教育局，其行政首长俨然就是"大校长"，政府包揽学校事务，学校被动执行行政指令，致使政府教育公共服务的质量不高，学校对政府服务的满意度普遍下降。解决这个问题的基本路径就是要解决管、办、评三个主体各自"做什么"的问题，核心当然在于界定政府、学校和社会三方的职权范围，让三个主体按照特定的角色定位，发挥相应的作用，避免出现相互越位、错位、缺位和失位现象。这就驱使政府应对教育系统实行宏观间接的"行业管理"，对学校办学实行公开透明的"有限管控"。各类学校作为一个相对独立的专业性教育组织，应建立现代学校制度，依法按章程办学，向社会公众提供教育服务。教育专业机构和社会中介组织也应以"公信评价"为职权向度，为政府决策提供参考，为学校改进教育教学提供依据，以其独特的运行方式和评价效用性在教育治理中发挥自己的作用。

2. 政府以何担当"元治理"角色

在公共治理领域，政府角色与政府职能是紧密相连的。一方面，政府角色是政府在履行职能过程中的自我意识和社会认知；另一方面，政府角色实现的范畴、目标和方式，均由政府的职能定位所决定。随着党的十八届三中全会召

---

① 张贤明：《政治责任与法律责任的比较分析》，《政治学研究》2000 年第 1 期，第 13 – 21 页。

开，我国教育治理改革的重点更加清晰，就是"推进管办评分离改革"，"扩大省级政府教育统筹权"，"落实学校办学自主权"，"转变政府教育管理职能"。以上四个方面改革成为我国中长期教育体制改革的重要目标，无不涉及政府职权以及对教育治理的主导责任，这也印证了杰普索所强调的"政府要保留自己对治理机制开启、关闭、调整和另行建制的权力"。① 但是，教育管办评分离与我国教育管理体制的固有弊端形成冲突和矛盾，要解决这个问题，不可能去依靠市场因素或社会的力量，只能仰仗政府"元治理"的权力或权威，通过发挥政治责任和主导职能去推进改革、实现分离目标。

应该看到，政府在教育改革中行使着其他主体不可替代的权力或权威。在管办评分离条件下，政府转变为教育公共治理的合作者，它与学校、社会等治理主体在地位上是平等的。在各种治理主体中，政府行使宏观调控的行政权力，教育管理方式逐步从"统治"走向"治理"，它为学校自主办学和社会参与教育评价提供稳定的政治和法律环境，而这一作用是其他治理主体所无法具备的。政府教育行政权力往往聚焦于运用治理的力量对教育管理发挥宏观调控作用方面，另外政府在公共治理的"多中心"体系中仍然具有不可替代的特殊作用，其"决策中心"的地位，为教育管办评分离中各主体之间建立既联系又冲突的关系提供了解决问题的权力机制。因此，政府"既是统治下的治理，也是治理中的统治"，② 这是政府之所以担当教育管办评分离"元治理"角色的根本原因。

3. 政府如何担当"元治理"角色

我国各级政府在教育职能履行过程中，还有一个常受人诟病的问题就是政府角色的模糊和混乱。其中比较突出的是权限范围内外的角色越位。本来政府、学校和社会各司其职，不同角色的扮演使它们发挥无法相互替代的作用，然而政府往往以"全能者"的身份出现，许多职能超出了其权限范围。同时，政府的多重角色也使得教育专业机构和社会中介组织在参与教育治理中缺乏活力和动力。更为严重的是，政府职能方式本应在于实施规划、组织、激励、指挥和控制等方面的宏观管理，而现在往往是用主要精力去办"学校"而不是管"教

---

① 王诗宗：《治理理论的内在矛盾及其出路》，《哲学研究》2008 年第 2 期，第 83 - 89 页。
② 姬兆亮等：《政府协同治理：中国区域协调发展协同治理的实现路径》，《西北大学学报（哲学社会科学版）》2013 年第 2 期，第 122 - 125 页。

育"，不是去当一个好的"裁判"而是直接下场参与"踢球"。

政府在教育管办评分离中扮演"元治理"角色，这与政府自身职能、教育治理目标有关。推进教育管办评分离，政府改革的取向就是对教育和学校的管理要"有所为有所不为"，将政府的精力放到更需要解决的有关领域，通过政府、学校、社会之间的通力合作来达到教育的善治。不过，在一些发达国家，政府在教育治理改革中所扮演的主要是"顶层设计"角色。而在中国，政府在教育治理中所发挥的作用要多很多，政府通过管理职能的行使，直接领导和具体管理各类学校，通过与教育直接、间接甚至无关的众多职能部门的协同合作，"扮演着教育改革的设计者、指导者、管理者、监督者及调控者的角色"。① 在我国特有的教育制度和科层体制下，作为教育管办评分离"元治理"的唯一主体，政府应准确定位，履行好相应职能。

三、基于"元治理"的政府角色定位

政府角色重新定位的必然性，是由影响政府履行教育职能的诸多因素所决定的，其中教育管办评分离所面临的改革任务是其中的重要因素。党的十九大对政府的角色定位和职能转变提出更高要求。我国教育治理中管办评分离的基本任务就是按照新时代教育发展的主要矛盾和有关诉求，转变政府管理方式，实现管办评分离，构建现代教育治理体系。因此，"元治理"原理及其要求成了政府角色定位的逻辑起点和政府职能重置的重要依据。

（一）政府角色的权力重心定位

社会基本矛盾变化决定政府权力重心重构的方向。就我国而言，在过去计划经济体制下政府的"行政力对社会进行全方位的渗透，直接干涉到社会的每个角落"。② 从 1988 年到 2008 年，我国先后四次实行政府机构改革和行政管理体制改革，逐步转变政府职能，实行政企（事）分开，建立了适应市场经济需要的宏观调控体制框架。国务院机构改革完成阶段性任务后，中央继续推进深化了地方政府机构的改革，其中把维护人民群众的根本利益作为改革的出发点

---

① 吴康宁：《教育改革的"中国问题"》，南京：南京师范大学出版社，2015 年版，第 8 页。

② 沈荣华：《关于转变政府职能的若干思考》，《政治学研究》1999 年第 4 期，第 54 - 56 页。

和落脚点，着力解决人民群众最关心、最直接、最现实的利益问题。2005年党的十六届六中全会提出要"建设服务型政府，强化社会管理和公共服务职能"。之后的10年，国家先后启动服务型政府建设、政府职能转变、国家治理现代化、供给侧结构性改革等各项部署，以提升政府服务的水平和效能。这些改革的历史意义和现实价值无疑非常巨大，它不仅通过构建政府新的行政机制促进了国家经济腾飞，同样也给包括教育在内的公共服务和社会管理营造了有利环境，带来了动力和希望。

从发展趋势看，政府管理教育的职能，正逐步从以统管、直管职能为主向以宏观主导和间接管理为主。推进教育管办评分离，政府及其教育主管部门需要进一步转变职能和简政放权，对学校实行宏观管理和依法管理，并提供优质高效服务。按照教育善治的要求和管办评分离的策略，政府应将不属于自己的职能交还给学校及社会中介组织，只有通过这样的职能调整和重构，才能找到政府在教育公共事务管理中的准确位置。

（二）政府角色的主体关系定位

所谓"主体关系定位"即对政府系统内部之间与外部之间交互产生的教育管理职能做出重新划分和配置，以保证教育行政管理的诸环节有序运行，保障学校办学自主权不受损害。随着国家治理方式的确立，我国教育管理实践开启了"从政府到治理"的探索和转型，过去教育行政管理那种"一切由政府说了算"的体制开始打破，政府逐步回归教育职能本位，发挥教育统筹作用，履行教育治理职责。政府在教育公共治理与服务体系中起着主导作用，处于核心地位，其他治理主体需要接受政府的合理规制与监督，这就是"政府主导"的基本原则。

作为教育行政管理主体，政府既有管理的职权，也有服务和保障的义务。在"管办评分离"治理体系中，三个主体虽角色不同但协同互动。作为"管教育"主体的政府处于主导地位，担任"教练员"角色，发挥业务监管作用，因为只有教育行政上的科学有序，才能为办学、评价、监督提供规则体系，形成促进教育事业发展的有效机制。

（三）政府角色的职能方向定位

"管办评分离"中政府职能方向的定位决定着教育分权放权改革的成败。前文已述，"管办分离"是教育管办评分离的重点，其实质在于政府组织结构与职能分工的改革，是教育政策制定与教育政策执行的适度分离。在此过程中，应整合教育主管部门的决策权，在公共教育服务提供环节引入有关选择和竞争机制，完善学校的法人治理结构，选择和使用符合教育规律的有效监管方式。其中包含三层含义：一是在办学上，政府不是唯一主体，必须倡导办学主体多元化；二是在管理上，政府也不是唯一主体，要切实转变职能和简政放权；三是在放权上，政府应落实好学校办学的自主权，引导社会力量的有效参与，激发基层学校和社会组织主动作为的积极性和创造性。

（四）政府角色的责任体系定位

在前文中，我们对罗姆泽克的政府责任理论进行了介绍，意在说明政府角色定位必须基于政府的责任体系，同样的问题是我国的政府角色定位也离不开完善政府的责任体系。一般来说，政府责任包括法律上的行政责任和普通的行政责任。所谓法律上的行政责任，是指政府除遵守法人和公民必须遵守的一般法律法规外，还必须遵守政府工作人员特有的法律规范，而普通行政责任通常包括政治责任、社会责任和道德责任。作为教育行政管理主体，政府在"管教育"方面主要负有"举办者""管理者"和"维护者"三项责任。

（五）政府角色的管理方式定位

政府职能要转变，管理方式要改进，这是推进教育管办评分离的基本诉求。多年来，我国政府一直在倡导和转变管理方式，提高行政效率，这本身是政府角色职能重构的一项基本要求。在国家治理方式发生转变、政府职能逐步转变的前提下，仅仅做效率上的要求还远远不够。政府职能方式的重构是针对教育治理体系建设、推进管办评分离以及市场对资源配置起决定性作用等提出的应对措施，这自然会引发政府职能方式发生根本性变化。政府一方面要在管理上善于"抓大放小""宏观间接"，由单纯管理转向管理服务；另一方面要由权力行政转为规则行政，由随意裁决转为依法办事，保证教育法律法规的实施，完善依法行政体制机制。另外，政府同时要推行教育管理信息化，使教育行政管理更准确、快捷地实现互动，以促进政府职能方式的重构。

一般而言，在教育领域，政府"管"的方式往往反映出教育行政履职方面的指向和实效。其基本要求可以归纳为：第一，政府要用法治思维"履职"，即推进教育法律法规执法体系建设，规范教育行政权力、行政行为和行政程序；第二，政府要以执法手段"用权"，即加大教育行政的执法力度，遵循法定的行政职权和行政程序，运用行政手段和法律手段，纠正学校的违法违规行为，防止各种"反教育行为"的发生；第三，政府要以战略意识"规划"，即科学编制教育总体规划、专项规划，完善规划的实施机制，增强规划的前瞻性、战略性和约束力。

第二节　政府角色定位的理论基础

研究教育管办评分离中的政府角色定位是一项繁杂的工作，既要做扎实的理论研究，也要做务实的对策研究，其中理论研究属于基础性任务。基于此，很有必要对教育管办评分离所关涉的理论渊源进行梳理，继而探讨这些理论在政府角色定位中的理论价值和实践意义。

一、新公共管理理论

（一）新公共管理理论的来源及相关观点

自 20 世纪 70 年代开始，西方传统政府公共行政遭受到新环境的严峻挑战，包括伍德罗·威尔逊（Woodrow Wilson）、古德诺（Goodnow）的"政治—行政"二分论和马克斯·韦伯（M. Webe）的科层制都无法回答和解决政府所面临的前所未有的危机。于是，在西方国家率先掀起了新公共管理运动，并催生了新公共管理理论（New Public Management Theory）。与传统公共行政相比，新公共管理的理论基础主要是公共选择理论、新制度经济理论和私营企业管理理论及方法。显然，与传统行政模式将公共行政的管理方法局限于政治规则不同，新公共管理模式十分强调市场取向，着力于建立经济规则。

根据中西方行政学者的有关论述，新公共管理理论的基本思想可以做如下概括：一是强调以市场为取向，重塑政府与公众的新型关系，认为政府服务以顾客或市场为导向，政府的职责不再是发号施令，而是遵循以人为本原则提供各种服务，政府公共行政应该从"管治行政"转向"服务行政"；二是强调政府应该解决角色定位问题，在职责中明确"该管什么"和"不该管什么"，认为在公共行政中政府的管理职能是"掌舵"而不是"划桨"；三是强调重新定位政府职能及其与社会的关系，广泛采用授权或分权的方式进行管理，重视采用私营部门成功的管理手段和经验，将竞争机制引入政府公共服务领域，放松严格管制，实施明确的绩效目标控制。

（二）新公共管理理论对政府角色定位的适用性

新公共管理是在西方国家进入后工业社会的特定环境中发展起来的，其成功运作是以后工业化的经济技术水平、成熟的市场机制、高度的官僚体制、发达的市民社会以及高素质的公民等为依托的。官僚化过度是当时西方发达国家行政改革的最主要问题，而目前我国政府公共管理面临着法治化不足和绩效低下的双重困境。具体到教育领域，一是教育法治化和学校法人化的问题亟待加强，主要表现为人治色彩浓重、行政权力过度膨胀及办学责任机制缺失；二是教育治理能力和学校管理绩效亟待提高，主要表现为政府职能定位不科学，教育治理结构不合理，学校不能向社会提供令人满意的高质量产品和服务，政府与学校、政府与公众、学校与公众之间均存在不同程度的信任危机。因此，政府在教育管理过程中所面临的任务，既追求高质量，又谋求高绩效，这是教育管办评分离政府角色定位的根本立足点。

党的十八届四中全会提出，全面推进依法治国。根据新公共管理理论和国家治理转型趋势来审视教育可以看出，我国各级政府面临的迫切任务是转变政府职能，承担起法律法规的制定工作和政策的完善工作，不遗余力地推进教育的法治化，真正实行依法治教和依法治校，同时政府必然会培育更多的市场主体，释放更多的市场活力，完善教育市场机制，提高市场主体参与教育的积极性。毋庸置疑，大力培育各种非政府组织、更多授予学校办学自主权等改革都有可能提高教育效率，但是不能排除教育公共责任的削弱及教育腐败的发生，因为教育的社会责任与市场主体奉行的"成本—收益"是不相一致的，即效率的提高有可能以公共责任的牺牲为代价，具体到教育实际更有可能使得处于劣势的社会公众更加不利，会对教育公平性产生不利影响。另外，新公共管理理论强调结果和绩效，主张利用结果和绩效评价教育的优劣，以绩效代替规则和程序。事实证明，政府所主导实施的教育评价，其结果大多是不客观的，这与市场经济的"顾客满意"测评具有截然相反的效果。这种尴尬局面从一个侧面证明了一个道理，即若仅仅依靠政府或市场，则无法实现教育公众利益的最大化。而运用新公共管理理论寻找政府、学校、社会三者互动的支撑点，保障教育的质量、公平和效率，则是教育管办评分离中政府合理定位的理论依据和动力来源。

（三）新公共管理理论对教育管办评分离具有方法论意义

新公共管理的前提是教育行政法规及政策的成熟运转机制，尤其在涉及社会市场多主体参与教育的情况下，更应该强调法制、政策、规则的重要性。目前我国的市民社会、第三方组织还很不成熟，政府一方面要培育这些主体并提升他们的参与意识，引入竞争机制，激励社会组织的参与冲动，实现各方主体的利益共享；另一方面又要放权或授权这些社会组织，引导各主体加强协同合作，通过市场化机制参与教育，从而实现教育发展规划和治理目标。在教育管办评分离中，政府的角色是多重的，但由于教育的民主化、科学化、法治化以及政府的"元治理"诉求，又驱使政府必须在处理各种关系、谋求各方利益等方面做出选择。第一，教育需要兼顾效率与公平。公平正义仍然是政府的终极价值追求，效率的提高不能以牺牲公平正义作为代价，其他主体的参与应有助于教育价值的凸显；第二，教育需要建立在制度保障下的市场机制中。引进市场机制，应建立在政府为教育尽责的制度设计基础上，建立在政府保证社会公众更好享受教育权的基础上，而不是成为政府对自身责任的一种推脱；第三，教育需要国家性与自主性相结合。国家性讲究统一性，按照统一模式培养人才，而自主性可以遵循人才成长的规律，激发市场和人性的活力。因此，政府必须以自主性发展为目标，积极引导学校落实和扩大办学自主权，通过推进章程建设和法治管理，使学校办出特色、塑造个性。

二、公共治理理论

（一）公共治理理论的来源及主要观点

正当新公共管理浪潮方兴未艾之时，1989 年世界银行在讨论非洲发展问题中提出了"治理危机（crisis in governance）"的概念，自此"治理（governance）""善治（good governance）"渐渐成为公共管理的核心名词，而后发展为公共治理理论，频繁出现在政治学、管理学和行政学研究领域。公共治理也叫政府治理，西方学者常将"治理"理解为一种普遍的统治过程，特别是指在统治过程中非政府行动者和政府的关系，认为"历史上的统治活动都可以被认为是治理"。[1] 罗西瑙（J. N. Rosenau）在《没有政府的治理》中将"治理"定义

---

① 蓝志勇、陈国权：《当代西方公共管理前沿理论述评》，《公共管理学报》2007 年第 3 期，第 1 – 12 页。

为一系列活动领域里的管理机制。1995 年全球治理委员会认为"治理"是各种公共的或私人的个人和机构管理其共同事务的诸多方式的总和，它是使相互冲突或不同的利益得以调和，并且采取联合行动的持续过程。

（二）公共治理理论为教育公共治理提供依据

从教育管理到教育治理，仅一字之差，体现了现代教育管理的重要理念和价值追求，强调了教育公共管理的转型。公共治理理论涉及由谁治理、治理什么、如何治理这三个基本要素，而这三个要素又与教育行政权力的配置及其权力运行密切相关。其中，教育行政权力各要素的逻辑结构和内在关系，便构成了现代教育治理体系。自 20 世纪 90 年代以来，公共治理理论触发了公共治理模式的变革，在这一趋势下"教育也不例外"。公共治理理论认为，治理就是一种权力运作方式，体现为一种工具理性，其基本含义是指在既定范围内运用权威维持秩序，以最大限度地增进公共利益。[1] 作为治理理念的延伸，教育公共治理同样是一种协调各教育相关主体的权力运作关系，增强按照相应的权责比例共同实现对教育政策或教育制度的社会性回归，其目的是充分体现各主体的教育利益诉求，有效实现公共教育利益。[2]

从公共治理的角度看，教育管办评分离需要重新厘定政府作为行政管理者、学校作为具体办学者、社会作为教育评价者的关系，形成"政府科学管理、学校自主办学、行业自律、社会参与、协同共治的开放互动的教育治理体系"。[3]教育部负责人曾指出：管办评分离，管是关键，办是根本，评是保障；"管"和"评"是为"办"提供引导、条件、保障和服务。当然，确立教育管办评新型关系的依据之一是教育行政权力的合理配置。教育行政权力一旦配置合理，就可以使管办评三个主体各得其所、各司其职。

（三）公共治理理论引领政府与学校的角色关系

学者俞可平指出，正像政府的统治有"善政"与"恶政"之分一样，治理亦有"善治"与"恶治"之分，因此"追求善治是各国政府的共同目标"，"政

---

[1] 俞可平主编：《治理与善治》，北京：社会科学文献出版社，2000 年版，第 5 页。
[2] 李涛：《教育公共治理若干问题探析》，《教育发展研究》2009 年第 8 期，第 61 - 63 页。
[3] 杨志刚：《基础教育管办评分离的实践探索与理论分析》，《中国教育学刊》2014 年第 7 期，第 7 - 18 页。

府只有通过不断地进行自身的改革和创新才能实现善治"。① 首先，教育管办评分离需要加快政府分权改革，从一元化的管理过渡到多元化的治理。在治理视野下，政府不再是教育发展和学校管理的唯一权力核心，各种非政府组织、非营利组织、公民自组织等第三部门和私营机构等将与政府一起共同承担发展教育的责任，提供教育的公共产品和有关服务。其次，教育管办评分离需要力促学校自主办学，重塑政府与学校的新型关系。从根本上说，教育公共治理模式的形成过程就是重新定位政府管制与学校自主关系的过程。在治理理念看来，管办评分离的成功实现，离不开拥有办学自主权的学校，离不开政府释放出的学校自主管理的能量。现代治理要求政府放松对学校的过度管制，让学校更多承担一些政府想不全、做不到、管不了的事。再次，教育管办评分离需要转变政府职能，由威权行政走向服务行政。打破传统政府管理的思维模式后，政府不再是从管理主体角度考虑如何管制学校，而是站在公共利益立场上考虑公共行政的主体，谋划如何为公共教育和社会公众服务，实现由过去的重管制、轻服务，以政府为中心，转变到注重公共服务，以满足公共利益和公众需求为中心的转变。在这方面，注重用市场机制来改造政府或用企业家精神重塑政府，势必成为教育"从管理走向治理"的重要标志。

三、行政分权理论

（一）行政分权理论的相关观点

从 20 世纪 70 年代开始，行政分权化改革受到各国政府重视，于是"行政分权理论"（administrative decentralization theory）应时而生。纵观世界各国行政权力划分类型，归纳起来大体可分为中央集权型、地方分权型、中央集权与地方分权相结合型。因此，政治学上的行政分权理论，集中讨论的就是政府的集权和分权问题。所谓"政府集权"，是指一种资源配置的形态，在横向制度安排上实行政府及其公共部门集权，而在纵向制度安排上实行的是中央政府集权。所谓"政府分权"，是指在公共管理系统中的高层次政府授权其下属在使用组织资源方面做出决策的过程，所描述的是中央政府向地方政府和社会转让治理权威的过程。政府的治理权威通常包括行政权力、管理责任和组织资源三个要素。

---

① 俞可平：《中国治理变迁 30 年（1978—2008）》，《吉林大学社会科学学报》2008 年第 3 期，第 5-6 页。

政府的行政分权又被分为三种形式，即权力分散（deconcentration）、委托（delegation）和权力下放（devolution）。其中"权力分散"是最弱的一种方式，它最多只是把管理责任从中央转移到地区或其他较低层级，而中央部门还是对下一级管理保持严格的控制。"委托"是一种更全面的分权方法，中央当权者把行政权力委托给较低层级的政府或组织。"权力下放"是最深远的表现形式，行政权力一旦下放出去一般不会轻易被收回。当下"教育分权"和"管办评分离"概念，主要是指政府教育行政权力的下放。

国内外学者通常认为，政府行政分权的目的是为了推进民主、改善治理。由于地方政府也存在自己的利益诉求，并且相互之间存在着利益矛盾乃至冲突，所以行政分权并非改善治理、深化民主的"万能良方"，这意味着分权也会产生"消极后果"。① 正由于"政府分权"无法完全达到改善治理的目的，才有了"政府集权"存在的理由。但是，行政集权是分权的前提，因为行政分权是政府内部的权力分配，而政府在本质上是行政权力的拥有者和垄断者。在西方，权力被理解为决定他人行为或决定冲突结果的能力。政府治理的目的是"在各种不同的制度关系中运用权力去引导、控制和规范公民的各种活动，以增进公共利益"。② 托尼·布什（Bush. T.）在阐述贝克瑞奇（Bacharach）教育管理的"政治模式"时，专门对"教育中的权力来源"进行了分析，认为权力来源有许多种，但就广义而言，可以分为"权威"和"影响"。③ 而在我国，由于传统官僚体制的影响，政府的行政权力效应要比西方国家强得多。

（二）行政分权理论对政府教育分权放权的意义

行政分权理论对于认识教育管办评分离中政府角色定位有两点启发：一是政府对教育的分权是必不可少的，这是实现管办评分离的重要前提。政府通过教育分权和行政放权，构建管办评之间的新型关系，有时也需要一定的威信和影响，通过"元治理"的行政集权方式，保证政府、学校和社会三个主体权责的有效制衡；二是实施教育分权和行政放权面临许多难点，教育管办评分离必须保持合理张力。教育领域的行政分权与集权怎样在不同层级政府间组合，如

---

① 杨雪冬：《地方政府间分权的条件：基于地县关系的分析》，《探索与争鸣》2011 年第 2 期，第 33－37 页。
② 俞可平：《民主与陀螺》，北京：北京大学出版社，2006 年版，第 31 页。
③ 【英】托尼·布什：《当代西方教育管理模式》，南京：南京师范大学出版社，1998 年版，第 118－119 页。

何在政府与学校的关系间组合才最有效力，需要根据教育目的和教育改革目标，因时因地确定政府公共权力的配置，在横向纵向上对教育行政权力进行适度扩张，以便发挥政府在教育管办评分离治理中的主导作用。① 因此，相对于传统的教育体制官僚科层制，教育分权和行政放权是"公共教育体制的一种新的范式"。②

四、博弈合作理论

（一）博弈合作理论的主要观点

由政府、学校和社会三个具有不同目标、不同性质的主体进行的互动协同，构成了管办评分离的基本模式，但其主体合作模式的选择以及管办评分离形成的权益分享机制都是各方相互博弈的结果。因此，"博弈合作理论"（cooperative equilibrium game）对于教育管办评分离的政府角色定位相当重要。

博弈合作亦称为正和博弈，作为一种理论是基于矛盾和妥协的规范研究，"是系统研究若干决策主体行为间发生相互作用情况下的决策以及这种决策均衡的理论"。③ 这一理论在1944年首先被冯·诺依曼（Von Neumann）和摩根斯顿（Morgenstern）发现，他们合著的《博弈论和经济行为》一书将博弈论运用于分析经济发展问题，从而为博弈合作理论奠定了基础。在经济学上，博弈合作主要研究人们达成合作时如何分配合作得到的收益（即收益分配问题）；通过博弈合作过程，双方或多方的利益都有所增加，或者至少是一方的利益增加，而另一方的利益不受损害，因而整个社会的利益有所增加。其实，合作博弈采取的是一种合作或妥协的方式，而妥协之所以能够增进博弈双方或多方的利益以及整个社会的利益，就是因为博弈过程能够产生一种"合作剩余"，这种剩余就是从博弈—合作关系中产生出来的。至于合作剩余在博弈双方或多方之间如何分配，则取决于参与博弈的力量对比和技巧运用。从中可以看出，双方或多方博弈合作关系所发生的"合作剩余分配"，既是妥协的结果，又是达成妥协的条件。

---

① 褚宏启：《教育行政权力也需合理扩张》，《中国教育报》，2015-4-14，第2版。
② 许杰：《教育分权：公共教育体制范式的转变》，《教育研究》2004年第2期，第10-15页。
③ 肖条军：《博弈论及其应用》，上海：上海三联书店，2004年版，第1页。

（二）博弈合作理论赋予教育管办评三方以同等约束力

根据博弈合作原理，教育管办评分离博弈三方分别是政府、学校、社会（或第三方组织），分别承担主管、主办、主评的责任。然而，发生博弈合作需有两个前置条件：第一，"政府＋学校＋社会组织"组成联盟，三方作为一个整体所获得的收益必须大于每个主体单独运行的收益；第二，政府、学校、社会组织都能获得比不加入联盟时多一些收益。为保证实现和满足这两个条件，三方之间的信息是可以互换的，所达成的协议必须强制执行，协议对三方具有同等的约束力。这仅是管办评三方博弈合作关系的理论假设条件，而在教育管理的现实运行中情况要复杂得多。一是由于三方所达成的协议或契约部分可强制执行，而另外一部分则无法去强制执行，所以博弈合作只是理论上的推断，在现实中存在许多非博弈合作的情景；二是由于三方共享信息也只是理论上的，实际上任何一个主体为了自己效益的最大化，存在着机会主义和"搭便车"的情况。此外，还有一个原因，就是博弈合作只是简化了很多程序的看似精确的数学模型，三方的很多博弈只是介于博弈合作与非博弈合作之间，抑或三方的博弈实际是博弈合作与非博弈合作的混合物，参与博弈的任何一方，为了各自的目标都在努力寻找和实施能够获得更多利益的行为方式，使参与博弈与合作更有利于目标的实现。在教育管办评分离过程中，只需要考虑如何在内部分配上让单个主体在博弈合作中得到更多的好处，否则主管、主办、主评三方中只要有任何一方的不参与、不合作，就势必造成管办评分离的走样或失败。

（三）博弈合作理论对厘清管办评权力边界有着重要价值

博弈合作的过程就是资源重新配置、收益重新分配的过程。这里的收益包括两个部分，一是社会效益，二是经济效益。社会效益即各主体存在的价值所在，实际上教育管办评分离实现收益最大化指的就是社会效益，如果失去了社会效益，无论是政府还是学校、社会组织，都失去了存在的根基。传统的观念往往忽视教育管理各参与主体的利益诉求，尽管口头上奢谈公共利益和普遍福利，骨子里却保留着对自身特殊利益的不懈追求。黑格尔指出："个人无论采取任何方式履行他的义务，他必须同时找到他自己的利益和他的满足或打算。"[1]自然人是这样的心态，作为教育关涉主体的政府、学校和社会组织也概莫如此。

---

[1] 【德】黑格尔：《法哲学原理》，北京：商务印书馆，2009 年版，第 262 页。

对政府、办学者的不作为行为有时不能仅仅从道德方面来谴责，而应该从利益满足方面来揭示其不作为的根源。

权力是资源的控制力，资源的配置就是权力的配置，所以作为扮演着双重角色的政府，一是要通过自律厘清自己的权力边界，二是要合理划分其他权力主体的边界。政府的权力边界就是要捍卫教育社会效益的最大化，但不影响其他主体经济效益的实现，即政府在收获教育发展丰富成果的同时，激励其他主体向同一方向奋进。作为学校和社会组织，其理想的追求仍然是奉献于教育的公共性、公众性和公益性，这是教育事业的神圣与尊严，也是不可突破的权力边界。如果失去了教育公共利益边界，最终的结果是博弈合作联盟的解体。当然，学校和社会组织经济效益的实现，是以社会效益的最大化为前提，这也是教育行为和评价行为的特殊性。但在实际的操作过程中，权力都要通过具体的人或组织来掌握与推动，而每个人或组织又都具有相当的权力欲，始终存在着自我扩张的本性，总是不同程度地滑向对其自身边界的自我模糊。因此，在政府、学校、社会组织之外还应建立监督方，以完善权力制约机制，为博弈合作关系或联盟的建立创造必要的条件。

第三节　政府角色定位的时代转型

在教育治理新常态下，政府是管办分离、社会参与的发起人，创造管办评分离的基础条件，并以合作人、统筹人、调控人和纠偏人的角色介入改革过程，发挥关键性的引领作用。因此，政府履行教育分权治理的改革重任，就必须实现政府角色的定位转型。

一、政府角色转型的制度变迁

我国政府管理教育的政府变迁有着内在的历史必然性，也与国家公共事业管理体制改革有着密切的逻辑联系。新中国成立 70 年来，政府管理教育的职能发生了几次重大变革，政府管理教育的体制机制也经历着"从'计划—控制型'

到'规制—服务型'的变迁"，① 教育公共治理逐步从高度集权和过度管控过渡到放权管理和提供服务，逐步从政事分开、管办分开过渡到管办评分离。笔者认为，我国政府管理教育的体制机制，可以概括为三个阶段和三种模式：

（一）以"全能行政"为特征的过度管制模式

我国"既管又办、管办不分"的教育管理体制，是从新中国成立之始便确立了。1949 年以后，国家全盘模仿苏联的政权模式以及高度集中的行政管理体制和计划经济体制，政府对社会经济的干预和影响无所不在，在社会事业发展方面把本来不该管、管不好、也管不了的大量事务揽在自己手中。这种"全能主义"的行政体制一直延续下来，成为新中国 20 世纪政治最重要的特征之一。② 全能主义行政管理方式，反映到教育领域，就是彻底废除中国旧的教育制度，完全仿制苏联的教育制度，迅速建立一个"政府举办、计划控制、封闭办学、集中统一"的教育管理体制。在这种"过度管制"模式下，政府不仅在"管"上侵入到教育的方方面面，更在"办"上体现出政府包打天下和一家独大的"全能统治"。例如，政府充当公办学校的经营者，直接管理着公办学校的人、财、物，由于此时的社会形态变成高度"一元化"和"板块化"，自主性的学校组织早已没有生存的土壤，多元化社会参与教育几乎不可能出现。与此同时，政府是教育事业和教育活动的领导者，政府习惯通过自上而下的行政组织与行政手段来节制教育格局和调节教育发展。尽管这一时期也曾在 1958 年出现过权力下放的改革举措，提出要"加强地方对教育事业的领导管理"。③ 但用现在的观点看，这种改革也仅仅是政府体系内部的权力转移，根本谈不上是教育管办分离的体制变革。政府集中统一管理教育事业，这对于新中国成立初期恢复和建立正常的教育行政规范和教育教学秩序，保证教育发展的政治方向具有重要作用，但"包得过死、统得过严"的种种问题逐步显现，其中最大的弊端就是教育行政管理的"威权"和"僵化"。"一个拥有几十个民族、十多亿人口的大国，各地情况迥异，基础各不相同，发展很不平衡，但统统实行同一种

---

① 朱光磊、孙涛：《"规制—服务型"地方政府：定位、内涵与建设》，载朱光磊主编《中国政府发展研究报告（第 2 辑）：服务型政府建设》，北京：中国人民大学出版社，2010 年版，第 95 页。

② 邹谠：《二十世纪中国政治：从宏观历史与微观行动的角度看》（中文），英国：牛津大学出版社，1994 年版，第 25 页。

③ 中共中央国务院《关于教育事业管理权力下放问题的决定》（1958 年）

办学模式",① 这种状况一直延续到改革开放才逐步有所打破。

（二）以"管办统揽"为特征的有限分权模式

1985 年在国家经济改革试点取得重要成功的基础上，中共中央做出《关于教育体制改革的决定》。1993 年伴随着国家向建立社会主义市场经济体制过渡，国家又颁布《中国教育改革和发展纲要》。这一阶段的教育体制改革已打破国家教育体制禁区，开始触及教育公共治理问题。其中一个标志性特征就是遵循社会主义市场经济体制改革的基本思路，推进"渐进式的分权改革"。但由于长期实行管办一体化的事业体制，教育"管办不分"体制仍然是世纪之交我国教育发展的显著特征。进入新世纪，国家陆续出台一系列政策法规来推进教育强国战略的贯彻实施和教育体制改革的有序进行。《国家教育规划纲要》等一系列重要文献，生动描绘了教育事业发展新蓝图，提出了"基本实现教育现代化"的战略目标，从此教育体制改革的各项政策措施频频推出，教育领域深化综合改革、推进管办评分离的有关探索逐步活跃。从此，政府对教育管理的有限分权模式出现动摇，国家"转变政府职能"和"简政放权"的顶层设计不断呼吁教育体制改革，由此催生出了我国教育管办评分离的治理模式。

（三）以"管办评分离"为特征的合作共治模式

我国教育发展传统和土壤与西方国家有明显不同，教育管理的理念和实践也存在较大差别。西方发达国家的教育治理是沿着政府垄断、市场选择、社会参与、合作共治的脉络向前发展的。基于管办评分离的合作共治模式，既放眼全球教育改革趋势，又立足我国教育发展现状，是具有中国特色的教育体制机制的制度设计。西方发达国家教育改革目前呈现三大特点：一是由"学习为中心"转向"可持续发展"为中心；二是由教育"公共利益观"转向教育"共同利益观"；三是由"国家教育"决策治理转向"全球教育"决策治理。② 这些主流趋势，对我国推进管办评分离为核心的教育分权放权改革具有重要启发和借鉴意义。处于世界教育改革发展、国家宏观政策战略和教育改革发展自身逻辑之中的中国教育，其管理体制机制改革的目标就是构建一个可持续的、以人为本的、开放共赢的、合作共治的教育生态系统。为此，从《国家教育规划纲要》

---

① 胡启立：《〈中共中央关于教育体制改革的决定〉出台前后》，《炎黄春秋》2008 年第 12 期，第 1 - 6 页。

② 李璐：《教育体制机制改革须中国特色》，《中国教育报》，2018 - 5 - 3，第 6 版。

起，国家立足当下、着眼未来，把教育管办评分离列入构建中国特色、世界水平的现代教育治理体系的目标之一。国家新近出台的《关于深化教育体制机制改革的意见》，对全面建成小康社会过程中教育体制机制改革的举措做出新的调整与深化，力求在"管办评分离"和"多元协同共治"理念下对现有教育体制机制改革进行决策，对未来一个时期国家教育治理体系做出制度性安排。这一制度改革的价值在于：第一，通过合作共治，形成与社会经济发展相适应的教育生态系统。这一过程，需要打破教育体制机制的固有边界，在教育管办评分离方面既权责分明，又合作无间，从而达到纵横协同和深度融通的改革效果。第二，通过合作共治，完善教育体系的结构和关系。这一过程，需要建立"大中小幼"一体化的职业发展和终身成长体系，形成政、产、学、研、用协同创新的教育发展生态。第三，通过合作共治，提升教育治理体系和教育发展体系的可持续性。这一过程，需要加强教育治理主体的内部挖潜和相互合作，强化教育智库建设，实行教育第三方评价，健全教育督导体系，从而建成新时代的现代化教育治理体系。

二、政府角色转型的时代标杆

（一）政府应适应教育治理"新时代"

在每一次大的社会变革出现时，教育总要顺应形势而有所作为，在教育改革开启之际，人们似乎总会去关注政府的角色定位问题。本世纪之初，当全面建设小康社会成为我国一切工作的出发点和归宿时，教育界就如何构建完善的现代国民教育体系、建立多样性的教育管理体制和教育发展机制，政府应如何确立教育优先发展战略地位等展开了有益讨论。而今，我国教育进入高质量发展的新阶段，建设教育强国成为中华民族伟大复兴的基础工程，同时教育面临着国家治理转型、管办评分离、放管服改革的重大变革，此时政府的角色定位问题又摆在了我们面前。与上次全面建设小康社会引发的政府角色定位讨论不同的是，当前的政府重新定位是在经历了推进行政职能转变、实施依法治教治校、巩固教育督导制度、探索政校分开管办分离、扩大学校办学自主权等措施后提出的教育管理体制改革命题，已经触及了教育的本位和治理的核心，可以说是事关深化教育改革、实现教育善治的基础性和制度性的理论问题。

党的十九大宣告了中国特色社会主义进入"新时代"。在教育领域，如何促进教育均衡和充分发展，满足人民高质量的教育需求，是未来我国教育改革发展的新命题，也是政府教育职能重新定位的新目标。改革开放以来，我国教育事业全面发展，逐步实现了建设教育大国和人力资源大国的目标。教育新时代，意味着经过新中国成立以来几代人的不懈奋斗，优先发展教育的战略和立德树人的理念牢固树立，现代教育体系不断完善，各类教育水平和广大公民素质稳步提高，正在迈向"教育现代化"和"人民满意教育"；意味着经过几十年的教育体制改革和政府职能转变，依法治教和依法治校的格局基本形成，现代教育制度体系构建成型，各级各类教育协调融通发展，正在迈向中国特色社会主义的"教育善治"和"现代化教育强国"。

教育新时代需要有高水平的教育治理，政府管理教育的角色亟待塑造，教育管理方式亟待转变。没有一个制度化的教育善治体制，就不可能换来更加美好的教育新时代。党的十九大提出"转变政府职能，深化简政放权，创新监管方式，增强政府公信力和执行力，建设人民满意的服务型政府"，这为政府推进教育善治的角色定位提供了依据。在新时代，政府只有做好服务本位的角色定位，充分发挥抓统筹、定政策、谋改革、促发展的作用，才能确保在建设教育强国的过程中起到推进改革、协调各方、优化治理的角色作用。

（二）政府应求解教育治理"新问题"

新时代教育善治中的顶层设计是政府角色定位的重要表现，而政府的定位和作为就是要在推进教育善治中致力破解各种痼疾顽症。新中国成立以来，政府的教育职能发生了几次重大变革，教育公共治理逐步从高度集权、过度管控过渡到放权管理、提供服务，逐步从政事分开、管办分开过渡到管办评分离的教育善治。近年来，虽然国家教育治理方式加快转型，教育领域供给侧结构性改革不断推进，但我国教育发展仍然存在着一些短板和问题。比如，政府教育管理依然存在着严重的越位、缺位、错位和失位，学校自主发展、自我约束尚缺乏健全有效的体制机制，社会参与教育治理和教育评价还不广泛、不充分。当前教育的主要矛盾已发生转变，教育产品及其服务方式不能适应教育需求的变化，优质教育资源供给尤其短缺，"'有学上'的问题总体上基本解决，'上好学'的需求更加凸显"，[①] 还不能很好地满足人民群众高质量、多样化、选择性、终生学习等教育需求，这种不充分是新时代的呼唤，是教育改革发展的根

---

① 孙春兰：《深入学习贯彻习近平总书记关于教育的重要论述 奋力开创新时代教育工作新局面》，《求是》2018 年第 19 期，第 3 - 5 页。

本动力。站在新时代的历史方位，我国教育事业需要应对各种挑战，破解诸多难题，补齐发展短板。教育善治需要一个"管办评分离"的教育体制和"合作共治"的管理机制，实现建设教育强国的目标，政府的角色定位无疑将起着关键性作用。

（三）政府应聚焦教育治理"新标杆"

新时代中国教育发展具有新内涵和新诉求，也给教育体制改革确立了新价值和新标杆。当前推进教育管办评分离，就是要聚焦这些新标杆，不断完善新时代社会主义的教育治理体系。

1. 发展教育和服务人民

在传统的教育管理中，政府被基层和学校视为"父母官"，不少政府官员也习惯立足"父母官"去想问题、管事务。而新时代的教育管理，政府角色必须从"父母官"转变为"服务者"，构建服务型政府是教育管理中政府形象的重要取向。"政府的功能正是以对民众的'服务'或'管制'过程来呈现，而服务与管制亦可视为是政府行政的一体两面。""政府'服务'目的的达成，必须有赖政府'管制'手段的精选与改善。"[①] 服务型政府就是为人民服务的政府，用教育学语言表述就是指贯彻教育方针、落实教育规划、致力为受教育者服务的政府。在新时代，办好人民满意的教育政府必须有为受教育者服务的责任担当，具体到教育公共服务范围则离不开对教育经费的足额保障、对办学条件的标准配备、对教育教学活动的宏观指导以及对教育市场运行的行业监管，让每个受教育者都能享有"公平而有质量的教育"。

2. 只做"掌舵者"不做"划桨者"

新公共管理理论认为，"全能主义"是政府的大忌，现代政府不应该无所不包、无所不管。自由主义、新自由主义思想家们也持有相同观点，提出并论证了"最好的政府是最小的政府"的命题，认为政府应打破官僚科层管理的局限，由"全能政府"转变为"有限政府"，从对公共事务的传统管理走向现代治理之道。公共教育中的治理之道，其核心的内容就是引入市场竞争，进行教育分权和行政放权。此时政府角色的转变也就不可避免。一是由"划桨者"向"掌舵者"转变。在教育领域，政府的角色定位是"掌舵"而不是"划桨"，政府需要进行教育分权，应将原属于经营、管理、评测的"划桨"职能，交由社会

---

①　张其禄：《管制行政：理论与经验分析》，台北：商鼎文化出版社，2007年版，第1页。

市场和第三部门去履行。二是由"运动员"向"裁判员"转变。在传统的威权体制下，公共教育完全是政府的事情，公共教育权力大多集中在政府手中，但在市场机制引入教育后，传统的威权体制被打破，取而代之的是以市场为基础的教育管理模式，政府只承担其负责提供公共教育的基本职责，"不再是提供教育产品和服务的唯一方式，而是通过补贴和合同的方式间接运作"。①

3. 构建新型的政校关系、府际关系和公共关系

现代教育治理追求多元主体参与和教育法治建设。由于历史和现实的原因，我国教育发展过程基本是政府威权主导的发展过程，由于其他利益主体参与的空间不足、能力有限，加上教育法治建设滞后，使教育行政管理职能出现异化，学校主体自主办学积极性受挫，社会和市场参与教育治理的能力不高。因此，在教育治理迫切需要多元主体参与的现实背景下，须处理好三个关系：一是依法完善府际关系。在纵向府际关系上，在扩大省级政府统筹权前提下，通过向下分权以激发地方政府的教育改革热情。在加强教育改革的顶层设计的同时，应鼓励和支持地方政府的法治建设，不断探索区域教育治理的模式和经验。在横向府际关系上，通过制度与规范建设，理顺政府内相关部门之间的权责关系，形成服务教育的合力和环境。二是建构新型政校关系。根据国家法律规定，我国各级各类学校拥有法人资格，是办学的实施者，享有法律规定的各项办学权。政府只有将办学权力交给学校，才能激发教育活力，调动基层办学的积极性和创造性，逐步形成学校以章程为核心，以优化内部治理结构为重点的自主办学、自我约束、自主发展的良好机制。三是协调公共教育与社会组织的关系。社会组织具有机构存在的非政府性、地位影响的中间性和运行方式的独特性，最满足适合教育评价监督的条件和优势。教育社会评价除引导公众参与外，也是一种对教育活动的监督、批评和建议，政府理应积极培育教育中介组织，提高社会组织参与服务教育的专业能力，同时应规范社会组织参与教育的程序与机制，形成社会组织和其他社会力量支持教育事业、参与教育治理的良性氛围。

4. 形塑教育治理的设计者、责任者、维护者和监督者

任何国家的教育治理，均不是单一运用政治权威通过发号施令、制定政策和实施政策的自上而下的单一向度的政府管理行为，而是在政府主导下上下互

---

① 江赛蓉：《政府在公共教育体系中的定位及角色转变》，《重庆社会科学》2008 年第 5 期，第 122 – 126 页。

动、多方联动、政策保证的协同治理过程。在新时代，政府只有发挥抓统筹、定政策、谋改革、促发展的作用，才能找到以发展和服务为本位的角色定位。

第一，政府是教育善治的顶层设计者。从教育管理走向教育治理，从威权管理走向分权治理，应是新时代中国教育善治的重要标志，也是我国构建现代教育治理体系的制度保证。政府首先要为教育善治的改革目标定向，做好教育权力多元构架的制度化设计；其次要为政府职能的教育职权定位，打破政府的"运动员"角色，主动负起行业监督的"裁判员"责任；再次要为教育行政的履职机构定责，按照政事分开、管办分离原则，理顺政府及其教育主管部门与基层学校、社会组织的关系。

第二，政府是教育产品的供给责任者。中国教育发展进入新时代后，广大民众的教育需求从过去的"有学上"转到"上好学"。面对教育需求的变化，政府肩负的责任将会越来越重，其职能重点也应相应实现转移，工作着力点必须放到提高教育公共服务的质量和效率、创新和扩大教育服务多样化供给上来，以优质教育服务助推全面实现教育现代化和全面建成小康社会。过去有人说，"教育的供给在更大程度上只能依赖于国家"，① 此言至今仍有现实意义。

第三，政府是教育公平的依法维护者。政府及其教育行政部门是国家管理教育事业、实施建设教育强国的职能机构，是依法保障全民享有平等的受教育权利、大力提高公民素质的责任主体。根据党的十九大确定的优先发展教育的基本方略，政府必须具有国际站位和前瞻意识，从中华民族伟大复兴的基础工程和长期利益出发，科学制订教育事业发展规划，将建设教育强国视为政治意志和施政目标。其中维护教育公平，是政府千头万绪的事务中万万不可放弃的重要职能。为此，政府面临三项任务：首先是科学制订全民教育发展规划，深入调整义务教育发展的学校布局；其次是统筹区域内各级教育的办学结构，促进各类教育的协调发展；再次是动员全体社会成员投入全民教育，将"义务教育控辍保学纳入地方政府考核"的政府行动，落实在教育发展规划的各个环节。

第四，政府是教育服务的实施监督者。教育公共服务的供给是较为复杂的公共治理，需要政府精心谋划教育服务供给的体系与规则。在教育市场化服务的实施过程中，政府作为监督主体不能缺位，也不能轻易放弃。使用所拥有的权威性和强制力实施对教育市场化服务的有效监督，是政府义不容辞的责任。

---

① 劳凯声：《社会转型与教育的重新定位》，《教育研究》2002 年第 2 期，第 3-7 页。

在教育管理规则形成之后，政府最重要的任务在于推进实施和行政监督，确保教育公共服务秩序的形成与公共服务质量与水平的提高。政府在提供教育公共服务规则和实施监督中，还要充分发挥公民的有效参与作用，保障社会参与的有序高效。

三、政府角色转型的路径选择

世界银行在 1997 年的《世界发展报告》中将国家职能分成"最小、中等和最大"三个等级。① 据此理论，政府教育职能也可划分为"最基本"的职能、"应强化"的职能和"不该管"的职能三类。政府最小和中等职能即"最基本"职能，包括对教育的宏观调控、规制学校管理制度、制定学校设置标准和质量标准、制订教育发展规划并保证财政投入、组织对学校教育质量的督导、评估和监测。政府作为公共利益的维护者必须履行公共责任，政府在教育政策和法规的制定与执行、社会责任和教育公平担当、教育管办评分离的顶层设计和政策供给等方面的职能应逐步加强。与此同时，政府应主动放弃那些"份外"的事务和职能，将属于学校自主权内的职能坚决下放。基于上述分析，可以对政府角色转型的路径做出如下描述：

（一）规范教育行政职能，从"威权政府"走向"责任政府"

"威权政府"的职能模式是建立在政府无所不能这一空想的基础上的。在我国，教育行政"高度集权化"的威权体制下，政府包办了学校的事务，做了许多不该做也做不好的事情，政校合一和管办不分的弊端积重难返。威权政府的传统行政模式使政府角色严重错位，对教育现代化进程弊多利少，甚至阻碍教育事业的发展步伐。教育管办评分离的基本特征就是将主管、主办和主评的三个主体实行分开，以构建符合现代公共治理精神的教育治理体系。但教育管办评分离不能简单看成就是政府体系之间的体制分权行为，而是一次深刻的政府教育职能改革和教育行政模式变革。其实，作为一个"责任政府"，其责任内容至少内含着相互联系的四个维度："一是行政责任主体的确定性，二是行政责任

---

① 杨再平：《重新思考政府：一个世界性的课题——评世界银行 1997 年世界发展报告〈变革世界中的政府〉》，《国际经济评论》1998 年第 Z1 期，第 60－62 页。

清单的确定性，三是行政责任追究的确定性，四是纠偏纠错机制的确定性。"①既然在教育管办评分离中起着治理核心、责任主体和政策主导的重要作用，那么政府就应是教育管理规则的制定者和执行者，通过教育管、办、评三大环节的分离和协同，发挥条件保障、教育督导、行业监管的作用，把教育行政体制的内部监督变成第三方的社会评价和监测，使政府"元治理"纳入规范化、法治化和科学化轨道。

当然，政府的责任是发展变化的，而政府责任的发展变化由其承担职能的外部条件变化来决定，一旦外部条件发生变化，政府职能就应相应地进行改革，这就是政府职能转变的动力机制和客观规律。自 1985 年颁布《中共中央关于教育体制改革决定》起，我国已经尝试过渐进式的教育行政职能改革，但这种改革在很大程度上是中央政府主导控制下的制度修补和机制探索，而对教育管理涉及的内外系统的复杂因素考虑并不多，因而改革的力度和成效比较有限。这种改革属于简单式的单向教育分权改革，对彻底改变教育管理"一统就死、一放就乱、一乱就收"的恶性循环以及政府越位、学校失位、社会缺位的突出问题无济于事。究其原因，主要在于这样的改革取向和政策设计是用"分权"代替了"责任"，而且这种"分权"更多是一种政治责任的单项委托，导致了或政府失灵、或市场不足的尴尬局面。因此，在推进教育管办评分离中，政府不能单纯地视"分离"为"分权"，而要实实在在地担起分离的政治责任和行政职能，用公共治理的方式去引领和推动改革。同时，在政府职能转变、简政放权、探索宏观管理路径和手段的过程中，政府要加强政策研究，健全协调机制，打破不同管理部门之间的壁垒，克服部门本位倾向，不断提高政策制定水平，从而在制度和机制上保证教育改革的协调性和延续性。

（二）理顺政校管办关系，从"全能政府"走向"有限政府"

管办评分离作为最具全局视野的教育分权改革，目的是实现公共教育权力在政府、学校、社会之间更大范围的转移，形成决策、执行、监督的相互协调和相互制约的教育体制结构。因此，回答"谁管、谁办；怎么管、怎么办、怎么评"等问题，是确定政府权力向度的关键环节。把管理权留给政府、把办学权还给学校、把评价权交给社会，也成为政府教育管办评分离的题中要义。

---

① 陈国权、李院林：《论责任政府的基本属性》，《社会科学战线》2008 年第 2 期，第 199－204 页。

公共治理语境下，政府有"有限政府"与"全能政府"之分，其行政行为也有"宽"与"窄"两种不同形式，但教育管办评分离呼唤"有限政府"。在过去"全能政府"体制下，政府在行政管理方式上的规范性较差，依法行政的观念淡薄，而且教育行政机构重叠臃肿、职责不清，很不利于提高行政效率。"有限政府"实质就是一种"市场的政府"，即以市场为基础的政府，它意味着政府的职能必须推进教育市场化，不再直接经营教育服务的生产和供给，通过分权或放权让市场和学校去生产和供给教育服务，把政府的精力主要集中于规则的制定和实施上，着力营造有利的制度环境和激励机制，促进各级各类学校办学的有序运行，充分调动各方力量参与教育治理的积极性。教育部《全面推进依法治校实施纲要》指出："要切实转变管理学校的方式、手段，从具体的行政管理转向依法监管、提供服务；切实落实和尊重学校办学自主权，减少过多、过细的直接管理活动。"教育部《教育管办评分离意见》规定，推进教育管办评分离"既要解决政府越权越位问题，把该放的权坚决下放，又要完善监督制约机制，切实做好事中、事后监管"。这为教育管办评分离中政府角色的定位转型明确了改革重点，也为教育"元治理"上坚持"放管结合"、形塑"有限政府"确立了基本规则。

（三）依法履职简政放权，从"中心政府"走向"合作政府"

在市场经济和科层管理体制下，政府汇集和处理信息的能力是有限的，其教育管理和公共服务的触角很难延伸到教育系统的"神经末梢"，所谓的"全能政府"和"中心政府"其实是不存在的。因此，教育管办评分离中政府角色转型，应该加强服务型政府和合作型政府建设，推动政府职能向创造良好教育发展环境和提供优质教育服务方面转变。

首先，坚持权责统一和管放结合，依法解决"权力运行规范化"问题。"行政权力是国家行政机关支配社会的强制性力量，也是行政机关维持秩序、管理社会的重要手段"。① 政府角色转型就是强化"元治理"的过程，也就是依法规范教育权力的过程。其基本内容：一是推进依法立法。要推进教育行政法规和规章制度建设，防止教育行政权力对学校和社会的不当干预甚至对公民受教育权益的侵害；要加快国家教育基本标准建设，健全教育标准制定和审查机制，

---

① 赵天娥、马萍：《现代政府制度的主要特征和路径选择》，《行政论坛》2013 年第 3 期，第 55 – 58 页。

提高教育标准的权威性和适切性。二是推进依法行政。要推行清单管理方式，规范教育行政审批的管理制度，建立健全教育行政执法机制，加大行政监督和问责力度；要遵守法律规定的实体性规则和程序性规则开展教育行政执法，没有法律法规和政策的明确依据，不得随意进入学校进行检查，也不得法外设定管理教育的行政权力。三是推进依法分权。要确定政府职权内的教育行政权力归属，改变多头管理、权限交叉、边界模糊现象，在教育、编制、人事、财政等方面实行"分权"；要建立权力清晰、权责明确、分权与制衡相统一的教育管理体制，保持行政过程中教育权力的分合适当有度，集权而不威权，分权而不分裂，防止因权力过分集中而带来寻租、压制、放任等腐败问题，避免因权力过度分散而导致无序、混乱、低效问题。四是推进依法放权。要深化行政审批制度改革，全部取消非行政许可审批，建立规范教育行政审批的管理制度；要推进政府最大限度地向学校"放权"，聚焦那些"该做的事"和"能做的事"，让政府从烦琐细碎的评估、评审、评比等事务中解脱出来。五是推进依法授权。要推进政府向社会组织和社会公民"让权"，让作为教育利益相关方的社会公民参与教育的决策、监督和管理；要推进政府向教育专业机构和社会中介组织"赋权"，通过委托或购买机制，使这些机构和组织享有必要的教育评价权力，同时发挥这些机构和组织对政府的监督、制约和参议作用。

其次，坚持民主开放和合作共治，依法解决"教育评价社会化问题"。教育部《教育管办评分离意见》要求"创新公共教育服务方式""支持专业机构和社会组织规范开展教育评价"，这是推进教育管办评分离的重要举措。政府承担借助第三方力量提供（购买）教育公共服务的组织职能，对教育专业机构和社会中介组织负有"培育"责任，在社会教育评价的服务公平、参评公正、结果公信中负有"搭台"的责任。一方面，政府应发挥教育专业机构和社会中介组织在教育评估监测中的作用，营造社会力量参与教育治理的环境，对新兴的社会中介组织予以培育和支持。同时，要推进政府附设的教育评估机构的职能转型，加快官方背景教育协会和专业学会的职能改造，设法调动专业学会、行业协会、基金会等各类社会组织参与教育公共服务的积极性。另一方面，政府应负责对教育专业机构和社会中介组织的身份确认，重点在组织属性、参与教育服务的利益导向、提供教育服务的专业性和权威性、教育评价服务的公信力和影响力等方面予以把关。政府应对社会中介组织参与教育评价服务的程序正当性、中立性及其自由裁量权进行审核，避免因"第三方"参与程序不当引发委托评价或购买服务的风险和后果。

（四）优化部门机构设置，从"等级政府"走向"服务政府"

描述官僚主义现象的"帕金森定律"，揭示了政府机构容易形成机构臃肿、人浮于事、相互扯皮、决策失误、效率低下等通病。在教育领域，这些通病不但造成高额行政成本，而且可能导致教育行政失误，压抑学校办学活力，抑制社会各方力量参与教育治理的潜能，甚至诱发教育行政部门寻租行为。近几年，我国部分地区启动的政府"元治理"改革，仅是以创新精神撬动了教育管理的一角，并未从根本上解决问题，这也意味着教育管理的痼疾顽症在教育行政部门也有突出的表现，急需由政府主导对"等级政府"进行自我革命式的治理。因此，优化部门机构设置，既是政府转变教育职能过程中自组织适应性改革问题，也是教育管办评分离中政府发挥"元治理"功能的重要途径。

优化部门机构设置，在本质上是遵循教育公共治理要求，按照"有限政府"和"服务政府"的教育行政理念，对教育权力和相关利益进行深度调整，同时进行自我削权和自我约束，彻底理顺政府、学校和社会之间的关系。积极推进政府改革，优化行政机构设置，其核心是建立精干、高效的服务型政府，解决教育行政部门数量多、分工细，职能交叉、职能重叠，政出多门、前后矛盾、多头管理、多头执法等突出问题，使得政府的公共教育服务更加及时有效。为此，政府及其教育行政部门应贯彻落实中央精神，遵守国家法律法规，执行政府组织法，严格控制行政编制、领导职数和内设机构，加大对教育行政部门消肿式改革。同时，政府应进一步明确教育行政部门在公共教育服务方面的职责分工，减少内设机构的职能交叉，构建职权统一、分工合理、沟通及时、协同互动的行政运行机制，在政府"元治理"上实现决策权、执行权、监督权既相互制约又协调配合。

第四章

政府角色新探索：地方实践

我国教育改革在认识和实践上的每一次突破与发展，无不来源于地方政府和各级各类学校的实践推动，因此顶层设计和基层探索相结合是推进教育治理改革的基本方法。可以看到，教育管办评分离在政策上是一个渐进的过程，在实践上也是一个不断探索的过程。世纪之交，随着教育改革的深入发展，全国部分地区出现了"管办分离"的有益探索，而后其他一些地区加入实践行列之中。《国家教育规划纲要》颁布之后，特别是在十八届三中全会《决定》指引下，各级政府坚持顶层设计与基层探索的良性互动，有组织、有计划地推动教育管办评分离试点。尽管在教育公共治理的空间格局上具有区域差异性特征，但地方政府的一些改革经验和阶段性成果，值得总结、提炼和借鉴。

第一节　地方实践的基本进程

一、地方实践的政策指引

（一）国家治理变革的触动

我国的国家治理一直有着自身的特点，人们长期习惯于政府系统对包括教育领域在内的社会各项事务的"统治式"管理。后来，由于受全球化、民主化和信息化浪潮的影响，政府的职能和形象呈现一些新的特点，人们期盼政府对传统的公共权力配置形式和公共权力运作方式进行改革，实现从"统治"向"治理"的转型，以适应经济的发展和社会形态及结构的变迁。党的十八大以来，国家制度和制度执行能力的集中体现被表述为国家治理体系和治理能力，2013 年我国正式提出"推进国家治理体系和治理能力现代化"，从而引发了政府治理、市场治理和社会治理的一系列有序改革。政府在创新社会治理、推进依法行政上积极作为，从一批批行政审批事项取消和下放，到推行"权力清单""责任清单"，政府"法无授权不可为"的理念日益深入人心。党的十九大召开标志中国特色社会主义进入新时代。在教育领域，"不平衡不充分"的矛盾明显表现为人民日益增长的对优质教育的个性化、选择性的需求与优质教育资源供给不足之间的矛盾。不平衡不充分的教育资源供给，在很大程度上来源于教育体制机制障碍，而解决的路径之一就是推进教育治理体系和治理能力现代化。所谓"教育治理现代化"，简单地说就是完善教育公共服务体系，形成有效的教育治理秩序，确保公共教育资源供给的平衡和充分。在中国语境下，教育治理正在经历着教育治理主体转型、教育治理方式转型、教育治理过程转型三个方面的深刻变化。早在 2010 年便有专家指出了政府教育管理职能转变的必然性。由于"市场规律"的影响，使教育规律、教育发展、教育公平等方面的关系不断复杂化，从而决定了政府所负有的教育管理责任和履职方式"必须转向"。①近几年来，地方政府推进教育治理现代化的重心工作是深化教育领域综合改革，不断推进教育管办评分离。

　　这里仅以江苏省为例。在 20 世纪 90 年代科教兴省的背景下，该省在全国率先提出了教育现代化的响亮口号。1996 年该省又明确提出，到 2010 年要在全国率先基本实现教育现代化，接着发布了《江苏省实施教育现代化纲要》，以指引全省的教育现代化建设，指导教育领域的各项改革。2005 年该省召开新世纪的第一次全省教育工作会议，做出了"加快建设教育强省率先基本实现教育现代化的决定"，制定了"江苏教育现代化建设新的战略目标"。到了 2010 年，该省教育现代化建设重点先由学校和乡镇扩展到县域，再由县域层面拓展到各省辖市，从而实现了省域的全覆盖。2013 年，江苏省政府与教育部正式签署协议，决定共建国家教育现代化（江苏）试验区。为推进教育现代化建设的试验改革工作，该省及时启动了新一轮教育现代化建设水平监测评估，标志着"教育治理现代化建设"已摆上重要议事日程。在教育现代化建设的引领下，江苏的教育领域综合改革向纵深推进，政府管理职能逐步调整，教育发展方式逐步转变，到 2014 年 1 月，该省建立了省、市、县三级监测体系，在开展教育现代化建设

---

① 王建莲：《论我国政府教育管理职能的转变》，《求索》2010 年第 11 期，第 189 - 190 页。

监测评估的省份中走在了全国前列。① 2016 年，站在新的起点上，江苏省委和省政府发布《关于深入推进教育现代化建设努力办好人民满意教育的意见》，同时以省政府办公厅名义印发新版《江苏教育现代化监测指标》，其中将二级监测指标"体制与管理"中的"现代学校制度建设水平"调整为"教育治理水平"。②

必须看到的一个事实是，受国家治理变革的触动，教育领域的治理改革向纵深发展。但在变化中，面向中国教育的治理改革又呈现出与西方国家教育治理不同的现实特征，需要不断实践和探索。只有在认同和构建中国特色教育治理的前提下，深入反思教育发展和教育治理问题，进一步探讨和推进教育管办评分离，改善教育善治的政策环境和制度基础，才能为中国教育摆脱深层危机和本质困境提供现实可能。

（二）政府职能转变的驱动

我国社会经济的全面发展以及国家治理方式的相应转型，对政府的职能定位和服务方式提出了迫切的现实诉求。从 2003 年起，我国正式提出在社会主义市场经济条件下政府职能主要是经济调节、市场监管、社会管理和公共服务。2005 年，国家提出要努力建设服务型政府，加强政府管理方式的创新，寓管理于服务之中，更好地为基层、企业和社会公众服务。从那时起，政府转型的重要目标就是要建设"公共服务型"的政府。随着国家治理体系的深刻变革，教育管办评分离不断推进，教育公共治理新格局的建设步伐不断加快。2015 年以来，一方面国家依法修改了《教育法》和《高等教育法》，规范了教育行政审批流程，畅通了教育监督举报渠道，教育部委托有关单位对教育规划纲要实施情况开展第三方中期评估；另一方面国家又陆续出台简政放权、放管结合、优化服务，以及深入推进管办评分离的各项措施，建立起了国家教育标准体系和省级政府履行教育职责督导评价制度，实现用标准加强督导、监管和问责，积极引导学校把更多时间和精力用在办学治校上。而今，政府的职能和权力被逐步清理出来，政府宏观管理学校、学校依法自主办学、社会参与评估监测的教

---

① 陈志伟、赵建春等：《波澜壮阔的世纪工程——解析教育现代化的"江苏样本"》，中国教育新闻网 http://www.jyb.cn/china/gnxw/201506/t20150626_627700.html

② 参见苏春海主编：《江苏教育现代化建设监测报告（2016 年度）》，南京：江苏凤凰教育出版社，2017 年版。

育治理体系正在构建和完善之中。

（三）教育综合改革的传动

由于受计划经济体制思维惯性影响以及我国社会转型期制度机制还不尽完善等原因，政府在转变教育职能、改善管理方式方面还有较大的差距。近年来，中央政府在深化教育领域综合改革方面确立的核心目标，就是力求解决人民最关心、最直接、最现实的利益问题。国家教育主管部门所明确的教育领域综合改革的四大重点任务之一就是"以管理体制改革为重点，构建政府、学校、社会新型关系"。① 就教育管办评分离而言，无疑归属于教育综合改革的范畴。近几年，我国教育治理与教育改革进入深水区和攻坚期，"在社会层面，简政放权与反腐背景下的个别政府部门不作为现象时有发生，对经济与社会发展稳定的短期效应的关注，使一些深层次、综合性的教育改革举步维艰"，"在教育领域，许多人民关心的重大教育热点难点问题解决起来往往涉及政府多个部门，涉及组织、人事、编制、财政等部门的配合和相关政策的协调配套，涉及多方面利益调整，靠单一领域，项目的改革已难破解许多教育难题"。② 国家政策文件的判断足以表明，我国教育综合改革新阶段的任务就是要在搞清楚"为谁改革"前提下，"以转变政府职能和简政放权为重点，深化教育管理体制改革，提高公共教育服务水平"，③ 进一步促进教育均衡发展，解决好不平衡不充分的问题。教育界和学术界的共同观点是，教育综合改革的成败很大程度上取决于教育管办评分离的进程，同样教育综合改革的成果也会反过来促进教育管办评分离的发展。因此，在当前条件下，只有"将教育综合改革推向精准落实新阶段"，④ 才能顺利实现教育管办评分离目标。

二、地方实践的阶段划分

（一）"管办评分离"自发实践阶段

从 20 世纪 90 年代起，我国教育改革风起云涌，在教育领域注入新的生机。

---

① 张力：《深化教育领域综合改革的目标重点和主要任务》，《人民日报》，2014 - 6 - 4，第 10 版。

② 范国睿：《教育体制机制改革与教育治理现代化》，长江教育研究院 http://cjjy.com.cn/fgrjytijzgg/

③ 《国家中长期教育改革和发展规划纲要（2010—2020）》（2010 年）

④ 陈宝生：《将教育综合改革推向精准落实新阶段》，中国教育网站 http://www.edu.cn/edu/jiao_ yu_ bu/jiang/201706/t20170622_ 1532283. shtml

当时，教育改革的重点放在教育行政体制和学校办学体制，意味着"管办评分离"并未纳入教育改革的重要议程。尽管如此，受教育改革大潮的影响，一些地区涉及管办评的改革成果同样不断呈现。其中影响较大的有两个事件：第一个是部分地区教育评估改革试水；第二个是上海等地建立"管办评"联动机制和政府购买教育服务，教育评估备受政府的青睐，并成为政府对教育进行宏观管理的重要手段。特别是在政府转变职能的过程中，北京、上海、江苏、辽宁、广东、云南等地相继成立了一些专业性的教育评估机构。尽管这些机构绝大多数为公共服务性的事业单位，其"名不正，言不顺"的尴尬角色，制约了机构的发展和业务的开展，但多少在职权范围内进行了一些探索性的教育评估活动。

这里值得一提的是，21世纪初上海浦东新区实施的教育管办评联动改革意义深远。2006年，上海浦东新区在率先实行城乡基础教育管理体制的二元并轨，顺利完成从"差异发展"到"均衡发展"根本转变的基础上，以建立"公平、普惠、完备、优质"的公共服务体系为目标，开始探索教育"管、办、评"联动机制改革。在短短10年内共培育了近30个教育类中介机构，服务范围涉及教育管理、教育咨询、教育评估等多个方面，同时新区政府还以委托管理的方式购买区域内外的优质教育服务，先后对区域内的17所学校实施了委托管理。[①]除了上海，之后的几年内，先后有山东、重庆、四川的部分地区积极探索"管办评分离"，以解决政校不分等问题为重点，取得一些宝贵经验，成为我国教育管办评分离的早期探路人。客观地说，这些地区的改革实践，试图在教育治理过程中厘定政府、学校、社会和市场等多元治理主体的职能界限，初步给出了"政府管理、学校办学、社会评价"的管办评相分离的教育治理新愿景，为突破教育治理体系中政府职能转变的"瓶颈"、整体推进教育管办评分离提供了有益经验。

（二）"管办评分离"有序试点阶段

2015年，教育部教育管办评分离改革试点工作启动后，相关省市同步推进区域内的改革试点工作。研究发现，各地区以改革试点为核心，建立健全相关组织机构，统筹协调、试点推进、分步实施、分项突破。通过推进试点改革，政府、学校与社会各界共同参与教育治理的共识度进一步提高，政府主导、部

---

① 上海市浦东新区社会发展局：《中国教育改革前沿报告：浦东新区教育公共治理结构与服务体系研究》，上海：上海教育出版社，2009年版，第1页。

门参与、学校主动、社会响应的改革氛围与对话环境逐步完善，政府深化教育行政审批制度改革，在取消、下放教育行政审批权的同时，有序推进清单管理，下发行政权力清单和责任清单，落实学校人、事、财权，激发学校自主办学活力。公开资料显示，几年来，"试点地区坚持问题导向，在学区化管理、集团化办学、第三方评价等关键问题上积极探索，教育发展的生机活力正在源源不断释放"，其主要标志是"解开公办学校的绳索""建设现代学校制度""建立多元教育评价制度"。在落实学校办学自主权、激发学校办学活力方面，北京、重庆等地构建以学区为单元的现代教育多元治理结构，从单一垂直管理向多元化、多样性的协商治理转变；青岛市推出了国内第一部以学校为主体的地方政府规章——《青岛市中小学校管理办法》。在现代学校制度建设方面，江苏无锡市构建了以校长负责制为主体、理事会和教代会为两翼、学校党组织为监督保障的现代学校法人治理结构；内蒙古乌兰察布市，以校长（园长）聘任制、职级制、任期目标责任制、去行政化为核心的改革全面铺开。在教育多元评价方面，广东佛山市顺德区将评价实施主责由原来的教育行政部门，委托转移给区"教育发展中心"，教育发展研究学术机构担任"第三方"角色，独立运行教育评价的功能，以"第三方"的身份成为教育监督部门，履行督查职能。除了教育评价外，第三方力量在学校办学绩效、政府项目管理等多个评价层面"大显身手"。有些地区试点引入了第三方机构，开展针对不同教育形式的个性化评估。通过立体、多维的评价办法，更精准地诊断教育、教学、管理中的优势与问题，引导区域教育良性发展。[①]

三、地方实践的初步经验

加强整体设计和实践探索，实现国家和地方的良性互动，是国家推进教育改革的重要策略。而对必须取得突破但一时还不能有把握的改革，采取试点探索、投石问路的方法，看准了再推开，积小步以致远，这是推进教育改革的一条基本经验。作为教育管办评分离的政府角色转型，有关地区经过几年的实践探索，在路径和方法上初步建立了一套改革推进机制，也积累了一些成功的制度和经验。

---

① 参见焦以璇：《管办评分离激发教育新活力——全国教育管办评分离改革试点工作综述》，《中国教育报》，2017-12-22，第2版。

（一）加强省级统筹，做好顶层设计

教育管办评分离改革是一项事关教育治理体系和治理能力建设全局的系统性改革。各地省级政府纷纷出台相应的文件，制订了改革试点工作方案，对省域教育管办评分离改革提出统一部署和要求。

首先是加强改革试点工作的统筹。这里以浙江省为例。该省对试点工作明确提出四点要求。一是"高度重视教育管办评分离综合改革"，要求各地把推进教育管办评分离作为转变政府职能、深化教育综合改革、推进依法治教的重要任务和有效抓手，高度重视，精心组织，认真实施。二是"细化教育管办评分离实施办法"，要求各地各学校结合实际，明确目标、任务和责任，加强统筹协调，注重顶层设计，系统考虑管办评分离、放管服结合的关系，确保改革举措的可行性、有效性。对改革涉及的重要问题、重点环节和重大举措，要开展合法性论证和风险评估，并报本地教育体制改革领导小组审定。三是"鼓励开展改革试点"，要求各地各学校正确把握改革与稳定的关系，积极稳妥地推进改革试点。既可以在一定区域范畴内开展综合改革试点，也可选取一地一校进行单项改革试点，鼓励以地方政府名义申报并牵头组织实施改革试点。四是"加强改革试点的督查评估"，要求省教育厅将推进实施改革的情况纳入教育科学和谐发展业绩考核，省教改办不定期组织第三方机构对各地各学校改革试点情况进行跟踪评估。①

其次是加强试点改革内容的统筹。这里以陕西省为例。该省在推进教育管办评分离方面集合力量积极行动，省教育主管部门就试点改革的主要内容进行了具体部署，同时加强了跟踪和监督，以确保改革举措落到实处。一是"统一思想认识，及时研究部署"。省教育厅及时成立领导小组及工作机构，制订工作方案，明确指导思想、目标任务、工作思路、实施步骤、任务分工及保障措施等，并将其列为年度目标考核任务。同时组织部分高校、社会相关组织及教育界专家学者对改革工作展开研讨，深入分析教育改革面临的形势和任务，明确要以评价改革为突破口，以理论研究来支撑和引领试点改革的工作思路。管办评分离改革启动后，省教育厅又从基础工作抓起，针对政府管理职能转变、教

---

① 资料来源：《浙江省教育体制改革领导小组办公室关于印发推进实施教育管办评分离综合改革试点工作方案的通知》，浙江省教育厅网站 http：//www.zjedu.gov.cn/news/147191778278823710.html.

育管理体制改革、现代学校制度建设、第三方评价组织培育、教育评价制度等重大问题，先后两次采取公开招标和委托研究的方式，共确定了 45 项研究课题，开展理论性、实践性和应用性研究，为改革的顶层设计提供理论支撑。二是"落实简政放权，扩大高校办学自主权"。该省在清理行政许可项目和编制权责清单工作中，按照"放管服"改革要求，给高校一下子下放了三类管理权限，即专业设置自主权、职称评审权、人事自主权，同时推行"一章八制"建设，①有效提升高校治理能力和现代化水平。三是"大力培育评价组织，积极开展教育评价"。该省除对义务教育采取各地互评、省属高校进行巡视诊断外，还组建成立了中国西部高等教育评估中心、职业教育评估中心、鼎力教育评估中心等机构。此外，省教育厅还通过公开竞标购买服务的方式，委托社会第三方组织对高校毕业生质量进行专项评价。②

（二）抓住改革关键，政府主动作为

教育管办评分离也可看成是政府各部门管理教育的权力重组，是政府"放管服"改革的重要支撑。一些教育管办评分离改革的试点地区和单位，充分认识到教育管办评分离的实质就是要建立现代教育治理体系，于是便将"简政放权、放管结合"作为推进改革的抓手。特别是参与试点的地区，立足改善治理，政府主动作为，多路径推进教育治理改革，致力从根本上解决教育行政管理体制滞后于教育发展现实的问题。

首先是"划清边界"。通过权力清单和负面清单划定政府权力边界，根据权责对应原则和公共服务职能范围划定政府责任边界，通过修订学校章程和学校法人治理改革划定学校及其内部成员的行为边界。在边界之外，有的地区还依托社会治理，在边界以内建立社会参与机制，最终形成了"多元参与、平等协商、开放灵活、法制和契约保障的教育治理体系"。③

其次是"部门联动"。教育界有一个共识，很多教育问题相互联系、相互掣肘，就教育论教育，或仅着眼于局部的单项改革，难以解决教育改革和发展中

---

① "一章八制"是指：大学章程以及高校党委领导下的校长负责制、教职工代表大会制度、学术委员会制度、理事会制度、教师申诉制度、学生申诉制度、财经委员会制度、信息公开制度。

② 资料来源：《省教育厅稳步推进教育管办评分离改革》，陕西省人民政府网站 http：//www. shaanxi. gov. cn/zdzl/znzb/gzsj/57985. htm.

③ 王烽：《用好教育综合改革这一方法论》，《人民教育》2016 年第 8 期，第 1 页。

的问题，在推进教育管办评分离改革方面也会落空。比如，在人权、财权、事权分离的背景下，如果教育改革仅仅局限在教育系统内部，缺乏人权、财权等部门的同步改革，就难以突破制约教育发展的体制机制性障碍。教育综合改革就是用"综合"的方法啃硬骨头，硬骨头之所以难啃，是因为它涉及利益调整、涉及打破原有思维方式和工作模式惯性。因此，在参与教育管办评分离改革试点的地区和单位中，无一例外地把"部门联动、合力攻关"作为重要措施。一些地区面对教育综合改革和教育管办评分离，重视将教育问题放在整个教育系统乃至全社会系统加以考量，从多层面、多视角和多维度进行全方位的综合思考，面向区域教育全局和教育改革大局来确立改革的原则、思路和重点，制定推进改革的目标任务和保障措施。

再次是"试点先行"。试点先行是有关地区和单位推进教育管办评分离改革的典型经验。改革在"点"上试，目的是在"面"上推。各地的实践探索，一方面重视加强改革的宏观思考和顶层设计，注重改革的系统性、整体性、协同性，另一方面鼓励基层大胆试验、大胆突破，不断把试点改革引向深入、推向全域。与此同时，一些地区还重视总结推广试点改革的好经验和好做法，着力"重点突破"与"整体推进"的良性互动、"自上而下"与"自下而上"的有机结合，以增强试点改革的"溢出效应"，从"试点模范"中发现"改革模式"，为推进教育管办评分离提供典型经验和示范引领。

（三）强化综合协调，避免碎片改革

首先是"分步分类"推进。一些地区在推进教育管办评分离改革过程中坚持"成熟一项、实施一项"的原则，分步分类进行推进。"分步"，就是针对本地教育改革的重大项目，分季度、分年度抓好落实，把试点改革方案中涉及的改革措施细化为具体重大改革任务，并逐项明确"完成时间""制约瓶颈""所需政策支持""成果呈现形式"等具体内容，明确了改革方案落实的时间表、路线图和任务书。"分类"就是分省级政府、市县级政府和高校三个条线构建分层分类推进落实体系，实施分类别和差异化指导。

其次是"各方协同"推进。教育领域过去经历的各次改革，往往存在改革动力逐级递减的现象。为了避免"问题再现"，有关试点地区重视激发各方主体参与教育改革的热情，与其他社会领域改革相互配合形成合力，努力构建综合保障体系。比如，在完善现代学校制度、构建教育善治结构上，一方面大力实施现代大学制度建设试点工作，严格落实高等学校"一校一章程"，另一方面理顺政校之间的管办关系，优化中小学治理结构，明确中小学校的权利和义务，探索制定中小学校工作条例，鼓励社会力量参与学校管理，最大限度地保障学校在课程教学、教师评聘、学生管理等方面的自主权。

再次是"激发基层"推进。一些地区在做好顶层设计的同时，还结合自身实际，注重通过深化教育综合改革激发下一级政府和基层学校的内生动力活力，把一些重大问题和重点推进项目交给市、县（区）和学校，"把各种力量都调动起来，把各种资源都利用起来，把各种资源都发挥出来"，在推进改革过程中"着眼可复制推广，努力形成一项重点工作，多种推进手段，多维工作方法"，①将探索形成的新思路、新做法和新经验在本地区积极推广。

（四）聚焦重点领域，求解改革良策

例如上海市，在市级层面统筹推进教育管办评分离，不断优化全市的教育治理结构。结合上海教育综合改革的既定任务，上海市政府明确了市级层面的七项试点内容：一是构建基于战略规划的市级统筹机制，建立政府部门间协同机制，增强政府宏观管理和公共服务能力；二是加大简政放权力度，探索清单管理方式，完善监督制约机制，做好事中、事后监管；三是探索综合预算管理等投入机制改革，扩大高校经费使用统筹权；四是强化契约问责，促进学校自主规范办学，建立现代学校制度；五是探索学校领导干部管理和机关管理方式等改革，推动学校管理去行政化；六是完善督导评估机制，探索政府购买机制，促进专业评估机构提高教育评估质量，发挥教育评估结果的激励与约束作用；七是完善政策支持，促进民办学校提高多样化办学水平。②

再如四川省，把深化教育综合改革摆在突出位置，推动中央大政方针和教育管办评分离改革不打折扣和落地落实。其出台的《关于推进教育管办评分离促进政府职能转变的指导意见》包含了四个改革亮点：一是开展教育行政执法体制改革试点，建立教育系统法律顾问制度。逐步形成政府依法行政、学校依法治校、教师依法执教的局面。二是全面取消非行政许可审批，减少对学校办学行为的行政干预。落实行政权力清单和责任清单制度，优化审批流程，实现

---

① 孙勇：《"新常态"下的教育改革与发展——兼析上海教育综合改革的推进路径》，《中国高等教育》2017 年第 7 期，第 24 - 27 页。

② 徐倩、焦苇：《聚焦"管办评分离"，形成"1 + 2 + 2 + 5 + 5"工作布局》，《上海教育》2016 年第 4A 期，第 43 页。

审批内容、标准和程序的公开化、规范化。推进清单管理形式，严格按照"法无授权不可为"的原则规范教育行政权力，鼓励各级教育行政部门实施行政权力清单制度，清单之外无权力；选择基础较好、有意愿的地区和学校，探索实施负面清单管理试点；落实学校办学自主权限，并尽量缩减负面清单事项的范围，更多采取事中、事后监管方式。三是学校去行政化拟逐步取消公办学校行政级别。支持学校创新教育思想、教育模式和教育方法，形成教学特色和办学风格。进一步保障中小学在育人方式、资源配置、人事管理等方面的自主权。探索建立适应不同类型教育和人才成长的学校管理体制与办学模式。探索中小学校长职级制改革，实现校长的专业化、职业化。建立专业化、职业化的校长任用、管理和考核制度。四是建立第三方专业教育服务机构。整合全省教育质量监测评估机构，引导和支持建立一批高资质、高信誉的第三方专业教育服务机构。扩大行业协会、专业学会、基金会等各类社会组织参与教育评价。重视扩大科技、文化等部门和新闻媒体对教育评价的参与，重视学生会等组织在教育评价中的作用。①

第二节　地方实践的典型案例

一、政府角色归位

（一）江苏无锡：政府转变管理方式

江苏省无锡市一直是经济强市的代表，近年来也积累了一些政府职能转变的经验。无锡教育治理的实践探索，大体分为两个阶段：第一阶段是政府成立"教育管理中心"，尝试管办分离改革；第二阶段是承担教育部改革试点任务，继续推进教育管办评分离。

无锡市自2005年开始，为构建"小政府大社会"的服务型政府，在市一级成立"教育管理中心"，正式启动了教育治理的"管办分离"改革。改革后，教育管理中心和市教育局相对独立运行，两个机构互不隶属，"教育管理中心"

---

① 资料来源：《四川推进教育管办评分离拟逐步取消公办学校行政级别》，四川新闻网 http://news.163.com/15/0603/13/AR6JLGFU00014AEE.html。

负责管理原市教育局直属的各个学校，涉及学校的人、财、物管理问题皆由"中心"负责，从此市教育局不再直接承担办学职能。在教育治理的新框架下，"教育管理中心"内设9个职能部门，归口管理所属学校工作，主要职责是研究学校发展计划、谋划办学体制改革、引导现代学校制度建设；对所属学校有重大事项决策权、办学质量和绩效考核权、人事管理和职务评聘权、学校资产和教育经费处置权等。与此同时，无锡市积极推进市教育局的职能转变，其主要职能调整为政策导向、规划布局、行业监管和业务指导。另外，市政府教育督导室从市教育局合署办公中独立出来，形成教育系统的"管、办、督"三权分立，以探索市政府统一领导下的教育管理三方责任融合机制。

无锡的"管办分离"改革，当时在江苏乃至全国都是一个全新的探索。此项改革的宗旨在于推动政府教育职能的转变，改革的主要内容是革除政府政事不分、既管又办的体制弊端，激发学校依法自主办学的活力，逐步扩大办学自主权，努力形成学校"自主管理、自主发展、自主约束、社会监督"的机制，通过建立联席会议制度共同解决有关"管、办、督"的教育热点难点问题。"教育管理中心"在推进学校制度建设、探索学校评价机制和用人机制方面发挥了显著作用，促进了市属各校办学水平和教育质量的不断提高。①

2015年10月无锡市获批为教育部教育管办评分离改革综合试点单位，从此该市的实践探索进入了新阶段。市政府专门发文部署深入推进教育管办评分离改革，提出要进一步简政放权，改进教育管理方式，同时为无锡教育未来绘就了蓝图，即到2018年，基本形成政府依法管理、学校依法自主办学、社会各界依法参与和监督的教育公共治理新格局。为了实现改革目标，无锡市先后落实了五项措施：一是进一步转变政府的教育管理职能，规定市教育局每两年清理一次规范性文件，尽量减少对学校办学行为的行政干预；二是推行"清单式"教育管理，通过教育政务网公布清单内容，努力实现"一切权力进清单，清单之外无权力"；三是下放和赋予学校用人权，探索学校在进人用人、干部管理、职称评聘、经费使用等方面的自主权，支持学校培养和建立符合自身发展定位的教师队伍和教育管理队伍，进一步拓展学校办学空间和发展特色；四是探索学校去行政化改革，实行校长职级制，根据校长的特长和能力进行评级，激励

---

① 参见庄西真：《地方政府教育治理"管办分离"模式改革的分析——以无锡市为例》，《当代教育科学》2011年第2期，第3-7页。

校长发挥所长；五是构建多元化教育评价机制，制定实施《无锡市教育督导条例》，面向社会定期开展满意度调查，成立了市教育评估院，在教育督导与教育评价方面发挥相关职能作用。①

（二）山东潍坊：政府试行职能下放

2010 年以来，山东潍坊市坊子区顺应"以转变政府职能和简政放权为重点"的教育管理体制改革要求，试行教育放权，尤其在探索多元化评价体系方面，政府加大了区域内各级各类教育的统筹，初步实现政府角色转变。潍坊市坊子区在教育基础比较薄弱、硬件设施不完善的情况下，积极探索政府职能下放，按照"政府投资、专家办学、行业监管、中介评价"的思路，改革教育管理体制机制，明确政府、学校、社会在办学方面的权利和责任，着力推进管理、办学、评价分离。在该区公开报道的教育改革经验中，引人注目的做法就是政府下放部分教育管理职能，改变以往对学校的评价方式，积极推进立体评估、单项运作和多元组合，构建了多元化学校评价体系。该区适应教育体制改革要求，根据不同的教育类型和内容特征，探索了中介评价、常规评价、社会评价、梯次评价、年度考核、政府教育督导等六种教育评价方式，这些评价分别由区教育局的不同职能处室负责组织或牵头落实。例如中介评价，由区教育局通过签订协议，委托潍坊创新教育管理评估中心对全区的中小学进行评价。评估中心作为第三方机构，负责制订评估方案并发至各学校征求意见，经区教育局审核同意后，由评估中心组织专家围绕规范办学、队伍建设、课程设置、课程实施、教育质量、办学特色等六个方面进行逐校、逐项评价，评价结果出来后当场反馈给被评学校。评估工作结束后，评估中心将情况向区教育局通报。经各校校长确认和教育局审核后的评估结果，作为对评估中心和校长奖惩的重要依据。②

（三）杭州上城：政府实施"管办助评"

2012 年以来，浙江省杭州市上城区实施"管办助评"改革，促进教育治理

---

① 资料来源：《教育"管办评"分离改革加速推进》，无锡市政府网站 http：//www. wuxi. gov. cn/doc/2016/10/18/1158338. shtml.

② 参见马效伟、刘胡权：《推进教育"管办评分离"，构建现代学校管理制度——以潍坊坊子区三年简政放权探索为例》，载杨东平主编：《激流勇进·地方教育制度变革的理论和实践：中国地方教育制度创新研究（2008—2012）》，北京：北京理工大学出版社，2014 年版。

结构转型。启动改革后,该区教育行政部门对学校的日常管理,从以具体工作管理为主转到以学校发展规划管理为主,将学校办学中有关人员、经费、设备、课程等方面的自主权真正赋予学校,学校的办学目标、发展路径和主要措施,由各校按照自己的现状、条件以学校章程与发展规划的形式自主确定。教育督导机构将根据规划目标对学校实施三年结果考核,加强结果的问责。与其他地方教育管办评分离改革相比,该区突出了"导助"机构的改革,明确了区教育学院等直属部门为导助机构,剥离其行政管理功能。同时成立上城区"教育督导与评价中心",通过日常性和形成性评价发现和诊断问题,以促进学生、教师、学校的发展。

教育部网站在宣传该区改革成果时,重点介绍了其行政管理转型、学校自主发展、助导部门服务转型、评价机构改革等经验。在改革中,区教育局将学校办学自主权、时间安排权、资源分配权、结果考核权等下放学校。但为避免一放就乱、一减就松的局面,将放权后"管"的职能锁定在"提高学校管理能力、规范行政管理行为、扩大民主参与渠道、加强评价结果问责"四个层面。简政放权后,学校重点以发展规划、学校章程为抓手,加强学校内部治理结构的完善,通过自我评估,逐步形成依章程自主办学的机制。具体改革措施分为两个方面:一是减少低效甚至无效的会议和检查,让学校集中精力完成教学任务,提高教育质量;二是教师的选调由学校按一定程序决定,学校的财权和设备配置权等由区教育局反复征求学校意见后确定。与此同时,该区一方面将以学校发展规划为手段的监控机制与校长任期负责制结合起来,另一方面在学校内部调整学科导向的组织结构与运作流程,以便用好导助机构提供的各项服务。①

(四)重庆江津:政府清理"管理权责"

作为教育部批准的唯一以区政府牵头的教育管办评分离改革综合试点单位,重庆市江津区在教育管办评分离方面大胆创新、先试先行。区政府主要负责人亲自主抓该项改革,以区政府名义制订出台了《江津区教育管办评分离改革试点工作实施方案》,明确了试点任务,力求打通关节、疏通堵点、破除阻力、取得实效。据公开资料介绍,2016年以来,该区先后出台配套文件30余个,从教

---

① 资料来源:《杭州上城区:政府推行"管办助评"释放学校办学活力》,教育部网站 ht-tp://www.moe.gov.cn/jyb_ xwfb/s5147/201507/t20150713_ 193596.html.

育管理的权责职能清理入手系统推进教育管办评分离，其改革的着力点始终放在给学校释放更多的自主权。按照依法治教方略，该区不断清理政府权责清单，坚持"法无授权不可为，法定职责必须为"的原则，清理镇街和区级部门教育职责清单63项、区教委行政权力清单七大类71项，将58项过程管理事项纳入不作为对学校及学校负责人考核的业务指导清单范畴。"拒绝任何组织和个人对教育教学活动的干涉"的改革要求以及五大类44项自主办学基本权限，已明确列入《学校管理权限清单目录》。试点后，该区撤销了原20个"教育管理中心"，依托片区优质学校为龙头设立21个学区，使教育管理层级由三级管理向"区—学校"两级扁平化管理过渡。弱化管理职能后，目前该区"学区办"的职责更多是督导、统筹、协调、服务。

试点改革仅仅两年，江津区就形成制度成果35个，涉及改革专项24个，确立23个试点单位、16项专项课题，学区制、学校章程及内部治理结构、教研教改等10余项改革向纵深推进。目前，该区改革试点的规划任务已大体完成，下一步将继续坚持问题导向，聚焦改革难点和关键症结，做好制度设计，持续推进深化改革。①

二、政校关系重构

（一）山东青岛：政府依法管理学校

2014年起，青岛市以简政放权为突破口，着力推进依法治校，强化政府依法管理学校，建设现代学校制度，从人、财、物和教育教学管理四个方面梳理了10项学校自主权清单，全面落实与下放给公办学校，初步构建起政府宏观管理、学校依法自主办学、社会广泛参与的教育治理新格局。据教育部公布的相关资料，该市在重构政校关系方面狠抓了六个环节：一是明确权力清单。该市共确定包括行政审批、处罚、给付、确认、监督等方面在内的70项教育行政权力事项，逐一明确办事依据、条件和程序，编写服务指南，确保规范运行。二是加强依法行政。市教育局成立"行政审批与执法处"，集中负责办理教育行政审批、行政处罚等事务。印发《市教育局规范行政处罚裁量权暂行办法》及配套文件《市教育局行政处罚裁量基准（暂行）》，细化教育行政处罚种类、幅

---

① 资料来源：《重庆江津区深化管办评分离改革》，成都教育 http://www.cdedu.gov.cn/news/Show.aspx?id=63907.

度，规范教育行政处罚裁量权。三是扩大学校办学自主权。市政府办公厅出台加快推进中小学校现代学校制度建设的意见，明确将 14 项管理权限下放给学校。其中包括：副校长和中层干部聘任、内部机构设置、财政性经费预算管理、市级教育专项资金部分项目的使用等。四是推进校长职级制改革。该市取消了中小学校校长行政级别，建立以职级为核心的管理制度，打破校长队伍行政化管理模式，提高校长队伍专业化水平。同时，配套建立中小学校长选任、定期交流、目标绩效考核等制度。五是优化学校治理结构。该市全面推进中小学校新一轮章程修订和校务委员会建设，完善校长负责制、教代会和家长委员会等制度；六是鼓励社会参与教育评价。坚持开门办学，启用教育系统群众满意度网络测评平台，成立青岛市"教育评估与质量监测中心"，依托市社情民意调查中心开展中小学课业负担情况调查，将教育质量评价权和监督权更多地交给了社会。①

（二）贵州铜仁：探索教育管理方式

2015 年以来，贵州铜仁市万山区全力推进教育管办评分离改革试点，创新了五种机制放活政府的"管"，初步形成了权责一致、管办分开、评聘独立的"区管、校办、社评"教育治理格局。一是校长竞聘制。面向全区教师或教育系统专业技术人员开展竞争选拔，具备三年及以上教学经验，大专及以上学历，取得不低于应聘学段教师资格证书或聘任证的教师均可参与公开选拔竞聘，由区委人才领导小组组织专家团队进行考评选拔。对竞聘上岗的校长全部实行职级制管理，三年一聘，一律取消行政级别。二是教师校聘制。对教师的聘任管理权限和职责进一步规范，明确编制部门主要对教师队伍进行宏观管理、指导和监督；教育部门负责校长选任、教师调配、师资均衡配置、教育评估、人事档案管理；学校结合实际对学校教职工实行按需设岗、按岗聘用，教师和学校签订聘用合同。三是职称动态制。把职称评定权下放到学校，推行职称聘任动态管理，对只具备初级职称资格或未评级，但能力突出，认可度高，获得中央、省教学奖项的教学能手、骨干教师，结合岗位级别情况予以高聘；对已经评为高级职称，因责任心不强、教学成效不突出，连续考核考评达不到要求的，结合实际进行调岗，彻底打破高低职称"藩篱"，形成"高职可低聘、低职可高

---

① 资料来源：《青岛扎实推进教育管办评分离》，教育部网站 http：//www. moe. gov. cn/jyb _ xwfb/s6192/s222/moe_ 1769/201706/t20170609_ 306667. html.

聘"的职称动态制，解决一些教师长期拿着高级职称却不从事教学或教学水平低的问题。四是权责清单制。对教育系统行政性工作考核评比进行全面梳理，确定12项教育行政权力清单和4项责任清单，明确规定除党建、安全生产、行风师风、文明单位创建4类工作外，其余行政性工作或活动学校一律不予接待，确需学校参与或配合的工作，需经教育主管部门同意，确保在不影响学校教育教学活动的情况下开展。五是资源保障制。建立资金保障机制，明确规定财政性教育投入占公共财政总收入比重不低于10%，重点向教育基本公共服务、教育均衡化配置、乡村教育基础质量提升等基础教育倾斜。①

（三）成都新津：推进教育治理转型

2010年以来，四川省成都市新津县以构建现代学校制度建设为总揽，加速推进教育"管理"向教育"治理"转变，从教育管理的"外控式"向"内控式"转变，政府退"幕后"，学校唱"主角"，在教育治理转型方面进行了有益尝试。有研究者公开披露了该县处理政校关系、推进管办评分离的具体做法：一是在政府放权上，推进传统"管理"向现代"治理"转变。制定了《新津县校长职级制评定办法》，全面实施校长负责制，校长在核定的副校长职数内，按规定程序自主提名副校长；在核定的内设机构和干部职数内，自主选用中层干部。在中学"谁当副校长，学校说了算"，对副校长人选的选拔，采取了群众推荐、就职演讲、满意度测评、组织考察的程序，全面实行竞争上岗。完善学校内部治理结构，加强党建监督、民主监督、考核监督以及校务公开。像职称晋升、先进评选、绩效工资发放等事关教师切身利益的重大事项，必须经全体教职工85%以上表决通过后方可实施，用制度保证校长接好权、用好权。二是在自主办学上，实现学校"良法善治"。制定章程自主管理，构建现代学校制度。学校通过制定符合自身特色的管理制度，让学校切实拥有用人、处事、理财和课程建设的自主，让教师切实拥有教育教学自主，让学生切实拥有学习发展自主。三是在社会评价上，构建教育监督评价机制。该县着力从"怎么评、评什么、谁来评"来改革评价机制，注重分析性评价、发展性评价、评价结果的使用。改变教育督导评估方式，要求走进校园的不是教育主管部门负责人，而是数名县政府责任督学。加强专项督导，对基础教育健康发展中存在的重点难点

---

① 参见田世广：《对万山区推进教育"管办评"分离综合改革的思考》，《理论与当代》2017年第4期，第35－36页。

问题，制订具有针对性的专项督导评估方案，实行专项督导，促进学校内涵发展。实施协商式、对话式的多元化外部评价和第三方评价，保证评价科学、公正、合理。在这些评价中，新津县教育主管部门始终坚持民主协商和多元参与，实现了政府与民众、社会、企业、学校等教育治理主体"协同共治"。通过上述改革，新津县依法办学、自主管理、民主监督、社会参与的现代学校制度已经形成，教育治理体系和治理能力现代化水平持续提升。新津县在深化教育"管办评分离"试点工作中，以推动转变政府管理职能、提升教育治理能力、优化政府统筹机制为前提，以激发学校办学活力、大力推进教育家办学为核心，以建立健全政府、学校、专业机构和社会组织等多元参与的教育评价体系为重要保障，逐步实现了由"管理"向"服务"转变，初步构建起政府依法管理、学校依法自主办学、社会各界依法参与和监督的教育公共服务的新格局。①

（四）广东顺德：构建协同共管体系

自 2010 年起，广东省佛山市顺德区被国家确定为教育综合改革实验区，从此围绕转变政府职能、改进教育管理方式、构建现代学校制度、引入社会力量促进教育发展等进行了一系列探索。经过几年的努力，该区初步形成了由政府指导性管理、学校自主管理、行业自律性管理，社会、社区、社会贤达、企业、家长、校友多元参与、协同共治的开放型教育治理体系。公开报道显示，该区实践探索有三个着力点：第一，让政府从"管理教育"转为"治理教育"。顺德有中小学 230 余所、幼儿园 270 余所、在职教师 2 万余人、学生 30 多万人。改革前，区教育局 29 名工作人员管理着全区各式各样的行政审批，应付着对各所学校多如牛毛的考评。政府如"大校长"般对学校大包大揽，校长没有自主权，事事听从上面调配，成为教育行政部门的附庸。改革过程中，区政府对教育局机构进行了重大调整，撤并职业教育科和基础教育科，成立学校管理科，服务学校；成立审批服务科，服务基层与社会；教育局内设 6 个科室，分别对应不同的服务对象。改革后，区教育局主要通过教育发展规划、教育政策设计、公共财政投入、教育质量监控等手段，履行"决策、服务、监督"的职能，实现政府对教育的宏观管理。同时对镇街教育放权，单列设置镇（街道）教育局，全权负责辖区内教育事务。还委托专业机构，对区镇两级教育行政部门职能从

---

① 资料来源：《关于教育"管办评分离"的新津探索》，四川新闻网 http://edu. news-sc. org/system/20151229/001820145. htm.

教育执法、教育人事等11个方面进行划分，明确了镇级教育承担提供教育公共服务的职能，形成了区镇两级权责明确、统分耦合的教育管理体制。第二，让学校从"奉命唯谨"到"自主办学"。从2012年起，顺德撤销区级教育考核检查评比项目12项，合并11项，保留8项，减少政府对学校的行政干预。中小学校长的人事权、财务权以及中职学校专业设置权纷纷回到学校，学校实现了自主规划、自我实施、自我诊断、自我提高。通过推行学校自主评价体系，学校发展规划、财务状况、管理现状、学生发展情况等全部接受家长、专家等社会各界人士的公开监督。第三，让社会从"无从参与"到"协同共管"。社会力量参与学校发展，在顺德已不是新鲜事。顺德区认识到：教育领域综合改革不只是"教育领域"的独家事务，必须得到"社会领域"的合力支持。如今顺德中小学校100%成立了家长委员会，区镇教育局均成立教育决策咨询委员会，部分学校还成立校务咨询与监督委员会、校友参事会等。这种协同共管的治理体系，使学校对自身的办学能力充满了信心。①

三、教育善治行动

2014年以来，我国教育的"善治行动"是伴随深化教育综合改革、推进教育管办评分离而逐步展开的。各地围绕"政府现代化"和"教育治理现代化"，在创新教育政策、进一步简政放权、促进教育公平的举措和尝试时有报道。

（一）深化教育综合改革，重构教育管理制度

这里仅以上海的改革为案例加以分析。2010年以来，上海在教育管办评分离方面进行了积极的探索和实践，特别是推进依法行政、重塑教育管理制度的综合改革取得明显进展。有学者将教育管办评分离改革的"上海经验"归纳为三个方面：一是在依法行政上抓清单化、促规范化。市、区两级教育行政部门对本单位行政权力事项进行了全面梳理，启动探索权力清单和责任清单相结合的管理模式，全面推进行政审批标准化建设。二是在管理方式上重规划引领、改财政调控。通过编制上海高等教育布局结构与发展规划、现代职业教育体系规划、学科发展与优化布局规划等三大规划引领教育发展。通过改革市级财政高等教育投入机制，形成以经常性经费投入为主的高校投入机制，加强高校经

---

① 参见蒋晓敏：《顺德教育综合改革 给学校松绑，让社会评价》，新浪广东 http：//gd. sina. com. cn/fs/shenghuo/2014 – 10 – 10/104516788. html

费使用自主权。三是在政府购买服务上总结经验、扩大范围。在浦东新区率先探索基础教育阶段学校委托管理、购买学额等基础上，近年来逐步扩大政府购买教育服务范围，涵盖专业教育评估、社会组织专业培训以及针对重度残疾或智障儿童的特殊服务等，有力推动了各类社会组织的培育和发展。

作为一项系统的改革工程，管办评分离的实质是对现有教育管理制度的重塑，在厘清权责关系的基础上，明确政府、学校和社会在教育发展中的功能和角色，共同参与教育公共事务的治理。研究发现，在重塑教育管理制度的过程中，上海的改革着力于实现"政府现代化"，其中关键体现在"三个转变"上。第一，从控制向服务的转变。控制旨在实现自身利益的最大化，而在治理结构中，各方主体形成一个利益共同体，以成员的共同利益为宗旨，以提供服务为行动主要方式。第二，从规制向协调的转变。规制是微观领域政府干预的基本手段，逐渐放松规制、以协调取代结构规制和行为规制是现代政府改革的主流方向。第三，从法制到回应的转变。回应性是治理的核心要义，也是现代责任政府的基本要求。政府不仅需要对公众和社会的意见表达做出迅速反应，同时还必须对政策的合法性和有效性做出及时反馈。①

（二）加强教育法制建设，依法引领学校发展

在全面依法治国的背景下，地方政府提升运用法治思维和法治方式发展教育和管理学校的能力。一些地方以构建"法治政府"为目标，完善依法行政制度体系，履行政府教育职能。这里以河北省为例，其法制建设的"五大举措"在坚持依法决策、规范执法程序、强化监督问责等方面将教育善治推向深入。据河北省教育厅公开的资料，该省法制建设是系统和全面的：一是落实清单管理制度。梳理编制了权力清单、责任清单和负面清单。对原有的 71 项行政权力事项按照"应放尽放、能放皆放"的原则进行了逐项审核，削减行政权力事项11 项，转为内部管理事项 21 项，现有权力事项 39 项，重新编制了权力清单。同时，梳理出部门职责 19 项，与相关部门的职责边界 7 项，并编制了责任清单。参照国家市场准入负面清单目录，梳理编制了全省教育系统市场准入负面清单，其中包括禁止进入类事项 4 项，限制进入类事项 6 项。二是加强三项制度建设。制定了《行政执法公示具体办法》《行政执法全过程记录实施办法》

---

① 参见吴能武：《"管办评"分离改革的"上海经验"》，《人民教育》2016 年第 8 期，第72－74 页。

和《重大行政执法决定法制审核实施细则》等办法，公布《行政执法事项清单》《行政执法人员名单》《随机抽查事项清单》和《重大执法决定法制审核事项清单》等清单制度，出台各类行政执法事项流程图、办事指南、执法文书、重大执法决定法制审核流程图等工作文件，同时落实月报告制度，每月及时将工作进展情况报省法制办。三是创新事中事后监管方式。适应监管工作实际需要，及时对随机抽查事项清单、监管对象名录库和执法检查人员名录库进行了调整，将 19 项监管事项纳入随机抽查事项，将 528 家学校和机构列入监管对象名录库，将 275 人纳入检查人员名录库。严格落实随机抽查工作机制，并按要求对检查结果进行公示，接受社会监督。四是推进"放管服"改革。除出台《关于深化高等教育领域简政放权放管结合优化服务改革的实施意见》外，还推进"放管服"改革不到位问题专项清理，对清理事项进行全面排查整改。五是全面推进政务公开。全面梳理政务服务事项（包括行政权力事项和公共服务事项），编制了政务服务手册，公开了 38 项政务服务事项实施清单和办事指南。①

（三）推进教育分权放权，支持学校自主管理

研究发现，地方政府在简政放权、改善教育治理方面开展了许多新的尝试。仅江苏省被列入 2015 年度《中国教育发展报告》的改革案例，就涉及三个市、县（区）。镇江市教育局以简政放权为基本思路，大力精简各种评估检查，会议少了、考核少了、检查少了、评比少了，使校长能够集中精力关注教学。通过建设现代学校制度，试行"自主管理试点校""副校级干部选聘制"等举措，扩大校长的自主权，使校长的主动性、创造性得以发挥。张家港市淡化考核评比，整治文山会海，一揽子取消了 90% 的教育考核评估项目，将每年一度的全市教育质量综合评估调整为每三年一次，允许办学业绩突出的学校不再参加全市统一评估，鼓励学校走个性化、多样化办学之路。苏州市吴江区汾湖高新区，坚持"政府、社区、学校、家庭"四位一体的教育方针，向成人学校放权，推进社区教育大发展。② 我们的调查显示，除江苏外，其他地区推进教育管办评分离的改革尝试也具有简政放权、强化服务的共同特点，其改革要求和政策取

① 资料来源：《河北省教育厅 2017 年度法治政府建设情况报告》，河北省教育厅网站 ht-tp：//www. hee. gov. cn/col/1405611268996/2018/01/18/1516242303591. html

② 杨东平主编：《教育蓝皮书：中国教育发展报告（2015）》，北京：社会科学文献出版社，2015 年版，第 4 页。

向存在较大的一致性或相似性。

第三节　地方实践的问题研究

本节的"问题研究"，是建立在实证调查基础上的。实证调查是把握现状、发现问题、研究对策的重要手段。通过调查，了解教育管理"执行方"对管办评分离政策的倾向性意见，掌握教育管理"主导方"对管办评分离改革的态度和响应，从而揭示教育管办评分离的现实问题和制约因素，为政府"元治理"的策略应对提供现实依据。

一、现状调查的设计实施

（一）问卷调查设计

本次调查首先采用问卷调查方法。课题组在学习和研读国家有关管办评分离改革政策文件及对地方实践的分析判断基础上，设计了《教育管办评分离改革问题调查问卷》，分为"学校有关人员卷"和"教育行政人员卷"两种。由于政府角色定位既是政府职能的重构，也是管办评职权格局的调整，为此问卷调查集中围绕国家改革政策认同、教育部门权力评价、学校自主办学要求和社会评价实施建议等四个层面的问题进行。

问卷调查主要采用判断抽样的非概率方法，即选取调查者认为代表性较高的样本，运用 SPSS 软件对调查结果进行分析。调查的对象确定为学校管理者和教育行政工作人员。学校管理者的样本来源于各级各类公办学校，包括高等学校、中小学校、职业学校；教育行政工作人员样本来源于省、地（市）、县（区）级教育行政部门相关负责人以及教育督导和教育评估机构等业务人员。考虑到我国教育体制的特点和教育管理的重点，调查样本以地（市）、县（区）教育局及其所属中小学为主。另外，课题组还利用承担国培和省培的教学管理便利对来自安徽、青海、贵州、河南等省中小学的数百名学员进行了问卷调查。这些学员来自不同地区和不同的学校，在学校中的身份和角色不同，年龄、性别、从教年限、工作经历也各不相同，对教育管办评分离涉及的利益调整和关系建构有各自的理解认识，基本能够代表各自层级的声音和态度。

（二）主题访谈的方式

问卷调查可以让研究者简便地采集到一些"大数据"，获取调查对象的问题答案。但问卷调查的方法也有局限性，如果停留于问卷调查的结果，研究结论很有可能出现偏差。基于这个认识，课题组重视采取个别访谈方式，对各级各类学校的校长及其管理人员有重点地进行深度采访和调查，同时又针对教育改革中的"高频"问题向有关教育行政官员以及相关工作人员进行现场咨询，力图通过访谈环节，达到三个目的：一是拓展问卷倾向性意见的具体答案；二是开掘重点关注问题的背景及其深层含义；三是围绕研究中的难点问题和初步思考进行讨论和求证。根据访谈对象的不同，设计了两份访谈提纲，一份用于学校一方的被访者，一份用于政府一方的被访者。谈话内容除问卷调查的范围外，主要侧重于学校办学自主权落实、校长行使职权实际状态、政府教育职能的运行现状、教育行政方式变革进展、社会参与教育评价的路径、政府角色转变的政策供给等。

接受主题访谈的有三类对象：各级各类学校的领导；市、县一级教育局领导；市、县教育局中层干部。调查样本的选取，一是遵循分层抽样的原则，选择了江苏省区域内的相关人员进行走访；二是根据方便性原则，利用课题组成员的人际圈和工作圈，抓住重点地区和重点对象，展开主题访谈。

主题访谈提纲，具体包括如下内容：（1）对现行教育管理体制实施情况的评价；（2）对教育发展和教育改革中政府角色作用的评价；（3）对扩大学校办学自主权的评价和态度；（4）教育分权放权改革和学校内部治理变革的影响要素；（5）教育管办评分离处理各种关系的重点和难点；（6）对推进教育管办评分离的主要建议。

二、问卷调查的统计分析

（一）教育政策认知存在差异，教育管理改革达成共识

历史经验证明，一项改革制度的出台及其推行，应以制度相关者的知晓、接受程度为前提，教育管办评分离改革也是如此。从调查结果来看，对此项改革政策非常了解和比较了解的占68.2%，不太了解和不了解的占31.8%。中央和教育部有关教育管办评分离的政策精神，通过参加会议获知的占62.1%，通过广播电视和各种新媒体了解的占28.8%，通过报纸、杂志和正式文件学习的

占9.1%。调查结果显示，超过半数以上调查对象的政策敏感性较强，但也有近三成的调查对象对管办评分离改革政策不了解或不太理解。另外，据调查，对于教育管办评分离改革的态度，非常赞同的占62.2%，比较赞同的占30.6%，不赞同和不太赞同的仅占5.3%；调查对象中，有1.9%的人认为此项改革与己无关。

调查结果说明，尽管在政策的认同度上存在差异，但教育管办评分离改革方向是正确的，得到了绝大多数人的赞同，具有较好的民意基础，是完全可以推进的。

（二）政府强权越权管理突出，教育改革应聚焦权力利益

接受问卷调查的对象普遍认为，政府对学校管得太宽、过死，不利于教育发展和人才培养。他们完全同意"办学权与管理权分离是改革突破口"的研究判断。具体的调查显示，教育工作者对目前教育管理制度和学校管理模式感到非常满意的占8.3%，感到比较满意的占41.5%，感到一般满意的占38.3%，感到不满意的占11.9%。不难看出，在总体上有将近80%的调查对象对教育管办评分离改革感到满意，但感到非常满意的不足10%，感到不满意的则超过10%。

调查显示，关于影响推进教育管办评分离的最大障碍，在所有调查对象中有48.2%认为是权力问题，有12.4%认为是认识问题，有11.4%认为是责任问题，还有24.4%认为是利益问题。当问及"学校管理上政府和教育行政部门存在的最大不足是什么"时，超过85%的调查对象把矛头指向"威权控制，越权干预"。在回答"当前政府和教育行政部门管了不少不该管、也管不好的事情，限制了学校健康发展"问题时，选择非常同意和比较同意的分别达到36.2%、30.4%，而选择不太同意和不同意者仅为21.6%、11.8%。调查对象在对教育部门权力评价上出现了分歧，接近一半的人将推进的障碍聚焦在"教育行政部门的权力"，还有较多的人认为"利益是重要的制约因素"。

以上结果说明，"权力"和"利益"成为管办评分离改革中必须处理好的重要问题。

（三）政校职权关系不够清晰，学校自主办学缺乏保障

接受调查的对象中，分别有42.1%和51.8%的人认为学校拥有办学自主权"非常有必要"和"有必要"，只有6.1%认为"没有必要"。其中认为"推进政校分开，落实自主办学，对教育发展和提高质量有促进作用"的占84.6%，只有12.5%和2.9%的人认为"促进作用不大""有没有办学自主权都一样"。在办学自主权的治理机制方面，49.4%的人认为应"建立现代学校制度"，24.8%的人认为应"建立政府、学校、社会共同体"，15.1%的人认为有必要"建立学校理事会"，也有10.7%的人认为治理机制对办学自主权影响不大。

调查显示，有83.6%的调查对象对"政府和教育行政部门应该逐渐退出对学校教育教学的直接管理，把办学权和管理权真正还给学校"的观点表示非常赞同和比较赞同，只有16.4%的人持不赞成意见。与此相联系的问题，有25.8%的人同意"当前学校自主发展的能力还欠缺，在相当长的时间内还需要政府和教育行政部门的领导、控制和管理"的观点，但有74.2%的人对这一问题持否定态度。当回答教育部要求全面形成"一校一章程"格局的问题时，42.1%的调查对象认为"在政校不分条件下学校没必要制定章程"，36.7%的人认为"目前学校制定章程的条件尚不成熟"，有21.2%的人认为"学校有没有章程一个样"。

以上数据说明，在教育管办评分离改革中，依法厘清和确定政校之间的管理关系与职权关系、落实和保障学校办学自主权至关重要。广大一线教师以及中小学校长非常渴望教育行政部门放松对学校的管控，让学校拥有更多的办学自主权，希望中央政府和地方政府提供有效的制度保障，让基层学校一心一意办教育，集中精力抓质量。

（四）社会参与评价势在必行，现实呼唤教育评价改革

调查中，围绕"教育评价改革"主要设计了四个问题。在回答"在办学过程中，校长不得不更多地关注政府和教育行政部门对学校的评价"时，调查对象中58.7%的人选择非常同意，23.2%的人选择比较同意，9.2%的人选择不太同意，只有8.9%的人选择不同意。在问到"教育部明确，学校要积极开展自我评价，要发挥教育质量保障主体作用"时，调查对象中有三成的人认为"学校有条件有能力做"，接近一半的人认为"在教育局指导下可以做"，但是有两成的人认为"学校尚不具备条件"，10%左右的人认为"意义不大，困难很多"。在回答"社会参与评价教育"必要性提问时，有52.6%的人认为"非常必要"，有37.3%的人认为"有必要"，只有5.9%的人认为"完全没有必要"，另有4.2%的人认为"可能导致教育质量下降"。在回答"教育部将委托社会专门机构开展教育评估与监测，同时扩大行业协会、专业学会、基金会等各类社会组

织参与教育评价。您认为,这对中小学行得通吗?"的问题时,调查对象中有
52.7%的人选择了"早该如此做",20.8%的人选择了"选择性参与",只有
26.5%的人选择了"条件不成熟"或"根本行不通"。

以上数据显示,实施教育管办评分离改革政策的焦点和难点在于"评"。调
查对象的选项倾向说明,除学校自我评价和政府督导评价外,"社会参与评价教
育"十分必要,委托社会专门机构开展教育评估监测是比较理想的方式。这里
的问卷调查取向,与主题访谈的调查结论基本一致。现实表明,政府要以转变
治理方式为契机,对教育评价制度进行改革,以增强教育评价的科学性、客观
性和有效性。

三、主题访谈的质性梳理

(一) 校长的看法与诉求建议

1. 对政校关系划分和校长行使职权的看法

关于人事自主权:受访的 A 校长认为,近年随着政府不断调整教育管理职
能,与过去相比给校长的办学自主权确实增大了,对教师使用管理上的发言权
更多了,但有些规定真正运行起来还是很难。例如在接受教师和解聘教师方面,
政府的限制太多,现在公办补充师资都是纳入事业单位招考,严格遵循"逢进
必考",但一旦教师跨进学校后就等于终身雇佣,如需解聘一个不合格老师则会
受到来自教育行政部门的干预和社会关系的干扰,校长们感到既头疼又无奈。

关于财务自主权:受访的 A 校长还认为,在政府与学校财政权分割上,学
校所拥有的权力太小,下拨的经费主要用于发工资,其他经费统统纳入"收支
两条线"管理,收入须上交,用钱打报告,校长们被有限的经费使用权束缚了
手脚。另外,学校各个具体管理环节中的自主权也相当小,比如校园基建、仪
器配备、设备更新等方面的支出,均由上级掌控处置和统一管理,学校办学和
发展涉及的几乎所有花钱项目都得向教育局申报和审批,即使是立项项目和获
批的项目,在款项的使用上条条杠杠也太多,每个环节都必须上报批准。于是,
受访的 B 校长在大叹苦经后说,现在学校极有限的财权好似"鸡肋",时常感到
很无奈,其实假如学校不要这个权力,校长们会更省事、更舒坦。

关于教育教学自主权:许多受访校长均谈到,目前教育行政部门不按照教
育规律办事,对学校教育教学的日常事务实行统一要求和简单化方式。特别在
基础教育推崇"整齐划一、步调一致"的行政方式,有的地区还明文规定,各

校必须统一集中备课，在教学方法、教学进度、教学要求上实行"三同步"。这样一来，学校那些本该具有创造性的教育教学活动变成了"机械操作"。此举严重违背了教育教学的客观规律，增加了教师的工作负担。为此，C校长不客气地指出，连教育教学活动都要越权包办，学校不能自主，校长有劲使不上，那还要我们这些校长干什么？学校的办学主动性和校长的工作积极性从何而来？

2. 对落实办学自主权的诉求

关于政校关系"两对矛盾"问题：受访的A校长认为，取消学校和校长的行政级别，有利于校长摆脱一些无意义的行政事务，使校长集中精力谋划办学和发展，但这项改革应循序渐进地推进，因为行政化在现有行政管理体系中也有其优势，所以改革要有决心和目标，但也要注意策略和方法。现在政府部门存在着主办者、管理者、评价者的多重身份。校长管理学校更多是依靠行政管理者身份，而不是根据教育专业特点领导或引导学校。C校长分析指出，我国现行教育法律法规中关于政府和学校管理关系的规定有简单和模糊之处，教育行政部门事先具备了对学校人、财、物等各方面的管理权，同时规定学校又是独立的法人单位，有其法律规定的职责义务和办学自主权，现实中形成了教育行政和学校管理之间既限制又依赖、既服从又自主的"两对矛盾关系"。解决问题的根本在于政府向学校下放有关人、财、物方面的决定权和管理权，让校长能够依法、自主、自律地按照自己的教育理念进行办学和改革。

关于办学自主权落地问题：受访的多位校长认为，国家推出的有关教育分权放权改革政策必须在学校层面落地，能不能给学校松绑放权，激发学校和校长的办学积极性，是推进教育管办评分离改革的重点。B校长指出，在简政放权问题上，中央政府和教育主管部门确实表现出分权放权的决心和诚意，但到下一级政府和基层领域，"学校的权力越来越小"的状况没有多少改变，在有些学校目前已经没有什么权力可言。B校长呼吁，国家应尽快完善保障学校自主办学权的法律法规，用法律法规来统筹和约束过度的教育行政权力。从学校办学和管理的实际情况来看，除教育部门坚决下放有关权力外，教育系统以外的一些行政部门也要把"下放权力"摆上议事日程，把制约学校自主办学的相关权力下放给学校。

3. 对管办评分离中政府角色的有关建议

关于政府教育职能改革问题：受访的D校长认为，政府的职能转变不够，不是"管得太多"，就是"放得不足"，致使学校缺乏自主权，至今仍严重依附于政府和教育主管部门，所以，教育领域缺乏办学活力和内在创新动力成为普遍突出的问题。教育主管部门的官本位和行政化倾向比较严重，文山会海是主要行政方式，各种各样的检查评估就是减不下来，对基层学校的行政干预还是过多，这种状况自然会影响校长的积极性和工作热情。在管办评分离改革过程中，只有政府转变职能，划定自己"该干什么"和"不干什么"，真正做到简政放权，放心让校长独立自主依法管理学校，才能激发学校的教育潜能和改革动力，取得高水平的教育教学成绩和人才培养成果，办好人民满意的高质量教育。受访的E校长也发出呼吁，各级政府转变教育职能决不能停留在口头和文件上，政府应依法行政、严格自律、主动放权，教育主管部门一定要减少对学校的直接干预和微观管理，建议政府及其教育主管部门敢于"革自己的命"，对照国家的法令政策和相关规定来一次实实在在的自查自纠，在教育系统内部开展敢于"动真碰硬"的专项督查，给教育行政带上"紧箍咒"，只有这样才能使分权放权改革和管办评分离治理取得实效。

关于政府教育管理方式问题：受访的F校长认为，到目前为止，教育领域"大统一"和"集权制"的行政管理模式并没有得到彻底改变，政府主管部门仍统管着教育的管、办、评，所有权与行政权这两种不同性质的权力似乎还在混淆，对学校的管理权没有明显放松。而且，由于教育主管部门对学校管得过多过细，政府应该管的事情也没能很好地管起来，致使现在的学校依然是教育主管部门的附属物，学校缺乏办学的积极性与创新性，等、靠、要的被动心态肯定是存在的。在这方面，A校长持有相同的观点，他认为重构教育管理模式，政府依法分权放权是前提，但推进管办评分离不是为分离而分离，而是要通过改革，更好地服务于学生、教师以及学校发展，促进区域教育的可持续和高质量发展。

关于构建管办评互动机制问题：受访的G校长认为，管办评分离后，"管在关键，办在特色，评在公正"是一条原则。对于政府来说，重点在于承担掌舵、保障、服务、法治的职能。但是，保障应通过有效监管来实现，要最大限度地保障学生、教职工和学校的合法权益；服务是个综合概念，体现在整合社会、家庭、学校等各种教育资源，充分挖掘有助于学生成长和教育发展的生态资源；法治主要强调的是依法自主办学和依法管理学校，学校合法从事教育教学活动和开展教育教学改革工作。B校长认为，学校办学的第一要务没有别的，就是完善以学生发展为中心的学校内部管理结构和治理结构，其过程并不复杂。只要通过制定学校章程，真正赋实权给学校和校长，让每个学校切实拥有人、财、物的处置自主以及教学安排、课程建设的自主，让每个教师切实拥有教育教学创新的自主，让每个学生切实拥有学习思考和实践创造的自主。E校长认为，社会参与教育评价势在必行，社会评价的实施主体可以委托社会的各种专业性组织机构，但实施中的困难，教育主管部门应有清晰的认识和足够的估计。因为时下有专业素养、足以信赖、适宜为教育和学校提供有效诊断的社会组织较少，急需政府去培育、鼓励和支持。在社会参与教育评价方面，我们最担心的是政府的决心和行动，如果违背改革初衷去搞"形式大于内容"或"轰轰烈烈走过场"的一套，那教育管办评分离改革便走进了死胡同，以此推测"促进教育事业发展"只能是一句空话。

（二）教育行政官员的观点与改革见解

1. 对政府职能运行和行政方式变革的判断

关于政府教育职能问题：受访的教育行政官员有一个共识，认为我国教育管理体制改革发展到今天，面临的重要任务是推进教育管办评分离。这项改革的核心在于彻底改变教育领域高度行政集权、政府包揽过多的体制机制弊端。具体而言就是通过教育分权和简政放权，改变"政府包办一切""行政统揽办学"造成的官本位和行政化，调动学校办学积极性，扩大社会教育资源，满足人民群众对多样化教育的需求。近年来，各地因地制宜地开展了一些教育改革，有助于激发教育活力，但教育管理体制相对滞后的局面没有明显改变，为此政府应增强责任担当，进一步转变教育职能，严防政府履职不到位。长期以来，政府角色模糊，管理上时有错位越位发生，但板子不应全打在政府身上，我国威权管理无处不在，如果国家治理方式不转变到位，依法治教和依法治校工作不深入推进，要改变政府官本位和行政化的管理传统就比较困难。

关于政府行政运行问题：受访的一些官员认为，现在学校和社会对政府干预学校过多颇有意见，其实目前教育法律法规的操作性较差也是导致"强权管制"的一个重要原因。某区教育局A局长举例指出，在学校所拥有的经费自主使用权上，政府奉行的原则是不干预和不挪用，在这一点上政府与学校的认识有很大分歧。在法律法规中找不到具体的、合适的条文的情况下，利用"行政权力的约束力量"来管理教育、治理学校就显得比较重要，这是教育领域常见使用行政手段的主要原因，也是因政府与学校职权关系不清，妨碍学校具体办学，校长很难有完全自主权，致使目前学校很难有办学特色的重要根源。为此，

A 局长主张：有效的管理应该是符合实际的管理，在教育管理上不能完全抛开"人治式"的行政手段。他继而认为，从政治发展的现代化趋势来看，法治更符合现代社会的需要，但"人治"不能代表"法治"，教育行政人员应重视加强学法、执法与普法，不断提高依法管理的能力。

2. 对政校职权关系调整的见解

关于学校办学权限大小问题：受访的某县教育局 B 局长谈到，如果从历史发展的眼光看，近年来学校办学自主权的不断增加是不争的事实。他进一步分析说，权力的"大"与"小"，既是相对的也是发展的，没有任何人对权力画出准确的边界，关键是看我们采取什么样的标准来定义、衡量和使用权力。如果与改革开放初期比，现在学校的办学自主权相当大，特别在人事师资、校内财务、教育教学事务的处理等方面校长有相当大的发言权、建议权和处置权；但与现代教育治理的原则和要求相比，客观地讲目前政府给予学校的权力还是比较有限的，这意味着通过管办评分离改革，学校可以获得更多的办学自主权。受访的某市教育局 C 处长认为，对于学校职权来讲，不同的校长有不同的理解和使用，有一部分校长对职权认识到位、把握准确、用权得当，办学过程感到权力不够用，而对另外一些校长则存在相反情形，他们一方面抱怨自己在办学上没有多少权力，另一方面因自身领导水平和办学能力偏低，行政部门赋予的权力"不会用"或"用不好"。这与其说政府没给校长权力，不如说有一部分校长不能胜任工作。

关于校长办学意识和能力问题：受访对象中有个别官员对校长的办学意识提出质疑，有的官员还对学校的自主办学能力提出怀疑。一位在某县教育局任职 20 年的 D 局长认为，我国教育管理改革的趋向是"以学校发展为本"，其核心要求是确立政府依法管理学校、学校依法自主办学的理念。但学校真正取得独立法人地位、实行学校自主办学，除了教育宏观体制的影响和法律法规保障外，还取决于学校自身的条件和环境，特别是校长是否具备自主办学和主动发展的意识和能力。由于受传统思维、行政习惯的影响，有时校长拥有了自主办学权而不能用好这个权力，从而导致"政府不能不管"的局面。另一位与上述资深局长有着相同经历的 E 局长在受访中直截了当地说：目前教育行政部门对学校管制过多过细可能挫伤了部分校长积极性，但现实情况是，一些校长根本不具备专业校长素质，对于何为现代学校制度和何为教育公共治理知之甚少，校长身上存在的问题，既影响教育管办评分离进程，也难以避免出现政府对学校管理的无边界。

关于政府向学校放权问题：受访官员表达的一个共同观点是，政府在放权中存在着两难，一方面是国家政策要求必须放权，另一方面确实有部分校长专业素质偏低而影响政府放权力度。对此，某区教育局 A 局长结合事业单位法人治理结构运行的要求提出了建议：一是要围绕国家中小学校长的专业标准，创设教育家办学环境，提高校长的办学能力，使之适应管理权限不断下放的教育改革发展需要；二是完善学校内部治理结构，探索形成"去行政化"与"立专业化"的中小学干部管理制度；三是进一步完善校长选拔任用制度，推进公开招聘、竞争上岗，实行校长任期目标责任制，试行校长任期考核的第三方评价；四是明确界定学校在教育发展中应尽的责任和义务，在教育行政部门主导和指导下建立办学自主权的运行机制和监督机制。

3. 对教育管理体制改革的见解

关于学校"去行政化"问题：受访的某县教育局 E 局长比较赞同推动政校之间理顺关系和去行政化，主张建立适应中小学校长专业发展的管理制度。他认为，学校去行政化的精髓不只是取消行政级别和克服"官本位"意识，更是在政府简政放权，创新管理方式，激发学校参与教育改革的积极性。某县教育局 F 科长谈到，现在的校长选拔方式较为单一，仍以任命制为主要方式，这种方式的弊端明显。一方面，选拔校长的过程成了一般行政干部交流的过程，很不利于校长职业的专门化；另一方面，学校的人权与事权相脱离，教育行政部门业务科室与一些中小学在行政级别上出现"倒挂"现象，加大了教育行政和业务部门对学校进行有效管理的难度。因此，推进学校去行政化改革，应该明确列入教育管办评分离的改革举措。

关于教师"编制制度改革"问题：受访的某区教育局 A 局长重点介绍了对教师编制改革的一些看法，认为中小学的教师编制对教师而言是一份保障，对用人单位而言是一道筛选程序，学校将这个杠杆用好了，对提高办学质量和促进教师进步皆有利，从这个意义上说，用"铁饭碗"来吸引更多更优秀的人才，在过去、现在和未来都是行之有效的。必须看到，教师编制并不是教育行业存续发展的"必需品"，尽管国家对中小学教师编制标准进行了三次改革，但这些年因教师"铁饭碗"带来的负面影响在增多，部分编制问题已成为制约学校办学和地方教育发展的顽症。有受访者呼吁政府应推进包括"取消编制""职称评聘分开"在内的教师管理制度改革，以激活学校办学活力，促进教育质量公平，缩小城乡教育质量的差距。

关于深入推进教育分权放权改革问题：受访的某市教育局 G 局长指出，国家教育管理体制缺陷比较明显，不能满足学校特色发展的需要，也不能满足教师自身专业发展的需要，更不可能满足学生个性化发展的需要。以现有的政府教育职能去承担学校发展的具体任务，这种模式已经很难适应教育发展的需求。因此，政府对学校的管理体制必须改革。要高度重视教育的分权放权问题，切实转变思想观念，理顺关系，彻底打破"政事不分"和"管办不分"的格局，促进政府教育职能由"以办为主"向"以管为主"的转变，由"直接管理"向"间接管理"的转变。

关于社会参与教育评价问题：受访的某县教育局 E 局长认为，应完整准确地理解教育管办评分离改革。管办评是一个有机整体，管是基础，办是核心，评是导向。教育评估必须从行政主导转向社会主导。但目前教育评估方式方法明显滞后，受到教育系统内外人士的诟病，也成为推进管办评分离改革的最大障碍。教育管理的传统体制，居于中心地位的是政府，发挥主导作用的是政府，教育评估模式也必然是行政集权模式的。为此，我国教育评估模式亟待实行转型，政府直接参与评估的做法已经不符合新的体制要求。要按照政事分开的原则，抛弃行政思维的评估模式，建立第三方评估机制，将"评"的任务交给社会中介组织去完成。但是，社会中介组织担当评价职责，应树立"评估即服务"的理念，帮助参评学校找出存在的问题，提出整改意见，落实"以评促建"，助推学校的高质量发展。

4. 对政府角色职能转变的建议

受访的某市教育局 F 局长认为，推行管办评分离改革，必须打破"三位一体"的教育管理模式，构建管办分离、评价独立、主体协同的教育管办评分离运行机制。他解释说，在教育管理体系中，学校理应成为办学的主体与核心，国家法律法规和教育行政制度应保障学校的各项办学权和管理权。推进教育管办评分离，主要目标是确立政府、学校和社会的权责关系，当前急需做的工作就是落实学校办学的主体地位，而这一点学校是无能为力的，必须由政府来主导和推动。

对于政府如何主导教育管办评分离，受访的某区教育局 G 局长认为，政府首先要做的是倡导和推进教育家办学。当然，我们所说的教育家不是学科意义上的教育家，而是指那些心系教育事业、擅长学科教学、熟悉学校管理、适应教育环境、校内外认可度高的人。教育家办学不只是一个口号，而是社会发展的必然要求，其核心价值在于尊重教育教学的基本规律，用专业性知识去管理学校、发展教育、培养人才。因此，要改革中小学校长的人事管理模式，不能照搬、照套行政干部任用办法和管理制度。

前面提到的 D 局长认为，完善现代学校制度，应提升自主办学能力，进一步优化学校内部治理。学校治理是门很大的学问，但加强制度建设是基础，要将学校章程建设放在突出的位置，不断完善学校科学民主决策机制和校务公开等制度，加速推进学校民主管理的制度化。学校章程建设应立足国情校情，决不可走形式，停留在字面，应落在办学实践。坚持依法治教和依法治校，是政策性和实践性均很强的学校制度建设工程，要有条不紊地推进。政府要积极鼓励学校依法治校和依章程管理学校，依法保障教职员工对学校重要事务的民主监督，同时引导学生、家长、社会以及有关专业人士参与学校管理，使学校教育的内部治理尽快走上科学化、规范化道路。

四、总体判断与问题讨论

（一）管办评分离的政府困局

根据对部分地区的调研分析，我们将政府角色定位存在的问题归纳为四种类型。

1. 政府全能："管得太宽"

由于长期实行高度集中的计划经济体制，我国政府高度集权、人员膨胀和机构臃肿的行政弊端就难以避免，由此也影响了国家教育事业的发展。政府往往以"全能者"的身份出现，过高估计自己的权力对教育领域各种事务的干预能力，任意扩大政府权力的行使边界，"管制"范围无所不包，无隙不入，管了许多"不该管""管不好"和"管不了"的事。传统教育体制下，长期以来政府对待教育和管理学校一直是运动员和裁判员一肩挑，在保证教育方针、办学方向和育人原则外，还要履行计划、指挥、包办、代办、控制、监督、评估等一整套职能。"政府全能"的管理模式，其最主要的特征便是权力的高度集中。政府的角色是多重的。这种集学校的举办者、管理者、监督者于一身的"三合一"政府角色所造成的直接后果必然是政府对教育资源的垄断，使政府在事关学校办学的所有方面都拥有绝对的决策权与管理权。如公办学校既是政府所办，也是政府所管，又是政府所评，政校不分、职责不清，上到教育部，下到地市、县区教育局，其行政首长俨然就是"大校长"，政府包揽学校事务，学校被动执行行政指令，致使政府教育公共服务的质量不高，学校对政府服务的满意度难以提高。

2. 政府威权："管得太死"

当前的教育领域，行政权力及资源高度集中于政府及其主管部门，同时学校对政府的依赖性过高，办学自主权严重缺失。由于政府公共权力的强势和僵化，不乏存在教育管理效果差、形式主义和经验主义盛行等突出问题。正因为政府管得太死，一些基层学校改革意识和动力明显不足，也缺乏利用先进管理手段和方式实现治理创新的能力，使许多好的教育政策和改革措施难以贯彻到位。一是政府行政手段大于法律手段，教育管理方式比较陈旧僵化，依法治校不足。按照我国教育法律法规规定，政府与学校的法律地位存在较大失衡，对学校的权利表述语焉不详，没有清晰界定，对政府的权力只是笼统规定，缺乏明确的限定，使政府与学校在不对称关系中政府依法处于绝对的主导地位，而基层学校则处于政府的绝对控制之下，被动地执行指令和接受管理。二是政府经济手段存在较大局限，财政拨款方式过于单一、款项信息缺乏公开、财政评价制度缺失。加上社会力量支持学校办学的大环境尚未形成，学校依然紧紧依赖于单一渠道的财政拨款，因此到目前为止，财政拨款机制依然是政府威权掌控学校办学命脉的最有效的手段。

3. 政府错位："管得太难"

政治学和行政学的原理告诉我们，政府的核心职能是政策制定而非政策执行，但目前政府将过多的精力投入到具体的执行之中，成为我国行政管理的一个通病。在执行过程中，由于权责边界不清晰，政府职能机构冗杂，由此而引发的推诿扯皮、政出多门，或者职能交叉、重叠和冲突的问题时有发生。政府有效履行教育职能是提高政府管理学校水平的关键，然而本该由政府发挥作用的领域由于相互推诿、不负责任等原因没有实现有效治理，而不该由政府干预的领域，政府却替其他组织或公民个人包办。这种职能上的错位，其实是教育管理中的大忌，政府职能一旦错位就很难为学校提供有效的公共教育服务和公共教育产品，还增加了政府管理学校的难度，最终造成了教育治理的高成本和低效率。

4. 政府失范："管得太累"

政府也有不按规矩办事的时候，被称为"职能失范"。在我国教育领域，政府失范的突出表现就是政事不分、管办一体、管评合一，政府的职能超越教育管理规律，教育举办者凌驾于学校管理者之上，政府官员行使强势行政手段，同时借助学校的政府依赖心理，使所属学校普遍缺乏办学自主性、主动性和创造性。从招生自主权来看，学校招多少人、分数线划多少都由教育主管部门确定，学校按照自己意愿招收学生的权力有限。从课程设置权来看，学校每周授课时间、选用何种教材、开设哪些课程全由上级教育主管部门确定，学校只能被动执行，缺少办学的个性特色。从教育管理的规律和现实看，政府的职能失范，除了不招学校待见、令管理对象心烦外，其实也是使政府官员感到身心皆"累"的重要体制根源。

（二）推进改革的现实难题

1. 教育行政职能转变缓慢，改革思维尚未形成习惯

有学者认为，在教育行政职能转变中，政府存在的问题主要是"部门职能交叉，多头管理，权责不清"；"没有依据学校特色提供指导咨询"；"对本区教育重大改革的调研不足"；"教育政策目标定位中市场化倾向强"；"社会公众参与少，评价主体单一"；"监督和检查过多"。① 这些问题，一方面表明，政府的核心教育职能被弱化，在服务、政策、法治、规划、评价和督导等职能范畴中，各项职能关系不均衡，核心职能和非核心职能无法有效协同发展，特别是核心的服务指导职能发挥不足。同时，政府在教育职能上越位和缺位问题并存，这大多是部门权责不均导致职能边界模糊的结果。另一方面表明，政府作为强势群体的利益代表者，总是习惯于为学校当家做主，直接导致政府作为宏观管理者的越位、错位和缺位。我们的调查也显示：目前政府的职能方式单一，常常忙于应付学校事务；多以行政指令和行政检查为主，很少有人真正沉下心去思考教育本质、教育规律、教育方向、教育质量、教育公平以及学校办学是否遵循了教育发展的规律和学生身心的成长规律等问题；对教育的规划和法律法规等制度层面的督政处于缺位状态；仍有八成左右的中小学校长不同程度地认为政府做了不该管、管不了、管不好的事情。

2. 教育公共服务意识淡薄，简政放权制度供给不足

教育管办评分离中政府的分权放权是必不可少的，而如何由政府主导统筹

---

① 苏君阳、尤莉：《地方教育行政职能转变中的问题与启示》，《现代教育管理》2011 年第 9 期，第 46 - 48 页。

分权放权则是普遍面临的难点问题。管办评分离要求政府和教育行政主管部门进行自我削权和自我约束，按照服务型政府的要求管理学校，同时引导社会力量广泛参与对教育和学校的评价监测。相对于传统的教育体制和官僚科层制，教育分权放权是一种全新的范式，可分为"横向分权"和"纵向放权"。仅以基础教育领域的简政放权为例，长期以来政府全权掌握学校的人事权、财务权和各种资源调配权，学校基本没有自主权，校长很多时候"有职无权"。近几年尽管教育体制深化改革使学校有了一定的自主空间，但由于"全能型政府"的意识根深蒂固，政府依然扮演"划桨"角色，严格控制着学校大小事务，有的通过各种显性或隐性的方式将学校人、财、物的权力牢牢掌握在手中，事关学校教育教学和改革发展的重要事项还是由教育行政部门说了算。

3. 教育监管缺乏双重保障，学校自主管理无章可循

政府对教育的行政管理应该是宏观调控，重在把方向、定政策、解难题，不应该也不可能对学校的什么事都亲力亲为。其实，政府对学校少管和精管的要求，现实中比较容易达成共识，也可以通过研制政府职责的正面清单来加以落实，但是政府管理学校如何才算"管好"，则是一个很难把握和处理的问题。教育管办评分离中，"管好"属于深层次的问题，是改革政府的"管"不可回避的重要问题。放权与监管应是双胞胎，如果只有"放权"的行政行动，没有"监管"的配套制度，管办评分离只能是一句空话；如果缺乏政策层面上的保障制度和技术层面上的操作制度的双重保障，政府的"简政放权"改革很可能会中途夭折。目前，各级地方政府在"管好"方面尚未建立起完整而系统的支持制度，不仅缺乏政策层面上的保障制度，更缺乏技术层面上的运作办法，使得政府对学校自主管理的鼓励和引导不足，具体操作环节上无制度和章法可循，管办评分离改革进展缓慢。

4. 政府职能边界模糊不清，社会参与评价步履艰难

在前文的问卷分析和访谈梳理中，我们已用具体事实揭示了政府职能失范原因。这里再引用一份统计数据来说明政府职能边界模糊问题。2015年中国长三角校长高峰论坛曾公布一组面向上海、江苏、浙江、安徽4省市200多位中小学校长的问卷调查结果。66.7%的校长认为，落实学校办学主体地位、激发学校办学活力，最重要的障碍是政府管理教育越位、缺位、错位；82.4%的校长认为，落实学校依法自主办学，学校最需要的自主权是人事管理自主权；98.2%的校长认为，应该根据评估的内容和性质来确定是否由第三方专业机构

进行评估，不能采用行政命令的方式"一刀切"。该论坛还聚焦"校长视野下的管办评分离"专题与来自长三角的 300 余位中小学校长展开直接对话，达成了"用清单划定政府管理边界"，"学校需要真正的办学自主权"，"引入科学、公正的第三方评价"等共识。校长们的共同心声是，政府对教育的管理一定要放权、让权、改权；学校要坚持依法办学、自主管理、民主监督和社会参与；第三方评价也要在法治的约束下进行，有资质、有标准、有信誉。①

5. 政府评价机构改造不力，社会中介组织发展缓慢

目前我国"社会参与教育评价"的中介组织等尚处于发展阶段。从理论上讲，社会评价组织在教育领域可以有两个来源，一是对附属于政府部门的评估机构（即官方中介组织）加以改造，赋予这些机构以督政和督学的职能；二是大力培育社会中介组织，包括社会团体和民办非企业组织，凭借其专业权威对学校教育教学活动的效果和人才培养质量进行评价，让这些组织独立履行评估检测的职能。而目前的状况是，在教育评价上政府评价机构依然"挑大梁"，教育评价主体单一，政府评价机构改造缺乏动力，社会评价组织发展迟缓，能够独立担当教育评估责任的社会中介组织依然缺乏。其中的重要原因是，官方中介组织往往得到政府的资助和扶植，长期附属于政府的地位和"吃皇粮"的待遇使他们缺乏进行自我改造的动能。相应地，社会中介组织的发展又取决于政府让渡的自由空间，其独立性和自主权一般由政府掌握。由于政府的权责不明晰导致社会中介组织的独立性和自主权缺损，这无疑成为社会中介组织健康发展面临的制度障碍。

6. 地方改革措施不够配套，政校关系依然难以协调

这里仅以江苏省 W 市的改革实践为例。据笔者的调查分析，该市教育管办评分离尽管改革起步早、试点成果多、业内影响大，但继续深化改革还需要面对和解决如下几个问题：第一，在新近建构起来的教育治理格局中，职权分割不够清晰，"学校管理中心"和办学实体之间的利益关系缺乏科学的界定和划分，有些事务看上去界定清楚了，但实质上，由于情况复杂，界定并不清晰，或者也难以划分，那些矛盾比较尖锐的地方依然是职权分割问题；第二，市教育主管部门和"教育管理中心"的职能与理念有待进一步转变，在行政隶属关

---

① 参见姜新杰：《校长视角下的管办评分离 直击 2015 年中国长三角校长高峰论坛》，《上海教育》2015 年第 30 期，第 22 - 27 页。

系和事务处理方面仍存在诸多不协调，"中心"属于局级事业单位，与市教育局平级，两者关系的处理是个难点，一些职能既然已经转给了"中心"，教育局就不应该继续承担这些职能，但事实上，"中心"与教育局是从同一个机关分出去的，工作思路、工作模式、工作方法系出同门，各方面的工作很难完全分开、彻底分清，由于惯性作用，"中心"与教育局难免会在工作上产生一些矛盾；第三，"管办分离"无疑为推进政府职能转变提供了有益的经验，但由于仅是市级层面上的改革，省级和县（区）上下对应的部门都没有作相应改革，"中心"的工作范围又仅局限于市属学校，这种体制使"中心"面临上下难于沟通、左右难以协调的局面；第四，要从根本上解决"管""办""评"之间可能出现的问题和矛盾，急需继续理顺政府、学校和社会三者的关系，进一步调整细化政府和教育主管部门的职能配置，不断健全教育管办评既分离又协同的多元联动机制，实现真正意义上的权与利的彻底剥离和政府职能的回归，把更多的精力用在宏观调控和公共服务上。

第五章

政府角色新格局：省级统筹

"省级政府统筹教育综合改革"已成为国家的顶层设计。省级政府对教育均衡发展和教育体制改革均具有"统筹权"，在管办评分离中发挥主导和统筹职能，这就为省级政府在教育管办评分离上明确了职能和方向。本章试图从教育治理视角，对教育管办评分离政府角色新格局的形成机理进行分析研究，并围绕"省级统筹"和"省域问题"，对省级政府的应对策略展开深入讨论。

第一节 教育改革中的"省级统筹"

省（自治区、直辖市）是地方行政建制的最高层级，在国家经济社会发展中属于相对独立的规划单位，因此省级政府在本区域内无疑具有较大的行政调控能力。我国教育改革经验表明，国家的一些重大教育改革任务，中央政府无不是交由省级政府负责统领省域内的改革事宜，省级政府在教育体制改革中的主导作用和统筹责任从没缺席过。"扩大省级政府教育统筹权"是理顺中央和地方政府事权关系的集中体现，也是推进省级及以下市、县（区）实现教育管办评分离的制度保证。省级政府一方面应落实和扩大教育统筹权，确保义务教育均衡发展，按照各类教育的属性和服务对象统筹处理基础教育、职业教育、终身教育甚至高等教育的关系，另一方面根据教育强国战略和教育发展规律统筹推进教育治理改革，特别需要在教育管办评分离中精心布局、明确目标、谋划策略，承担和落实好应有的统筹责任。

一、"省级统筹"的治理价值

（一）加强省级政府教育统筹是中央政府的决策部署

中央提出"扩大省级政府教育统筹权"，是立足国家教育事业发展全局和我国教育发展阶段性特征做出的重要决策。它包含两层意思：一是中央政府必须进一步向下一级政府放权；二是通过加强省级政府的统筹权解决教育领域"管理重心太低"的问题。① 在国家教育行政序列中，省一级的统筹是介于中央政府和办学主体之间的行政层级，依靠这一管理层级，能够解决教育行政"大一统"所带来的区域差异以及地方差异衍生出来的多样性问题和复杂性问题，在省级政府统筹下对于省域教育资源的整合调配能够更加贴近教育需要和公众需求。2014 年 7 月 8 日以国家教育体制改革领导小组办公室名义印发的《关于进一步扩大省级政府教育统筹权的意见》强调，那些由省级政府管理起来更方便、更有效的教育事项，应一律下放到省级政府，省级政府应担负有关方面的教育统筹职责。假如从教育改革发展和教育治理转型的角度来解读该文件，可以清晰找到国家对加强省级政府教育统筹的思路和要求，即省级政府应在中央政府领导下，坚持全面贯彻党的教育方针和国家的教育政策，根据省域教育实际和经济社会发展需求，自主确定本省教育发展的目标、规划、重点和措施，统筹推进省域教育现代化，统筹推进教育领域的综合改革，有力促进各级各类教育的协调发展。这是国家首次以文件形式对扩大省级政府教育统筹权做出的全面部署。而后教育部发布的《教育管办评分离意见》，明确要求将适合省级政府管理的有关教育事项，均下放至省级政府管理，同时提出要尊重基层的首创精神，鼓励地方政府和不同区域的制度创新，在教育治理和教育发展方面进行差别化探索，自上而下与自下而上相结合，积累教育管办评分离改革的有益经验。

（二）加强省级政府统筹管理是教育治理的制度设计

"扩大省级政府教育统筹权"是国家加强省级政府教育统筹作为教育管理体制改革的重要内容，也是我国国民经济和社会发展特别是教育事业发展到新阶段的客观要求。党的十九大明确指出，教育是民族振兴、社会进步的基石，也是最重要的民生工程，中央和地方各级政府在发展和管理教育上拥有共同责任。

---

① 易鑫、俞水：《解读：深入推进学校教育管办评分离的现实路径》，《中国教育报》，2013－12－9，第 2 版。

目前我国堪称"教育超级大国"，50多万各级各类的学校和3亿学生共同构成了国家无比庞大的教育体系。自新中国成立以来，在教育管理体制上，中央政府的主要职责是加强对全国教育事业的全面领导、宏观管理，其中包括制定带有全局性和指导性的教育发展战略、法律法规、政策措施以及施教育人的基本标准；而教育发展目标、教育方针和教育政策的实施、教育工作事务性管理等方面的职责，则主要由省及省以下各级政府具体承担。我国教育管理体制之所以如此规定，是由中央政府与省级政府的特殊关系决定的。首先，省是我国地方行政的最高层次，省级政府具有较强的经济实力、资源调配能力和管理能力；其次，国家财政制度主要实行中央和地方的"分灶"形式，同时辅以中央政府对省级政府的财政转移支付；第三，省域内教育体系又相对完整，省级政府可以自主规划发展教育事业。但是，省一级的劣势也是显而易见的，主要在于省域内市、县之间的经济发展和财政收入差异较大，很难形成经济上自给自足、结构上适应发展的教育体系。因此，在中央政府的宏观管理下加强省级政府的教育统筹，成为目前教育管理体制的最佳制度设计。

（三）加强省级政府统筹管理是教育高质量发展的重要保障

《国家教育规划纲要》对省级政府在统筹教育综合改革方面强调了六个要求，力图以此为抓手来推进国家教育治理的转型。之后，各省（市、区）陆续贯彻该文件，提出了一系列加强省级政府教育统筹的改革措施。尽管各省、各地实施纲要的内容和力度有所不同，但推进改革的行动特征则是大同小异的。第一，高起点规划、"一盘棋"实施，用"建设教育强省"战略目标引领教育事业发展。例如经济和教育均较发达的江苏省，提出了建设教育强省和实现教育现代化的目标，利用各种条件和优势推进建设人力资源强省，努力为率先全面建成小康社会、率先基本实现现代化提供坚强的人才支撑。第二，统筹各种资源，做好各类教育的统筹发展。以上海为例，该市确定未来十年义务教育完成率必须达到99%，推进实现普通教育和职业教育有机渗透，同时高等教育的普及水平和质量进一步提高。第三，着力体制机制创新，加大教育有效投入。比如教育改革开放程度较高的广东省，提出要不断加大对教育的财政投入，通过立法和机制保障教育公共财政投入的稳定增长。第四，重视统筹解决教育热点难点问题。最典型的是云南省，围绕素质教育、义务教育均衡发展、职业教育办学模式、现代远程教育、创新人才培养、考试招生制度、现代大学制度、办学体制、高中教育优质特色多样发展、地方教育投入保障机制、城乡教育统筹发展等十多个方面开展改革试点，其改革力度前所未有，对该省未来教育发展将会有深远影响。

二、"省级统筹"的政策内涵

（一）"省级统筹"的概念阐释

"省级统筹"是行政管理常用的术语，但这里的"省级统筹"则是"省级政府统筹教育管办评分离改革"的简略说法。从现代语义上，所谓"统"，原指"统领"或"统管"，引申开来的理解就是"统一管理"和"综合管理"；所谓"筹"，原义是指"筹划、计策和办法"，引申的意思可以包括"定计划、想办法、筹资金"。由此可知，"统筹"的核心词义即"统一筹划"，[①] 在具体的意义上既带有统一谋划、综合协调、通盘考虑与总体安排的意思，又带有合理配置有关资源以获取最优绩效的意思。在管理学上，"统筹"往往表现为一种行政权力即"统筹权"，这种权力的作用在于在管理过程中协调管理因素的关系，以取得管理的最优绩效。这时的"统筹权"是与"决策权"紧密联系的一项管理过程，它们共同构成了管理过程的两个重要方面。有学者认为，管理中决策的目标主要通过统筹实现，而统筹的过程也可以看作是一个决策过程。[②] 不过，统筹权与决策权并非是等同的概念，两者存在着明显的区别。一般来说，统筹的对象更多是在管理主体的"行政管辖之外"，而决策的对象则基本是在管理主体的"管辖范围之内"。

管理学中的系统论，为我们提供了解读教育治理改革中"省级统筹"的最佳角度。系统管理理论把管理组织视作一个开放的系统，以此为出发点来考察组织结构及管理基本职能。学者们认为，对于一个管理系统，统筹的作用不但要"统一协调"组成该系统的各个要素和各组成部分，而且要"统一协调"各子系统之间的相互关系及其动态运行，统筹的目的就是管理系统进入"功能耦合"状态，使系统的整体效益达到最优。[③] 这一过程的基本情形大体包含三个特征：一是统筹必须对系统内的各个要素及其子系统具有控制权；二是统筹必

---

① 商务印书馆：《现代汉语词典（1996 年修订本）》，第 1267 页。

② 葛锁网：《改革高等教育管理体制 加强省级政府的决策权、统筹权》，《江苏高教》1993 第 5 期，第 3 - 8 页。

③ 贾永堂、孔维申：《省级政府高等教育统筹权：渊源、内涵、困境及对策》，《高等教育研究》2017 第 11 期，第 29 - 38 页。

须使系统内各个要素及其子系统的相互关系清晰可辨；三是统筹必须在对系统内各个要素及其各子系统的运动进行统一调控的基础上实现整体效益最优目标。

教育既是一项复杂的社会活动，同时也是一个开放的治理系统。在长期的发展过程中，我国教育形成了独有的政府主导的教育管理体系，在此基础上实行的教育分权改革以及所构建起来的教育治理体系，必然离不开政府强有力的统筹和推进。从这一意义上看，作为省域统筹教育分权改革的权力主体，省级政府在"省级统筹"中的作用就是对省域教育系统内各个要素、各个部分以及子系统进行通盘考虑，从优化体制、完善管理、促进发展的目的出发，对教育布局、层级结构、权责配置、管办分离、评价改革等进行统一筹划和全面安排，以使省级教育系统在权力运行、层级配合、资源配置和整体效益上达到最佳状态。

（二）"省级统筹"的基本内容

教育管办评分离必须加强"省级统筹"，其真正目的在于推进教育管理走向教育治理，提高教育管理现代化水平。但管办评分离中的"省级统筹"有着特有的对象范围、实现方式和改革要求。

1. "省级统筹"的对象范围

中央政府和教育主管部门相关文件早就提到"省级统筹"的概念，但大多立足于统筹教育发展来阐述，直到 2014 年国家教育体制改革领导小组出台《关于进一步扩大省级政府教育统筹权的意见》，方对教育改革的省级统筹问题有一个比较清晰的表述，文件中本着教育分权的思路具体明确了省级政府多方面的教育改革统筹职责。从统筹对象来看，省级政府对教育分权的统筹，一方面要立足教育内部系统，对教育规模、结构、速度与效益进行宏观调控，使各级各类教育在目标设计和规格要求等方面相互匹配，省域内各层次、各类型教育得到协调发展、均衡发展；另一方面要统筹处理省域教育系统内各个要素及其子系统之间的关系，统筹处理教育内部系统与外部系统的支持合作关系，使各级各类的教育发展不断满足省域经济建设和社会发展的需求。

2. "省级统筹"的实现方式

省级政府的"教育统筹权"必须以其对统筹对象各种事务的控制权为基础，因为统筹的过程也就是分权、放权和监权的过程。教育部《教育管办评分离意见》从国家政策层面阐明了"省级统筹"的实现方式，这就是高度重视和充分发挥省级政府的独特行政优势，坚持以政府为主导，着力于分权改革的重点领域和关键环节，加强整体和局部的有机统一，确保省级各部门以及省级和下级市、县在改革上的同向同步，避免各自为战或放任自流，同时要求尊重地方政府和基层学校的首创精神，鼓励教育制度创新和不同区域的差别化探索。

3. "省级统筹"的改革要求

教育管办评分离改革中的统筹，省级政府需要重视做好"综合"文章，既要理清政府与学校、社会、市场等的职权关系，还要"真正解决省域内制约教育改革发展的内外部深层次矛盾的系统性改革"。① 就权责关系而言，省级政府担负对省域内各级各类教育进行统筹管理的工作，这既是一项权力，更是一项责任。省级政府要厘清在教育治理理念下管、办、评各自的主体责任，建构一个科学、合理的教育善治体制和权力运行体系。就内外关系而言，对省级部门和市级、县级政府进行统筹管理也是省级政府的权力和职责。省级政府要进行政府教育职能的调整优化，重视教育治理转型中监督机制和评价体系的建设，改变管办不分、管评一体的局面，规避教育的决策、执行、监督一体化带来的种种弊端，提高省域内教育发展和教育分权的统筹绩效。

（三）"省级统筹"的运行机制

省级政府统筹教育管办评分离改革，需要建立一个系统有效的运行机制。综合中央政府的政策要求和教育主管部门的文件规定，笔者将"省级统筹"的实施过程，分解为下列五个具体机制：

第一，政府主导机制。即要发挥省级政府的"元治理"作用。落实中央的任何一项改革政策，均需要制订省域实施方案，明确各级各层的职能和责任，列明参与各方的具体分工和有关措施。中央政府在进一步扩大省级政府教育统筹权的部署中，要求"依托省级教育体制改革领导小组，研究决定重大事项、解决教育改革难点问题"，②强调了省一级组织在教育分权改革中的主导性和统筹性。

第二，部门协调机制。即要落实省级教育管理的协调作用。除了省级政府的主导外，省级教育行政部门履行有效的协调职能显得十分关键。因此，省级政府应按照精简、效能的原则，理顺省级教育管理部门的职责权限，调整教育行政管理职能，优化行使教育职权的管理流程，在"强化教育政策的协调配套"

---

① 谢广祥：《如何扩大省级政府教育统筹权》，《求是》2014 年第 3 期，第 50－53 页。

② 国家教育体制改革领导小组：《关于进一步扩大省级政府教育统筹权的意见》（2014 年）

的基础上，加强和做好对各部门"履行教育职责的监督评价"。①

第三，简政激励机制。即要坚持宜统则统、宜放则放的原则。近年来，中央政府反复强调的一项原则就是，要向省以下各级政府教育分权和简政放权，加大教育领域的"放管服"改革，调动各级政府与基层学校在教育管办评分离中的自觉性、主动性和创造性。

第四，行政清单机制。即要引入"权力清单"制度，让政府权力公开透明运行。这项机制的重点在于，精简合并评审、评估、评价和检查事项，加大行政审批改革力度，最大限度取消和下放行政审批事项。

第五，督导问责机制。即要加强各级政府的教育督导工作，落实"责任督学"制度。既认真督学，又严格督政，保证国家教育方针政策的贯彻执行。重视专业督导队伍建设，完善督导评价体系，加大督导结果公开和整改问责力度，深入探索教育督导的社会参与。

三、"省级统筹"的政府应对

（一）重置省级政府教育职能

国家公共教育改革的一个全球性趋势是：政府教育职能该增强的增强、该弱化的弱化。有学者主张，应从政治发展战略高度来谋划政府职能重构问题，为此要相应地"实现政府理念、制度和行为的创新，推动社会组织的不断发展"。② 有学者提出，构建服务型政府的途径是分层次的：在宏观层面，就是要转变政府的价值观念；在中观层面，要进行政府制度改革；在微观层面，要运用一系列政府工具来提高政府公共服务供给的质量。③ 省级政府的职能决定了它既不能无视与省域经济社会发展息息相关的公共教育的存在与作用，又不能无视市场条件下因过度控制而出现的政府失灵的客观事实。因此，重置省级教育职能，实现省级政府治理转型是教育改革的应时之策。

重置省级教育职能，绝不是一个简单的问题，其过程比较复杂，要求也比较高。只有充分认识教育改革发展中政府的主导统筹作用，准确把握政府、学

---

① 国家教育体制改革领导小组：《关于进一步扩大省级政府教育统筹权的意见》（2014 年）
② 燕继荣：《对服务型政府改革的思考》，《国家行政学院学报》2006 年第 2 期，第 21 - 24 页。
③ 易昌良：《中国服务型政府职能重构研究》，北京：人民出版社，2014 年版，第 13 页。

校、社会和市场之间的关系，才能优化政府职能、强化省级统筹。第一，要坚持政事分开原则，彻底理顺省级政府与中央政府、省级政府与市县级政府、教育系统与其他系统、政府机关与基层学校之间的关系，把该放的权放掉，该管的事管好，向下级政府和各级学校放权；第二，要坚持教育管办评分离原则，在省级层面逐步取消教育领域不必要的行政审批，坚决取消或下放不必要的各种备案、认定等行政职责，改变过去那种对省管学校尤其是高等学校的微观管理、过程管理和越权管理；第三，要根据事业单位分类改革原则，科学确定各级各类不同学校的职能定位，加大政府购买公共教育服务力度，推进各级各类学校和相关社会组织有序承接各级政府转移的职能；第四，要集中做好省级或省域教育的政策制定、宏观指导、协调服务和监督监管等工作；支持和激励省以下各级政府在研究、认证、评估、推广等专业性教育服务方面发挥更大的作用。

（二）落实省级政府职责评价

教育领域进行省级政府职责评价，是党的十八大以后国家教育改革的创新举措。2017年6月，国务院办公厅发布《对省级人民政府履行教育职责的评价办法》，标志着在新时期推进管办评分离、转变政府教育职能等政策落地方面，中央政府采取了前所未有的重要行动。总体来看，该文件的重点和亮点在于：一是对省级政府的评价结果运用做出明确规定。例如将"评价结果"作为对省级政府及其领导班子集体和个人进行考核奖惩的重要依据，特别规定将对"履行教育职责不到位、整改不力、出现特重大教育安全事故、有弄虚作假行为"的省级政府将采取适当形式的组织处理措施。该办法的一些刚性规定，凸显出中央政府在推进省级政府履行教育职责评价方面的取向和决心。二是对省级政府履行教育职责提供了系统完整的评价内容体系。该办法罗列了省级政府履行教育职责的各项具体内容，为省级政府全面正确履行教育职责提供了正面清单，清晰反映出中央政府对省级政府履行教育职责思考的深度和推进的力度。三是对发挥第三方机构的督导评估作用做出政策性要求。该办法在第九条中明确了第三方专业机构的职能和定位，规定"第三方专业机构"经国务院教育督导委员会委托，依据督导评估指标体系，对省级政府履行教育职责情况进行监测评估。此规定体现了中央政府对引导社会力量参与省级政府履行教育职责评价的态度和取向。

国家决定对省级政府履行教育职责进行评价的机制，是督促省级政府履行教育职责的"指挥棒"，是教育改革发展实效的"检测尺"，是破解各类教育难题的"助推器"。① 省级政府应该相应建立工作机制、完善评价体系、细化工作目标、注重督导评估，同时督促地方各级政府认真履行教育职责，提升履职能力和水平。省级政府职责评价的办法颁布以来，省级政府陆续开展了相关行动，探索职责评价的相应对策。例如某省的实施计划就包含了如下内容：科学设计督导评估的内容、项目与标准，充分体现高定位的导向作用；改革传统的评估检测模式，创新督导方式方法，对督导资源进行有效整合，逐步形成多种形式并举的全方位、全过程、多视角的评估制度；加强对省级政府履行教育职责督导评估的过程管理；对各种形式的督导评估结果进行综合分析、合理运用、跟踪检查，建立较为完善的激励机制。②

（三）处理省级统筹各种关系

第一，既要适应教育改革的需要，又要遵循教育发展的规律。扩大省级政府统筹权目的在于推进教育治理体系和治理能力现代化，重在理顺中央与地方教育管理权限和职责范围，建立有利于教育管办评分离的制度环境和组织环境。在这一过程中，当然需要考虑省级政府对教育管理体制改革的主导作用，但又丝毫不能忽视了教育发展的自身规律和教育管理的基本原理。

第二，既要扩大省级政府教育统筹权，又要落实学校自主办学权。对扩大省级政府教育统筹权的理解，我们决不能简单化。在中国语境下，扩大省级政府教育统筹权其核心内容是中央部委向省级政府下放教育的审批权、监管权和统筹权。从目前情况看，一方面教育部与省级政府的权力分割远远不够，另一方面省级政府对省域教育依然统得过多。这意味着，在中央部委纷纷向下分权放权时，省级政府也要相应地向下一级政府和基层学校分权放权。省级政府对于中央部委来说是接受了来自上一级的教育分权放权，扩大了省一级的教育统筹权，但对于省域教育和市、县政府来说，省级政府还应该做好权力转移，将有关教育权力下放给下一级政府和基层学校，切不可把扩大省级政府教育统筹权误认为把全省各地各校的教育权力集中到省级政府。因此，转变省级政府教

---

① 李利：《全面落实国家对省级政府教育履职督导新部署》，《中国教育报》，2017－6－26，第2版。

② 李晋修：《高位统筹落实主体责任 办好人民满意教育》，《中国教育报》，2017－6－26，第2版。

育履职方式，落实各级各类学校的办学自主权，也是当前省域教育管理体制改革的重要议程。

第三，既要扩大省级统筹，又要严防省级专权。应该看到，省级政府统筹下的教育改革和管办评分离，也是教育管理体制深刻变革的过渡阶段，因此省级统筹也要防止省级专权。目前中央政府在推进向省级政府分权放权过程中，并未对省级政府放任自流，仍然通过借助法律手段和社会监督机制实行对省级政府及其办学主体行为的规范和制约，同时注意省域之间的协调发展，实现国家教育事业的可持续和可协调发展。随着多元主体参与教育治理机制的逐渐成熟，省级统筹的教育行政管理权限还会继续转移和下放，赋予办学主体越来越多的充分的发展空间。作为省级政府，应用大局意识和前瞻眼光来对待"省级统筹"问题，从适应国家教育治理转型和加快省域教育现代化的高度，谋划和布局好未来一个时期的教育发展和教育改革。

第二节　省级统筹中的"政府角色"

一、省级统筹的政府责任

（一）"省级统筹"的政府职能

中央提出加强省级政府的教育统筹，最初的指向是强化省级政府对基础教育特别是义务教育均衡发展的省域统筹，但2010年以后省级政府教育统筹则超越了这一范围。《国家教育规划纲要》和十八届三中全会《决定》比以往任何时候都特别强调省级政府的教育统筹权，要求省级政府重视加强统筹区域内的各级各类教育，这在一定意义上强化了省级政府在教育均衡发展和教育体制改革中的"两个统筹"职能。有研究者认为，"扩大省级政府教育统筹权是推进教育改革发展的新思路"，是教育体制改革进入"深水区"的国家战略设计。这一判断的依据不是别的，正是国家教育改革政策的演进发展，其关键词则是"扩大统筹权"。

政府是按照宪法和法律建立起来的社会公共管理主体，我国的政府体制

"通常指政府机构的设置、政府职权的划分和政府机关的形式等制度"。① 我国省级行政单位（包括自治区、直辖市）在政府体制构成和国家行政管理中发挥着极其关键的作用。如果说，过去一个时期人们最为关注的是教育发展中省级政府统筹权落实问题，那么现今人们更为关注的既有教育均衡发展中省级政府统筹权问题，也有教育体制改革中省级政府的统筹权问题。2010 年，国务院办公厅《关于开展国家教育体制改革试点的通知》，明确省级政府教育统筹综合改革试点的任务就是"深化教育管理体制改革，探索政校分开、管办分离实现形式"。此后不久，教育部发文公布国家教育体制改革试点省份和单位，将试点对象明确区分为"专项改革""重点领域综合改革"和"省级政府教育统筹综合改革"三个层次。这两个文件所昭示的一个事实，就是省级政府对教育体制改革负有统筹责任。

国家教育体制改革领导小组《关于进一步扩大省级政府教育统筹权的意见》指出："扩大省级政府教育统筹权，需要国家有关部门下放更多权力，改进管理方式，加大支持力度"，"省级政府要切实用好教育统筹权，切实履行教育统筹的职责，统筹深化教育综合改革"。② 这个文件重在强调中央政府和省级政府在教育管理职能上的层级分工，即省级政府一方面负有落实和扩大教育统筹权，确保本省义务教育均衡发展，并按照各类教育的属性和服务对象正确处理好基础教育、职业教育、高等教育等关系的政府公共责任，另一方面还负有根据国家治理转型和教育发展规律统筹推进省级教育综合改革，承担和落实好包括管办评分离在内的教育改革统筹责任。

（二）"省级统筹"的改革取向

面对扩大省级政府教育统筹权的新要求，学术界和教育界更多关注的是在推进教育管办评分离中省级政府及其教育行政部门该有什么作为，担当哪些责任。正确回答这些问题，是认识省级政府统筹推进教育管办评分离改革的基础。从本质上说，教育管办评分离就是将政府部门"举办学校""管理学校"和"评价学校"的职能实行分离，而实现分离目标的核心当然在于界定政府、学校和社会组织的职权范围，使三个主体按照特定的角色定位发挥相应的作用。

一般来说，政府在教育体制改革方面的统筹职能主要涉及两个问题，一是

---

① 国务院办公厅：《关于开展国家教育体制改革试点的通知》（2010 年）
② 国家教育体制改革领导小组：《关于进一步扩大省级政府教育统筹权的意见》（2014 年）

政府应该做什么，二是政府应该怎样去做。在推进教育治理转型过程中，省级政府及其教育行政部门面临着艰巨的统筹任务。例如如何打破传统的教育管理模式和推进现代教育公共治理？如何扩大和落实各级各类学校的办学自主权？如何按照服务型政府要求履行好管理学校和服务教育的职责？如何引导社会教育机构和"第三部门"参与教育评价与监测？而要解决好这些实实在在的现实问题，如果没有省级政府强有力的主导和统筹，那么国家教育治理的方针政策就无法贯彻，省域教育治理改革的各项措施也无从谈起。因此，中央强调扩大省级政府教育统筹权，就是要强化省级政府在教育治理转型中的主导和统筹作用，以化解"大一统"教育体制对管办评分离带来的负面影响。省级政府应当明确界定自身的教育职能范围，强化政府对教育管办评分离的主导统筹责任，做到既不越位、错位，又不缺位、失位，为教育治理转型的有序推进提供体制机制保障，最终实现政府教育治理转型和教育管办评分离的"双重目标"。

（三）"省级统筹"的政府目标

政府在教育管办评分离中扮演何种角色，这既与政府的行政职能有关，也与教育体制改革的性质和涉及的内容、规模、任务有关。从宏观教育职能看，目前省级政府在服务、政策、法治、规划、评价和督导等职能范畴中各项责任关系不均衡，核心责任和非核心责任无法有效协同发展，特别是核心的主导统筹职责和服务指导职责发挥不足。但审视教育管办评分离中的统筹职责，省级政府主要存在三种不同的情形，即定位过高、定位过低、定位错位。如果定位失准或发生错乱，不但会使省级政府对学校办学的行政管控过度、具体事务插手干预过多，造成政府精力分散、负担繁重、决策失误等等问题，而且会压抑各级各类学校的积极性和办学活力、制约省域教育事业发展。确定政府的权力向度和职责范围，利用行政、调控、评价、保障等多种手段，避免各级政府的角色属性出现越位、缺位、错位和失位，应是省级政府统筹推进教育管办评分离的责任目标。

1. 依法行使"教育行政权"，确保各级政府角色不越位。作为省级政府，应加强角色定位，强化统筹管理，推进教育综合改革，一方面要支持各级各类学校根据国家法律和部门规章建立健全现代学校制度，构建内部治理体系，另一方面要指导各级各类学校遵循教育基本规律，实行民主开放办学，构建多样化、社会化、高效化的教育评价监督体系。

2. 正确行使"教育调控权"，确保各级政府角色不缺位。厘清政府、学校和社会的主体边界，明确管理权、办学权、评价权的职权范围，应是省级政府行使教育调控权的重要任务。事实上，省级政府的任何角色缺位都会造成省域教育管办评分离的秩序混乱和劳而无功。《教育管办评分离意见》强调：推进教育管办评分离"既要解决政府越权越位问题，把该放的权坚决下放，又要完善监督制约机制，切实做好事中、事后监管"。这些规定，为省级政府推进"管办分离"、遵循"放管结合"、实行"优化服务"规定了行动路线，也为省级政府正确行使省域教育调控权明确了方向。

3. 合理用好"教育评价权"，确保各级政府的角色不错位。完善国家教育督导制度和政府向社会赋权是教育管办评分离中教育评估制度改革的重要目标。省级政府应运用对教育工作的"评价权"，在完善教育督导制度、培育教育中介组织、引入教育服务市场等方面履行好省域统筹职责，推进管办评分离中至为重要的教育评价改革。同时，省级政府除引导"督导"与"评价"实现交汇对接外，应积极引导中介组织参加教育管理，这是推进管办评分离改革中一个无法绕开的问题。

4. 积极行使"教育保障权"，确保各级政府角色不失位。实施科教兴国、优先发展教育是国家的基本国策，也是构建现代国民教育体系的根基。改革开放以来，我国各级政府尤其是省级政府致力发展教育事业，强力推行义务教育，然而教育的改革发展却并非一帆风顺，为什么在社会逐步转型、经济飞速发展、文化不断繁荣的新时代，优先发展教育和深化教育领域综合改革的实施会变得如此艰难，问题的表象背后隐藏着深刻的体制机制原因，其中各级政府在教育保障权方面的缺位和乏力是一个重要因素。

二、省级统筹的政府定位

教育管办评分离中强化省级政府统筹职能的核心要义，在于加快省级政府教育职能转型。即"由微观管理走向宏观管理，由直接管理走向间接管理，由办教育向管教育转变，由管理向服务转变"，[①] 同时建构和形塑政府"元治理"的多种角色，从而促进教育治理转型目标的如期实现。

---

① 杨银付、王蕊：《转变管理方式，提升教育水平》，《人民教育》2013 年第 8 期，第12 - 13 页。

(一) 扮演"主脑"角色：主导顶层设计和治理规制

在教育发展过程中，政府不应管得过多过泛，管办评不分犹如打了很多死结的乱绳，在互相缠绕和撕扯之间，无谓地损耗着教育的精气神。这说明教育管办评分离治理需要从体制和制度层面做起，而发挥"主脑"作用、做好顶层设计是省级政府统筹职能的首要表现。但是，教育治理不是单一运用政府的政治权威，通过发号施令、制定政策和实施政策的自上而下的单一向度的管理，而是一个政府主导下的上下互动的协同管理过程。它"不再是中央集权，而是权力分散；不再是由国家进行再分配，而是国家只负责管理；不再是行政部门的管理，而是根据市场原则的管理；不再是国家'指导，而是国家和私营部门合作'"。① 尽管教育治理的特征是多中心的合作管理，但省级政府在治理过程中处于核心地位，起着主导作用，其他治理主体接受政府的顶层设计、合理规制与监督。前文已述，中央强调的省级统筹，绝不是加强省级集权，而是要求省级政府发挥教育统筹的优势，解决管理重心太低的问题，实现对市、县、乡的局域化管理，赋予办学主体更为充分的发展空间，更好地调动地方政府的积极性，更好地激发每个学校的活力。因此，省级政府应成为教育管办评分离规则的制定者和执行者，通过管、办、评三大环节的分离和协同，发挥条件保障、教育督导、行业监管的作用，把教育行政体制内部监督变成第三方的社会评价和监测，将政府的教育治理纳入规范化和法治化轨道。

(二) 扮演"掌舵"角色：组织教育分权和简政放权

政府是社会治理的重要主体，在管办评分离中政府管理的改革是前提和基础，而关键是教育分权和简政放权。根据新公共管理的观点，政府在职能定位上存在"掌舵"和"划桨"两种取向，"掌舵"的实质就是服务，为公众搭建一个平台，提供一种制度保障，而"划桨"的实质就是控制，集中表现为管办评不分。政府职能转型中需要"继续简政放权"，简政放权的目的是要推动政府的职能不断向"创造良好发展环境、提供优质公共服务、维护社会公平正义"转变。很显然，省级政府理想而有效的教育职能应该是"掌舵"，而不是"包揽一切"和"一切包办"。省级政府职能定位除正确处理政府与学校的关系外，还需要考虑政府与社会的关系、政府与市场的关系。当然，省级政府统筹管办评

---

① 【法】弗朗索瓦-格扎维尔·梅里安：《治理问题与现代福利国家》，《国际社会科学杂志》(中文版) 1999 年第 2 期，第 59 - 67 页。

分离，不能是过去行政事业单位体制改革的简单重复，而要结合教育综合改革的特殊性，确立新的改革目标，推进行政方式变革，更多使用法律法规、规划战略、政策措施、公共财政、信息服务等手段，支持指导各级政府的教育治理和各类学校的改革发展。

（三）扮演"守护"角色：完善政策供给和制度配套

教育从管理转向治理，政府应深入洞察社会发展，寻找改革对策以及政策的切入口，对各方参与改革的积极性及其成效加以"守护"。经验表明，教育领域存在的许多问题不是教育系统本身就能解决的，必须依靠各级政府的政策支持。省级政府的政策支持重在"上下衔接、内外配套、左右协调"，强调各级政府制度配套的执行力，按照中央政府的顶层设计和省级政府教育统筹职权，建立省级政府和地方各级政府协同联动的工作机制，确保中央政府教育改革的决策部署与基层和学校改革实践的紧密结合。具体来说，应抓住三个重点：第一，厘清改革主体和利益主体的有关诉求，明确省级及以下各级政府、各类学校和社会组织三大主体的责任和义务，公布各个主体的权力（或职责、或任务）清单，构建政府主导改革、制度规范改革、市场参与改革的工作推进机制；第二，既要将省级政府教育统筹的有关政策落实到位，又要做好省级及市、县级政府教育职能的重新定位，避免出现各级政府职能和机构上的"过度同构"；第三，明确学校管理权限的界定，依法规范学校章程，发展社会专业评估机构，吸引社会力量广泛参与教育评价监测。总之，教育管办评分离固然应依靠省级政府的"主导"和"守护"，但也需要在省级统筹下各级政府步调一致和相互支持，形成上下一体、有机统一、衔接运行的教育改革新局面。

（四）扮演"保障"角色：促进公平服务和公信评价

《国家教育规划纲要》指出："开展由政府、学校、家长及社会各方面参与的教育质量评价活动。"这是省级教育评价制度改革的总要求，也是省级政府统筹推进教育管办评分离的总抓手。长期以来，省级政府教育行政评价过于强势，隶属于政府的教育评估机构几乎独揽各类评估事项，一方面造成政府以外的教育中介机构生长空间有限，社会评价教育遭遇障碍，另一方面由于政府引导和培育不够，社会评价教育的公信力一直没有确立。有关地区在省级政府的统筹推动下，以转变职能、简政放权和完善学校内部治理结构为重点，在"管"和"办"方面有所改进，但如何"评"依然是一个难点。应该肯定地说，省级政府承担着激发社会和市场参与教育评价的组织功能，在社会评价教育的服务公平、参评公正、结果公信中肩负"清障搭台"的统筹职能。在这方面，诸如做好社会评估"第三方"机构的身份确认，向社会评估"第三方"机构进行服务授权，加强对"第三方"参与评价服务的程序正当性、中立性及其自由裁量权的审核把关，应是省级政府必不可少的具体责任。

（五）扮演"统揽"角色：坚持因地制宜和省域联动

推进教育管办评分离，需要省级政府整合行政资源、教育资源和社会力量，从而达到合作共治的效果。正如有学者指出的，"建立一个能够统筹全省各部门的联动工作机制是实现省域内教育统筹的前提"，[①] 而省级政府及所属各级政府和教育行政部门的职责到位和协同联动，则是保证管办评分离改革顺利进行并取得成效的关键。因此，省级政府统筹推进教育体制改革，应坚持以政府为主导，破除不利于教育发展的机制障碍，抓住重点领域和关键环节带动各专项改革的实施。从省域联动方面看，省级政府应将教育管办评分离改革与全省（市、区）事业单位改革和教育行政体制改革进行整体部署；要采取统筹规划、课题带动、项目推进、行政保障、专家指导、典型引路的策略进行整体攻关和综合推进；要建立省级政府统筹协调、各部门联动的工作体制，切实将教育管办评分离改革各项任务落到实处；要对省、市、县三级政府教育行政部门的管理职权和机构设置做出适当调整，认真筹划和科学设计管办评分离后各级各层的工作衔接，确保省域教育综合改革的有效推进。

第三节　"省域问题"的政府对策

一、"省域问题"的一般表现

2010 年以来，全国的省（市、区）贯彻落实《国家教育规划纲要》，统筹推进教育领域各项改革，在建立政事分开、权责明确、统筹协调、规范有序的新体制方面进行了一些积极实践，探索了许多成功经验。特别是党的十八届三

---

① 李立国：《以省级教育统筹推进教育领域综合改革》，《清华大学教育研究》2013 年第 1 期，第 14 – 16 页。

中全会以来，省域教育治理改革在探索中不断前行，省级政府或从区域教育综合质量评价，或从单项教育改革试验项目，或从专项工作验评引入第三方评价，试图理清管办评之间的关系，探索构建科学的运行机制和模式，破除禁束教育发展的顽疾，为教育改革和教育治理注入新的活力。然而，从课题组对江苏省的调查来看，推进教育管办评分离尚面临一些困境，尤其在思想观念、政府主导、简政放权、市场培育和合作共治等方面暴露出诸多问题。从全国范围来看，这些困境和问题可能带有一定的普遍性。

（一）基层认识仍需统一

据调查，部分市、县和相关负责人对深化教育管理体制改革的认识还不到位，在推进管办评分离问题上存在程度不同的思想障碍：一是部分地区对已有的优势、取得的成果沾沾自喜，习惯于传统思维定式，自觉不自觉地用老眼光看待新问题，存在求稳怕乱而不愿改的思想；二是有部分地区认为管办评分离涉及面广、矛盾较多、技术性强，推进改革必然会增加工作成本，担心这项改革有功无果；三是有的地区和相关负责人对改革政策理解不深，对措施办法拿捏不准，借口"条件不成熟"或"路径不清楚"而回避改革、不敢改革；四是一些基层单位自主改革意识不强，认为管办评分离是高层的事，只需跟着政策走就行，存在等上级部署、靠指令行事的"拖拉"倾向。这些障碍的存在，造成省域各市、县之间，特别是基层单位之间的改革进程出现明显不平衡。笔者在调查走访和检视官方文件中发现，一些市、县在"十三五"规划和年度计划中对管办评分离改革语焉不详，鲜有专题论述和部署，更缺乏系统具体可行的实施方案。

（二）协同机制尚待建立

从省域情况看，到目前为止，从省政府到各市、县尚未出台系统的统筹性文件，陆续出台的相关政策规定也只是针对一些工作细节的具体文件，管办评分离的改革政策明显存在碎片化或补丁式现象。由于管办评分离涉及教育管理过程的方方面面，加上部分教育官员和学校校长对管办评分离概念的泛化理解，在一些地区出现了凡是与教育规划、学校办学、制度建设、内部治理、督导评价等相关的改革政策都归类于教育管办评分离的"大箩筐"，各级政府屈指可数的管办评分离相关政策尚未触动根本利益。由于对管办评分离理解或局限或宽泛，造成一些地区管办评分离的互动性或联动性较差，陆续推出的相关政策之间的协调性或协同性明显不够。此外，各级政府教育职能转型还有较大空间，有些地区公共服务型政府建设还有一些差距，与管办评分离相适应的教育行政机构改革启动迟缓，省、市、县三级政府之间的职能衔接缺乏通盘顶层设计，第三方教育评价的行业标准无人乐意牵头制定，教育"督评对接"机制仅停留在理论求证和口头论证阶段。

（三）管理错位多有存在

由于体制转轨的复杂性和教育改革的渐进性，政府职能与市场功能不分、政府与学校不分、政府与社会中介组织不分等问题依然存在，政府行政的越位、错位和缺位现象比较普遍。省级政府及其教育主管部门虽大量减少行政审批事项，但市、县两级政府教育放权还显不够，教育行政许可事项依然较多，行政专权或管理威权还是目前一些地区教育管理的常见方式。具体表现在：一是在一些地区，管办评依然是教育主管部门为主，在一些领域的管理重心依然偏低，管得太多、太宽、太细的问题依然存在，省、市、县三级政府在强势管理、包揽管理、直接管理、具体管理方面呈现的问题依然突出，事关学校教育教学和改革发展的重要事项还是由政府说了算；二是部分地区教育主管部门的现代治理意识还未充分树立，有些该由政府管的事情却没有管好、没有管到位，特别是教育现代化进程中教育均衡和教育公平长效机制的建立、社会力量参与教育治理的政策供给、第三方教育评估组织的管理服务还比较薄弱；三是在一些地区教育管理力量的布局不均衡，教育主管部门疲于应付面向学校办学的日常事务，而对购买服务、委托管理、发挥社会中介作用等新生事物却人力不足，对相关问题缺乏针对性和操作性研究，涉及教育市场培育和中介机构监管等工作没有做到专业化管理和高效优质服务。

（四）去行政化缺乏积极性

自从学校被赋予行政级别以后，长期以来形成了一个从校长到科员的金字塔式的干部队伍，"干部"身份成为学校教职员工追逐的目标，级别的晋升成为职称以外新的价值目标。学校的行政化直接影响着教育资源分配的参与权、与地方各职能部门的平等对话权和主导各种社会资源的再分配权。据调查，目前各类学校的行政干部对于学校去行政化和管办评分离的政策认同存在较大偏差，其根本原因还是固守"官本位"思想带来的职业优越感和抗风险能力的薄弱。行政主导的管理模式控制了经费、人事、设备等事务决定权，机构日益冗杂，职责分工不明，"长官意志"取代了法治意识，造成行政权力和学术权力之间的冲突加剧。在许多学校，管理队伍形成"地位、等级、人情、面子"的组织关系选择标准，"领导指示"取代制度规则，生涯发展寄希望于领导态度和感情因素。在一些学校，行政人员的管理能力不如关系能力，学习和进取意识消退，管理思想日趋保守，组织行为高度趋同，面对组织变革可能带来的级别取消、人员分流和岗位精简等政策预期存在消极心态甚至抵制心理。

（五）社会中介急需培育

据调查，目前省域范围内履行教育评估职能的社会中介组织主要有三类：一是脱胎于各级政府部门的教育评估组织（即官方中介组织），其职能主要是按照教育主管部门的要求在一定范围内开展教育评估活动；二是附着于各级政府部门的各个专业教育学会、协会等半官方组织，其职能主要是在教育主管部门组织下参与有关教育评估活动；三是相对独立的社会中介组织，包括社会专业团体、高校学术机构和民办非企业组织等，其职能主要是受政府或学校的委托凭借专业权威对学校教育教学活动进行评估检测。但现实状况是，这些中介组织的独立性和自主权普遍缺损，在教育评价上政府评价依然"唱主角"，能够独立担当教育评价的社会中介组织依然缺乏。如在官方中介组织的职能改造中，仅强化了行政性教育督导作用，而专业性评估力量并未得到充实；官方背景的社会团体组织依然阈于学术交流，涉及提供教育评价服务还存在无法遵循、无章可依的状况；民办非企业类组织由于政府简政放权不彻底和缺乏政府的资助扶植，总体上相对弱小分散，各自为战、信誉不高等问题突出，发展受到制约，近期难当大任。

（六）省级政策供给不足

教育部《教育管办评分离意见》颁布后，省级政府和教育主管部门积极响应，基层地区也不同程度地给予重视。但据调查，各地明显存在"等靠要"思想，盼望有一套全省通行、操作性强的实施细则。从目前情况看，国家没有从法律角度通过教育立法明确省级、市级、县级等地方政府的教育职能，各级政府在教育执法和监督方面的责权利尚无法律上的有效保障。与此同时，省级立法也存在着缺位，教育主管部门的行政范围不全、学校自主办学的责任权限不清、社会中介组织的服务规范不明、管办评三个主体的空间界限缺乏权威厘定。在省域范围内，对于构建教育评价体系、发展教育服务市场、培育教育中介组织等关键改革，由于没法律法规为凭、无政策文本为据，各级政府及其教育主管部门只是按照各自的理解和需要进行布置落实，大多数地区的教育分权、简政放权和多元评价体系建设进展缓慢，社会力量介入和参与教育评价的渠道不畅，教育管办评分离改革亟待突破。

二、"省域问题"的治理重点

推进教育管办评分离，是各级政府面临的重要任务。就省级政府来说，当务之急是解决教育管办评分离在观念、体制、政策、工作上的相关问题，其主要路径和策略就是扩大省级政府教育统筹权，发挥省级政府的主导统筹作用，从外部环境创设和内部主体融合入手，侧重做好顶层设计、政策供给以及其他方面的配套改革。

（一）强化省级统筹职能，担负宏观治理责任

省政府在省域教育管办评分离中担负统筹职能，应以主体分离、职权定向、公信评价、协同治理为责任目标，敢于面对教育体制"大一统"给教育管办评分离带来的复杂问题，明确界定自身的教育职能范围，做到既不"缺位"又不"错位"，为教育改革的有序推进提供体制机制保障。针对目前教育部与省级政府的权力分割远远不够、省级政府对市县教育统得过多、各级各类学校办学自主权差距较大的问题，省级政府必须转变教育职能和管理方式，在教育改革和教育治理中承担统筹角色。

一是要强化和落实省级政府在教育管办评分离中的主导权和统筹权，加强在教育宏观调控、教育公平环境建设、教育制度健全等方面的权责，主动放弃和消减那些管不了、管不好的事务，用公共治理方式和依法治教的手段推进改革，不断优化教育职能体系。

二是要尽早启动"全省各级政府教育职能条例"立法，重点应依据国家法律确定政府职权内的教育行政权力归属，划分政府各部门对教育事业发展的管理范围和审批权限，并依据政府主管、学校主办、社会主评的教育管办评分离思路，确定省级政府所具有的宏观调控、行业监管和公共服务职能，厘清教育主管部门的权力边界，改变多头管理、权限交叉、边界模糊现象，建立权力清晰、权责明确、分权与制衡相统一的教育管理体制。

三是要不断推进教育治理体系建设，建立健全稳定而又规范的法律制度，使管办评分离有章可循，让政府的教育行政有法可依，从而推进省域教育管理

体制改革，促进省域教育的高质量发展。

（二）建立协同联动机制，致力教育配套改革

推进教育改革作为一项全局性工作，省级政府均已成立由多部门参加的高规格的教育体制改革领导小组，市、县级政府也建有相应的工作机构，目前的关键是需要建立一个多方协同联动的教育治理推进机制。

一是省级教育体制改革领导小组发挥主导作用，做好省级政府有关部门的职能调整和协调配合，研究完善教育体制改革实施方案，将教育管理体制改革与本省（市、区）的行政体制改革、事业单位改革、社会治理改革等进行整体规划、协调推进；

二是省级政府及其教育主管部门统一规划部署管办评分离改革工作，建立教育管办评分离改革联席会议制度，认真筹划和科学设计管办评分离后各项工作的衔接程序。各级政府应在教育管理上加强职能对接，探索有关各方广泛参与、分工合作、协调高效的改革工作推进机制。

三是积极推进省域各级政府尤其是市、县两级教育主管部门的职能改革，切实解决地方教育主管部门不同程度存在的机构设置复杂、职责范围重叠、工作内容模糊、管理效率低下等诸多问题。在教育管办评分离改革中探索出的成果和经验，有关专家学者研究提出的可行性、操作性较强的意见建议，应尽快转化为各级政府的教育政策和管理制度。

（三）依法构建服务政府，转变管理学校方式

教育管办评分离重在政府自己的改革，构建服务型政府。省域各级政府及其教育主管部门应贯彻落实国家关于深入推进教育管办评分离的有关要求，切实转变教育管理方式，从具体的行政管理转向依法监管和提供服务，减少过多过细的行政干预和直接管理，把教育的管理权继续留给政府，把教育的办学权陆续交还学校，把教育的评价权逐步交给社会中介组织。省域各级政府应充分发挥在人力、财力、物力上的教育主导和行政协调作用，利用好教育内外部各种有利条件，运用新的理念和手段对学校实行宏观间接管理和行业行政监督，同时要继续深化教育行政审批制度改革，通过扎实的简政放权、放管结合、优化服务，推进实现省域教育治理的现代化。

一要推进政府最大限度地向学校放权。加大教育行政审批制度改革力度，全部取消教育领域非行政许可审批，建立一套较为规范的教育行政审批的管理

制度，大量缩减和有效控制针对基层学校的各类评估检查，例如项目评审、教育评估、人才评价、内务检查等。

二要推进政府向社会组织和社会公民让权。积极引导作为教育利益相关方的合作者、投资者、学生家长、用人单位等社会公众参与到教育决策、监督和管理的有关环节。特别是要重视发挥社会中介组织对教育评价的主力军作用，各级政府应采取各种措施有意识地逐步将教育评价职能转移给社会中介组织。

三要转变传统的行政定势，推行职责清单制度。用专业化的标准和科学化的手段对学校教育实行公开透明的"有限管控"和"行业监管"，建立健全教育行政执法机制，加大行政监督和问责力度。

（四）推进人事制度改革，调整资源配置模式

推进省域教育管办评分离，需要继续深化各级各类学校的人事制度改革，逐步取消学校的行政级别。通过深化去行政化改革促使学校逐步摆脱在教育资源分配上对政府的依赖，通过机构精简和人才结构优化不断提高学校的管理水平和管理效率。

一是要稳步提高各级各类教师待遇，拓宽教育资源渠道，创新教育公共服务的供给方式，扩大教育有效供给，提高资源配置效率，更好地满足多样化的教育资源需求。

二是要认真实施教师资格制度，全面推行教师聘任制度，完善校长负责制和校长任期制，改进校长选拔任用办法，同时引入校内竞争机制，完善分配激励机制，优化人才资源，重视建设适应性强的师资队伍和管理队伍。

三是要加快完善教育资源分配、使用和管理的各项制度，完善内外良性互动的质量保障体系和监督机制。

四是要加强对学校改革发展的统筹研究和顶层设计，不断完善教育治理体系，引导越来越多的教育机构、各类企业、公益组织参与学校的共同治理，遏制官僚文化对学校机体的侵蚀，防范"市场失灵"对学校主体造成的教育风险。

（五）完善社会参评制度，培育教育中介组织

推进省域教育管办评分离，各级政府应鼓励社会组织和社会公民通过协商、对话等方式积极参与教育公共事务管理，实现教育评价从行政主导向社会主导的转变。

一是要创设社会力量参与教育评价的社会环境和制度环境，对新兴的社会

中介组织予以培育、支持和引导，使社会中介组织真正有地位、有作为、有贡献。

二是要加强对社会教育机构和社会中介组织的身份确认，重点对组织属性功能、参与教育服务的利益导向进行定位和鉴别，在提供教育服务的专业性和权威性、教育评价服务的公信力和影响力等方面予以把关。

三是要积极试点推进政府附设的教育评估机构的职能转型，同时要有计划有步骤地加快官方背景教育协会和专业学会的职能改造，继续采取有效措施不断调动专业学会、行业协会、基金会等各类社会组织参与教育公共服务的积极性。

四是要重视发挥省域社会教育机构和社会中介组织对各级政府及其教育主管部门的监督作用，要在对社会教育机构和社会中介组织的规制和管理中实行准确定位、充分分权和合理引导，赋予它们对政府相应的咨询权、建议权和监督权。

（六）建立现代学校制度，激发学校发展活力

推进省域教育管办评分离，应不断完善学校内部治理结构。其中的关键是坚持依法治校，加强章程建设，建立现代学校制度，使每一所学校都能依法行使办学自主权和承担相应的责任。

首先，要破除教育管理的行政思维观念。建立符合教育规律特点的专业化管理体制和运行机制，既给学校办学自主权，也为校长和校级领导班子松绑放权，进一步完善基础教育和中职教育的校长负责制，健全和细化高等学校的党委领导下的校长负责制。

其次，要建立各级各类学校办学标准。对基础教育而言，应落实《校长专业标准》和《教师专业标准》，提高校长职业素质和管理水平，加强教师队伍建设，明确学校领导班子、学校依法办学、学校自主办学和学校民主治理的权责要求。

第三，要在省级教育主管部门统筹下，有针对性地研究问题和出台措施，加强对各级各类学校制定章程的指导和把关，重视规范学校内部治理和内控监督的制度建设，调动和激发学校办学和社会参与的潜力与活力。

三、"省域问题"的解决对策

(一) 落实省级教育行政清单

在教育部《教育管办评分离意见》明确"建立教育行政权力清单和责任清单制度"后，各省级教育行政部门先后梳理公布了权力清单和职责清单，让省级政府的教育权力在阳光下运行。例如，北京市教育委员会公布的权责清单，涵盖行政许可 12 条、行政处罚 10 条、行政确认 2 条、行政奖励 6 条、行政检查 4 条、行政付给 1 条、其他权力 10 条，列明的具体责任事项达到 151 条；江苏省教育厅的权责清单分为行政许可、行政处罚、行政奖励、行政确认和其他等 5 大项，涉及的权力共计 61 条，需要追责的情形达 300 条之多。厘清"权责清单"，这是省级政府转变教育职能、重塑政府形象的方向性举措，而要使权责清单真正起到服务公共教育、促进教育发展的作用，还需要在落实清单上下功夫，打造"审批事项少、办事效率高、服务质量优"的政务生态，形成边界清晰、分工合理、权责一致、运转高效、依法保障的省级政府教育职能体系。其对策有三：一是要拆解"权力套娃"，将简政放权做到位。推行权责清单制度，即行政权力"做减法"的过程，除减少审批事项、收费项目和降低准入门槛外，应对那些含金量高的权力坚决下放；二是权力要"下去"，效率应"上来"。尽管各省纷纷消减各种行政审批事项，但有些效率并没有提到位，部分事项仍互为前置，项目在部门之间溜圈。应打通审批事项下放的"最后一公里"，使"一窗受理，一网通办，一链审批，一照走天下"在省级层面也能成为现实；三是要健全权责清单的监督制约机制，强化事中事后的监管。机构和人员根据权责清单进行科学合理配置，层级之间、部门之间厘清职责关系，并各尽其责，避免出现部门职责交叉、相互推诿等问题。推进行政权责依法公开，防止出现权力真空和监管缺失。在减少审批事项方面，要防止边减边增、有减有不减、名减实不减、擅自扩大自由裁量权等情况的发生。

(二) 调整市级教育行政职能

在我国现有体制下，贯彻国家教育方针、政策的主渠道在省、市、县三级教育行政部门，但这三级部门之间明显存在职能范围不清、权责越位严重等现象。根据"决策、执行、监督相协调"的行政管理要求，有必要厘清省以下三级教育主管部门的不同职责，使其职能有侧重、权责有分工，达到优化协调、提高效益的目的。这其中，市级的职能调整是重点。

新《义务教育法》明确，县级教育主管部门是义务教育的管理主体。根据这一规定，市一级教育主管部门显然不宜履行县一级的管理职责，但实践中，市级的教育职能定位比较模糊。从履职现状来说，目前市级教育主管部门的职责定位时有不准，对区域内教育到底"管什么"和"怎么管"缺乏明确界定。其中原因有三：一是市级教育主管部门的管理效度较弱，行政作用不明显。如果说市级对下管理的是县级的话，那么这种管理效度可能大打折扣，因为县级无论是教育发展规划、教育经费投入使用，还是教育人事安排等关键环节，全由县级党委、政府独立决定或决策，市级教育主管部门基本不能产生影响力或影响力十分微弱。二是市级教育主管部门充当着政策"二传手"角色。市级教育主管部门在省、县一级教育主管部门之间扮演的角色比较尴尬，其履行教育职能的上传下达地位颇值得探讨。三是市级教育主管部门在职能运行中早已暴露出"机构过多，与下级争利，该管的管不了，不该管的也在管"等一些问题。这种状况的普遍存在，无疑不利于调动县级教育主管部门的积极性，也不利于市、县区域内的教育发展。

鉴于市级教育主管部门的特殊性，其权责应根据国家法律法规的相关规定和区域教育发展的现实需要来确定，其履职重点应放在行政许可、行政监管、行政执法和行政处罚四个方面。市级与县级教育行政职能的主要区别在于：后者扮演义务教育管理主体的角色，重在直接管理区域内的义务教育学校办学，落实好国家教育方针，办好惠及亿万人民群众的"民生"大事；而前者则是在更高的层级上保障国家教育方针和政策措施的贯彻落实，用一定的行政方式和法律手段，协调区域内的教育发展和办学活动，维护好公民受教育的权利，保障区域范围内的教育公平。

（三）完善县级教育管办评体系构建

在省域教育框架内，县一级是实施义务教育和维护教育公平的重要力量。因此，要解决教育治理的"省域问题"，县级便成为实施改革的重点层级，而重中之重则是构建县级教育管办评分离体系。

一方面，要全面贯彻《教育法》，完善"以县为主"的义务教育管理体制。对于县一级，要落实政府在义务教育事业规划、学校布局、队伍建设、经费保障等方面的统筹和管理责任；对于乡（镇）一级，要按照县政府的统一规划和要求，围绕义务教育履行相应工作职责。按照国家和省、市政府要求推进初高中分设，普通高中不得举办或变相举办初中学校，形成农村高中由县级政府举办和管理，中心城区普通高中由市统一举办管理的格局。

另一方面，要构建教育治理的服务型政府，实现县级政府教育职能转变。县级教育主管部门应以转变职能和简政放权为改革重点，以减少行政审批作为转变职能的突破口，吃透上情和下情，协调国家战略、教育发展以及社会需求的利益关系，加大县级政府对教育的宏观调控，不断健全公共教育服务体系。具体来说，应根据本县实际需要，编制实施针对性较强的教育规划，创新有利于师资成长的人事管理制度，建立健全教师配置标准和办法，建立多元主体参与的教育评价和督导机制，同时注重在教育经费分配上多做一些"雪中送炭"的实事。教育主管部门负责人和下设机构、岗位，应厘清各自权责关系，按照权力清单和责任清单履职尽责，设法提高工作效率和管理服务水平。

（四）全面落实学校办学自主权

从管理逻辑走向治理逻辑是推进省域教育管办评分离的根本途径。为适应国家治理方式转型和依法治国的时代要求，省域各政府除了推进依法宏观管理和引导社会参与外，还应实现各级政府管理和学校自主办学的平衡与协调。

首先，完善学校法人制度。法人制度是现代学校制度的核心，学校章程是学校法人制度的载体。根据教育部《全面推进依法治校实施纲要》的要求，健全学校依法办学自主管理的制度体系，形成体现每个学校办学特色的学校章程，作为学校依法办学的基础和依据。学校应根据章程健全管理层级，建立权力制衡机制，对内部行政权力和学术权力进行合理配置，以彰显办学自主权的合法性；以校务委员会及其管理层级为主要构架，逐步实现学校办学中决策权、执行权、监督权的分离。学校只有完善法人制度，积极推进依法治校，才能最大限度地维护办学自主权，促进教育事业发展。

其次，健全内部运行机制。学校按照章程确定内部管理运行规则，完善自我约束、自我规范的内部管理体制和监督制约机制，落实在办学模式、育人方式、资源配置、人事管理、合作办学等方面的自主权。就基础教育而言，要健全由教师代表参与的校务委员会制度，依法组织好教代会、全体教职工大会等，同时推动家长、校友和社会各界的广泛参与，汇聚各方资源，形成有领导、有管理、有监督、有协商的开放性内部治理体系。

再次，大力推进依法治校。国家已将建立现代学校制度纳入依法治校的总要求，可见依法治校是"学校办教育"的重要保障。一是要将校长负责制（或党委领导下的校长负责制）以及学校用人自主权落实到位，这是依法治校的体制条件。当前要重点推动落实学校校长对副校长的提名权、对中层干部的任免权和对教职工的聘任权。二是要将由学校自主使用办学经费的机制健全起来，这是依法治校的重要内容。在一些地区存在的学校自己的钱管不了、用不到，在办学经费使用上的渠道不够畅通的局面必须改变。三是要将学校教育教学的自主管理权建立起来。在严格执行国家课程标准的前提下，教育主管部门应给予学校教育规划、教学安排、课堂改革等方面的自主权。四是要将学校的检查评估项目严格控制起来。面向学校的检查评估项目应统一归口管理，交由政府教育督导机构统筹安排。除法律法规所规定的项目外，原则上各单位和个人不得擅自进入学校开展检查评估。除涉及安全稳定等办学管理"底线"的重大事项外，逐步推行协商式检查评估工作机制，在开展针对教育教学方面的检查评估前，需征得学校同意。

第六章

政府角色新目标：职能重置

政府教育职能即政府的教育行政职能，是指政府在管理和发展教育事业中的规定性作用。政府教育职能重置是实现政府教育治理能力现代化的必由之路，但会遇到很多意想不到的困难和挑战。教育管办评分离需要对政府教育职能进行重新认定、调整与转换。在教育管办评分离的相关研究中，比较而言，政府职能问题有着更深层次的意义。政府应该按照服务型政府的要求重新定位自己，对教育职能重新构建确认，在"管控"与"放权"之间寻找最佳平衡点。垄断、包办或推卸责任，都不是政府应扮演的角色。

第一节 政府教育职能的边界厘定

对政府角色进行科学定位的同时，转变政府教育管理职能是推进教育管办评分离的必然要求，也是教育管办评分离顺利进行的关键点和突破口。近年来，随着教育体制改革的不断推进，广大教育研究工作者对教育行政职能问题进行了多角度和多层面的探讨。在此过程中，学者们除了探讨新时期教育行政职能的科学本质、一般特征及管理体系等基本理论问题以外，更多的是关注政府教育管理的现实。中央关于政府职能转换问题的提出，使教育行政如何实现职能转换成为学界研究的一个重点，其研究范围主要包括三个方面：一是对教育行政职能转换的理想目标进行了系统设计；二是对教育行政职能转换的具体内容进行了深入分析；三是对教育行政职能转换的操作策略做了种种考虑。应该看到，目前的研究触角已经延伸到了教育规划、教育督导、教育评价以及教育行政执法等政府教育职能的边界问题。

一、政府教育职能边界的内涵

（一）"政府职能"和"政府教育职能"的概念

在国家管理体制中，教育职能是政府职能的重要组成部分。何为政府职能？世界银行在 1997 年发布的《变革世界中的政府》中对此进行了阐述。该报告指出，政府主要通过三种方式来实现政府职能和改善发展成果，即"提供宏观经济和微观经济环境"，"提供能促进长期投资的机构性基础设施"，"确保提供基础教育、医疗保健以及经济活动所必需的物质基础设施"。很显然，世界银行是以经济学的视角明确将"确保提供基础教育"列为政府的重要职能。我国学者与世界银行的认识略有不同，大多是从行政学的角度对政府职能下定义，认为政府职能的本质"即政府应该承担的责任和义务以及政府应该发挥的作用"。[①]

从不同的视角来看，政府职能具有不同的特点。如果从政府体系与社会系统的相互作用来分析，政府职能至少可以归纳出如下三个基本特征：[②]

一是政府职能具有多功能集合的社会性。政府职能源于社会需求，当社会需求某种权威来调节社会活动、维持基本的社会秩序、实现社会价值的权威性分配、实现社会一体化、提供公共产品和服务时，政府及政府的职能便得以产生和发展。换句话说，政府作为众多社会组织中的一种，既为社会需要而存在，也为社会利益而存在。

二是政府职能具有多系统联通的整体性。政府行政体系和行政行为不是孤立和独立的，而是一个由相互依存的次级系统构成的整体。这个整体不是各个次级系统简单相加之后的混合物，而是次级系统与次级系统之间以及各次级系统与系统整体之间休戚与共、息息相通的有机体。由于行政体系的这一特性，政府职能也具有整体性的特征。

三是政府职能具有随条件变化的权变性。政府职能的范围和内容源于社会的需要，随着社会的变化，政府职能也是不断变化发展的。对政府职能做出及时的调整是政府行政体系赖以生存和发展的前提条件。事实上，在不同的历史时期和不同的环境下，尽管政府的基本职能维持一定的稳定性，但政府职能的重点、内容、强度和实现政府职能的方式均表现出差异。随着社会的发展，人

---

① 吴爱明等：《服务型政府职能体系》，北京：人民出版社，2009 年版，第 2 页。
② 吴爱明等：《服务型政府职能体系》，北京：人民出版社，2009 年版，第 3 页。

类需求日益多样化，政府职能也会增加新的内容、方法和手段。

应该说，一个国家处于不同的时空环境就会有不同的政府教育职能。政府教育职能也称为政府教育行政职能。所谓"政府教育职能"，主要是指政府对教育事业的维持和发展所应承担的职责以及所应发挥的功能，它是政府行使管理公共事务的诸种权力中的行政职能之一。① 因此，政府教育职能的概念，已明确无误地指明了"政府在教育中应该做什么以及做出什么样的效果"的规定性。②

除了上述政府职能固有的社会性、整体性和权变性特征外，政府教育职能事实上还涉及两大管理范畴，这就是：政府履行对区域内公共教育事务的管理职能；政府负责对教育行政体系自身事务的管理。从大的方面看，政府教育职能可以分为两类：政府发展职能和政府运行职能。所谓发展职能，就是政府通过自身的力量，统筹行政资源，推动教育事业的发展；所谓运行职能，就是政府必须做好政策的管理、资源的管理和执行的管理。在教育职能上，政府发展职能和政府运行职能是相辅相成的，政府对自身行政体系的管理是政府发展教育事业的一个条件，而政府履行发展教育事业的职能则是政府行政体系赖以维持和生存的基础，也是政府对自身体系管理的主要目标。

（二）政府教育职能的发展阶段

日本著名教育家藤田英典在其《走出教育改革的误区》中专门讨论了政府的教育管理问题。他认为：教育管理可以分为"民众性管理""专业性管理""官僚性管理"和"市场性管理"四种类型，同时这四种管理方式又是随着教育的历史性发展过程而先后出现的。③

正如藤田英典所分析的那样，政府教育职能的发展是渐进式的。在学校教育出现以前，教育管理的基本形式是自由分散的民众性管理。随着历史的发展和教育的繁荣，社会中出现了一些专门从事教育的人，学校作为教育的实体组织也随之成立，并逐步发展壮大，担当起教育管理的重任。到了近代，国民的

---

① 国家高级教育行政学院编著：《新中国教育行政管理五十年》，北京：人民教育出版社，1999 年版，第 178 页。

② 李铁：《教育行政：是什么、做什么——对某省教育行政机构组织结构、职能和行为的研究》，《北京大学教育评论》2007 年第 2 期，第 157 – 192 页。

③ 【日】藤田英典：《走出教育改革的误区》，北京：人民教育出版社，2001 年版，第 179 – 180 页。

公共教育开始由国家来组织，由此出现了公共教育的官僚性管理模式。这一阶段，相比较而言，专业性管理和官僚性管理成为教育管理的基本形式，而民众性管理则成为教育管理形态的补充部分。但随着学校教育普及，公众对教育的要求也随之多样化，加上政府财政制约问题的逐渐突出，民众性管理意识再一次被唤醒，人们对市场性管理的关心和诉求，成为社会对教育管理的呼唤。公共教育的市场性管理作为民众性管理的变异体，要给自己指定一个理念性方向，另一方面它也可以依据市场结构来实现自身的功能。藤田英典认为，赖伟德和黑崎所区分的"择校"和以"教育券"为代表的市场原理，就相当于这种市场性管理的两个方向。

（三）政府教育职能的"核心"与"非核心"

政府教育职能反映着教育行政的基本内容和教育管理方向，体现了公共教育管理的本质要求，其直接回答了政府是"干什么的""应该干什么""不应该干什么""正在干什么"等问题。从宏观方面说，政府拥有教育事业的立法与规划职能、办学经费的支持与保障职能、教育质量的监督与检查职能等。从微观方面说，政府教育职能的实施主体是教育主管部门，其职能的主要内容是管理行政区域内的教育公共事务，管理教育的实施手段主要是依法治教和依法治校。可以说，政府教育职能是一个职责具体、运行复杂、完整统一的职权体系。

在不同的国家，由于各自所处的政治、经济、文化背景的差异，政府教育职能的内容和行使方式也有所不同，但其教育职能的一些基本范畴和履职机构设置则是相同的。但是，政府教育职能与政府教育机构是不同的两个概念，其关系可以从两方面来理解：首先，政府教育机构是政府教育职能的物质载体，政府教育职能要想有效发挥，必须通过政府教育机构来实现；其次，政府教育机构设置，必须依据政府教育职能这一重要标准，政府教育职能状况在很大程度上决定了政府教育机构的设置、规模、层次、数量、管理机制和运行方式。

当然，政府教育职能的实际履行是分层次的，学术界将政府教育职能分为"核心的"和"非核心的"两个层次。所谓"核心的教育职能"，是指在政府的教育职能体系中，有一些职能是不可让渡出去的。因为有了这些职能，政府才具备作为现代国家管理教育事业的机构的资格，政府才具有维护其教育管理合法性和权威性的条件。如果将这些教育职能让渡于"公民社会"和"市场领域"的话，那"政府将失去管理社会的合法性和有效性的前提性权力和能力"。而所谓"非核心的教育职能"，是除了核心教育职能之外的那些教育职能。对于政府管理而言，这些非核心的教育职能并不是可有可无的，而是在特定的条件下可以拿出来"让渡"，比如在教育市场成熟时，政府可"交由公民社会、市场领域来共同承担"。① 在现阶段国家教育体制下，政府教育职能无论是"核心"还是"非核心"，其取向和重点在于职能的"到位"而不"越位"。

二、政府教育职能的边界确定

（一）确定教育职能边界的意义

政府教育职能不应该是一个观念的东西，而是有着具体实在的边界要求。政府教育职能的重置，其核心在于政府职能的梳理调整，以公共服务为政府的最高行政理念。厘清政府角色边界则相当复杂，需要在处理政府与学校、市场、社会等诸多关系中勘定界限。有学者在研究政府与市场关系时，认为政府权力的"所谓界限问题，就是要解决哪些事务应由政府来承担及采取何种方式来承担，哪些事务应由市场来承担，哪些事务既不便于由政府也不便于由市场，而是由政府之外的公共机构来承担"。② 对于教育治理来说，政府权力的界限就是政府教育职能的角色边界。因此，权力界限是确定政府教育职能角色边界的基本原则。

学术界曾就如何确定政府的角色边界进行了颇有价值的研究。有学者认为，建立教育管办评分离机制，政府把职能转变到位、角色边界划清晰是关键。他们梳理出政府"应管的"和"不应管的"的大致清单，指出政府职能转变的路径是"主要通过制定教育政策、发展规划、准入审核、教育督导和财政支出，对学校实行宏观、分类以及依法管理，提供优质高效服务"。③ 还有学者认为，"要解决中国教育问题，必须从约束教育行政权力入手"，确定政府的角色边界就是划定教育行政权力边界，所谓"教育行政权力边界"是指政府行使教育行政权的职责和界限。④

---

① 周翠萍：《我国政府购买教育服务的政策研究》，上海：华东师范大学博士学位论文，2011 年。
② 潘希武：《政府在教育治理中扮演的两个角色》，《比较教育研究》2006 年第 11 期，第 5－9 页。
③ 李亚东：《构建"政府管、学校办、社会评"教育管理新格局——兼论我国教育行政管理体制的创新》，《辽宁教育研究》2007 年第 11 期，第 24－27 页。
④ 龙耀：《论教育行政权力的边界——兼论中国教育行政权力边界守护机制》，《高等教育研究》2011 年第 5 期，第 37－48 页。

（二）确定教育职能边界的内容

根据一些专家的研究，在政府、学校、市场、社会等构成的多维关系中，"政府应该管理的内容"在于制定管制价格、实行信息管制、实行质量管制和实行资格管制四个方面。①

一些专家认为，"政府对教育领域的管制行为应当受到约束"，以促成政府管理职能的"到位"、解决政府管理职能的"越位"，依据国家法律法规约束各类教育机构的市场性行为。他们特别强调，对社会公益性突出的教育产品与服务，政府必须管到管好，确保提供纯社会公益性的教育产品和服务的部门与机构不因市场经济社会的逐利性而被边缘化；甄别现有教育部门与机构提供产品与服务的属性，对一些市场化程度高的教育产品与服务，以及对可以或已经实现企业化运作的教育部门与机构，政府应当转变其直接管理者的身份，担当起监控者的角色，还政府以"游戏"规则制定者和"裁判员"的正确身份定位。政府及其教育行政部门不再以行政命令、指示、规定或指令性计划等行政措施和手段为主，直接领导和管理学校，从而从根本上改变学校作为政府附属机构的地位。

（三）政府教育职能边界的构想

综合各种因素分析，政府教育职能边界大体可以做如下设定：

1. "掌舵"与"主导"

在教育治理体系中，理想而有效的政府职能应该是"掌舵"，而不是"划船"。教育管办评分离，既离不开多主体治理体系，也无法摆脱政府的控制和主导。也就是说需要构建"强政府—大社会"的治理结构，既强调多元主体合作参与，又突出政府的"元治理"角色。② 前文已述，政府"元治理"角色的选择和定位，目的是为了加强政府对公共教育的有效干预而对治理工具进行选择。由于公共教育具有公共物品的属性，因此适用于政府"掌舵"和"主导"的治理工具至少有三种：一是"政府服务"。这是政府作为国家行政机构而与生俱来的职能品格，因为一般来说，公共教育都是由政府部门提供的，提供公共教育

---

① 魏志春：《政府教育管理职能转变与管理机制研究》，《中国高等教育》2009 年第 12 期，第 4 - 5 页。

② 于水、查荣林、帖明：《元治理视域下政府治道逻辑与治理能力提升》，《江苏社会科学》2014 年第 4 期，第 139 - 145 页。

的过程使政府同时扮演了服务安排者和服务生产者的角色。二是"府际协定"。这是由政府管理职能的系统性和协同性决定的，对于一个国家来说，中央政府与地方政府之间的教育职能必须是既分工又协同的。三是"合同引导"。这是教育管理的官僚体制和市场作用相统一的治理模式。其具体情形可以描述为：政府和相关各方签订公共教育生产与服务合同，政府一方是则是需求的确认者、购买者、检查者、评估者和付费者，相关各方是具体的生产者和服务者。

2. "平衡"与"协调"

在教育治理概念提出前，世界各国政府自觉地把教育作为实现国家目的的一种重要工具。它们一方面强调教育公平，另一方面要求政府必须遵循国家逻辑，包揽公共教育的一切事务，全程控制教育发展的基本过程，成为公共教育领域唯一的生产者和服务者。随着公共教育制度向普及化、大众化和标准化方向发展，政府的"唯一者"地位被打破。教育管办评分离中，政府需要处理"政府与市场""政府与社会"两对关系。在政府与市场的关系上，政府应让市场体系充分发育并发挥资源配置的主要作用；在政府与社会的关系上，政府应提供公共产品，保障社会公平，加强社会管理和公共服务。政府要做各方利益博弈的"平衡器"，协调市场和社会的彼此利益，避免因市场和社会的利益冲突而削弱治理主体的参与和合作。

3. "赋权"与"约束"

从"元治理"角度看，政府既扮演管办评分离规则的主导者和制定者，又担负着"社会赋权"的行政职责。政府做出教育中介组织与学校互动关系的制度安排，明确教育中介组织对学校管理与服务的范围，在沟通与协调、评估与监测等方面做出规范性要求。政府通过赋权，并给予明确的程序规定和行为约束，让社会力量成为构建教育治理体系和实现教育管办评分离的"第三种力量"。

4. "统筹"与"规制"

这里的"统筹"，就是政府按照教育的属性、服务对象来划分教育管理权限，实行分级分层统筹管理，通过政策统筹、方案统筹、力量统筹、进度统筹，构建教育治理体系和实现管办评分离。这里的"规制"，就是政府根据"元治理"原理，以矫正和改善教育突出问题、解放和发展教育生产力为目的，干预教育治理主体活动的行为。政府认为自己是"完全理性者"，主张只有政府才能保障公民的基本权利，也只有通过政府有序的制度安排来确立教育治理各主体间的权责配置及其相互关系。规制自然是属于教育治理上的制度安排，目的是实现政府对办学行为的管理或制约。规制又是分层次的，有从教育事业出发的规制，有从公共利益出发的规制，还有从治理体系出发的规制。但不管是哪种规制，政府的教育职能始终是主导教育发展定位和学校办学性质，对办学意图与办学行为进行规范和调节，并通过实体性和程序性的行政规则，实现对教育和学校的有效管理。

第二节　政府教育职能的现实问题

政府教育职能主要依靠教育行政体制来实施，集中体现在国家对中央和地方教育行政机构具体职责的规定上。诸多教育学者从不同角度对各国教育行政体制进行了划分，其中较有代表性的一个观点是根据中央和地方权限，将教育行政分为中央集权型、地方分权型以及中央与地方合作型。[①] 从教育事业发展的实际看，我国政府的教育职能相对复杂，很难简单地归属到其中的哪一种模式。

一、政府教育职能的现行模式

教育管办评分离中，政府职能模式反映的是教育行政体制的具体运行状况，体现着国家实施教育行政的组织系统、原则、方法和程序。新中国成立至今，我国已经建立了从中央到地方完备的教育行政体制，并根据时代特点和教育需要，进行了多轮改革和不断探索，奠定了新时期我国教育行政体制的基本框架。进入新世纪，伴随我国政治、经济体制改革向纵深发展，教育行政体制改革也进入了全局性的变革阶段。尤其是 2005 年全国人大颁布《职业教育法》、2006年全国人大修订颁布的《义务教育法》以及 2010 年颁布的《国家教育规划纲要》，既为教育行政体制改革指明了方向，也初步确立了政府教育职能的模式和要求。

（一）按行政体制管理教育

我国各级政府在履行教育职能方面有其法定性和规定性，其教育管理体制

---

① 孙成城：《中国教育行政概论》，合肥：安徽教育出版社，1999 年版，第 37 页。

必须依法建立、按规管理。同时，"地方政府负责落实国家方针政策，开展教育改革试验，根据职责分工负责区域内教育改革、发展和稳定"，① 在过去几十年里，这一体制一直没有变化。

在基础教育方面：《教育法》和《义务教育法》规定，国家实行九年制义务教育制度，其中基础教育部分实行在国家宏观指导下主要由地方负责、分级管理的管理体制。县级政府担负对本地教育发展规划、经费安排使用、教师和校长人事等方面进行统筹管理的责任。各级政府承担保障农村义务教育投入的责任。《国家教育规划纲要》中大力倡导义务教育均衡发展，具体推出了"全域化规划、标准化建设、倾斜化配置、一体化管理"等城乡义务教育一体化发展模式。

在职业教育方面：《职业教育法》规定，国家加强对职业教育和成人教育的统筹，逐步建立和完善"在国务院领导下，分级管理、地方为主、政府统筹、社会参与"的职业教育管理体制。《国家教育规划纲要》中进一步明确了职业教育管理在教育定位、投入机制、师资管理、办学机制、政府责任等九个方面的新举措。

在高等教育方面：《高等教育法》规定，全国的高等教育事业统一归由国务院领导和管理，省级政府（含自治区、直辖市）统筹协调本行政区域内的各类高等教育事业，同时国家通过制定法律、财政拨款、资格审批、评估检测等各种行政手段实施对高等学校的管理。

（二）按大众需求发展教育

地方政府与各级各类学校相连的制度设计是国家的办学体制。新中国成立以来，国家综合考虑各种因素，对各级各类教育实行高度集权的统筹规划和行政管理。改革开放后，国家适应经济社会的发展，积极改革教育管理体制，积极鼓励和支持社会力量以多种形式参与办学和管理，以满足人民群众日益增长的教育需求，形成了以政府公办为主体的、公办学校和民办学校共同发展的教育事业新格局，学前教育、基础教育、职业教育、特殊教育、高等教育的发展布局和办学结构基本满足国家需要和大众需求。

（三）按法律责任保障教育

《教育法》《义务教育法》《职业教育法》和《高等教育法》将发展教育和

① 《国家中长期教育改革和发展规划纲要（2010—2020）》（2010 年）

办好学校的"教育投入与条件保障"列入专门条款，提出了教育财政拨款和多种渠道筹措教育经费的要求，逐步增加对教育的投入，明确各级人民政府对教育经费支出要"在财政预算中单独立项"。《国家教育规划纲要》中进一步强调了发展教育中政府的法律责任，规定"健全以政府投入为主、多渠道筹集教育经费的体制，大幅度增加教育投入"。

（四）按管理权限评价教育

我国教育法律法规均规定了政府对各级各类教育和学校办学有监督评价职责。这说明，我国教育评价运行受政府主导，属于明显的行政行为，政府不仅管学校，充当办学主体的角色，而且在教育评价中履行了评价主体的职能。正因为我国教育评价以政府为主导，以及这一评价模式和价值取向存在重要缺陷，由此催生了各级政府对教育评价制度的改革探索。但客观地讲，与教育改革的其他领域相比，我国教育评价制度改革滞后，给政府教育职能重构带来一定难度。

二、政府教育职能的主要困境

（一）教育资源配置中政府与市场作用的边界模糊

有学者指出，在社会转型过程中有三种力量影响到教育运行，这就是"学术力量、政治力量和市场力量"，尽管"市场力量"属于新兴力量，但对教育的影响非常巨大。[①] 研究中我们也注意到，无论国内国外，人们对于政府与市场的关系问题争议颇多，而且由来已久，至今莫衷一是。有学者认为，教育应属于私人产品，教育资源也应交给市场来配置。很显然，这里所表达的意思在于：走市场化道路是教育的必然选择。当然，也有人持相反意见，认为教育只是一种准公共产品，带有市场属性，不适宜将教育全部推向市场，认为教育不应市场化，但应引入市场机制。《教育法》将"以营利为目的"的学校和其他教育机构排除在教育事业之外，从而清晰界定了教育与市场的基本关系。但在教育职能实践上，该规定没有能够有效调解政府对学校和市场的制约关系，反而导致了诸多认识上和使用上的混乱，使政府与学校、政府与市场的角色边界出现模糊。近几年来，随着教育事业的发展和教育体制改革的推进，我国政府对培

---

① 劳凯声：《社会转型与教育的重新定位》，《教育研究》2002 年第 2 期，第 3-7 页。

育教育市场的意识不断增强，责任逐步清晰，政府围绕教育市场培育的服务性工作越来越及时而规范。但是，市场与政府的关系依旧复杂，政府在培育教育市场过程中面对的挑战依然存在，政府教育职能的不适应性仍然存在。有关专家指出，"公共经济学以市场失灵作为政府与市场作用的边界，凡是市场能够有效配置资源的领域，资源应由市场配置，凡是市场失灵的领域，资源应由政府配置。"① 但在政府教育职能转变过程中，对于那些正规的学校教育，政府与市场作用的边界应该如何界定？至今无人给出明确答案。

（二）政府职能实现中"职"与"位"不匹配的情况复杂

政府职能研究学者指出："提供完善的公共服务，是政府的责任，经济社会越发展，公共服务职能的重要性就越突出。"② 近年来，我国增强了政府公共教育服务职能，加大了教育行政管理体制改革力度，并且取得不同程度的成效，但与人民群众的需求、完善新时代教育改革目标、教育管办评分离要求相比，政府公共教育服务的有效性仍存在明显的不适应。尤其是一些政府部门及其工作人员对于我国在新的条件下转变政府职能重要性认识不足，对服务型政府的职能定位还缺乏一个全面准确的理解，在政府部门内部仍然存在着比较严重的职能缺位、错位、越位、失位等问题。

首先，政府职能缺位，导致教育公共服务"度"的失衡。所谓"职能缺位"，通俗地讲就是一个政府应该干的工作没有去干或工作没有干好。在我国教育领域，各级政府及其主管部门"职能缺位"的事件屡见不鲜。比如，在大的方面，国家早在《中国教育改革和发展纲要》中就要求国家财政性教育经费支出占比在 20 世纪末必须达到 4%，但迄今为止，这一政策目标在许多地区并未实现。再如，在小的方面，社会上存在的一些无证、违规、越线的教育培训机构屡禁不止，其原因固然较多，但政府有关部门的"缺位"和相互推诿无疑是重要原因，政府部门应该管的事却没有人愿意去管或没有下决心管住，这是一种很有代表性的"行政不作为"。

其次，政府职能越位，导致教育公共服务效率低下。所谓"职能越位"，是指政府超越自己的组织权限去管人、管事。目前我国的教育乱象中，政府部门

---

① 王善迈：《中国教育发展与改革中面临的若干教育经济理论与方法问题》，《北京师范大学学报（社会科学版）》2011 年第 5 期，第 7 - 9 页。

② 易昌良：《中国服务型政府职能重构研究》，北京：人民出版社，2014 年版，第 121 页。

的越位事例比比皆是，其典型的行为就是政府实行威权主义的行政管理。一个时期以来，基层学校所有的事务，大到发展规划、小到课程设置，没有一样不是统揽包办和直接管理。之所以造成政府职能的膨胀，在很大程度上与一些政府及其部门仍然坚持"全能政府"的思维定式不无关系。有些地方政府及其部门忽视教育投入产出的效益原则，固守计划经济大包大揽的教育管理模式，未能充分调动社会力量参与教育服务的积极性，在这种思维惯性和行政模式下，出现职能越位问题也就不足为奇了。

再次，政府职能错位，导致教育公共服务的资源浪费。什么叫"职能错位"？用通俗的话讲就是"种了别人的田，荒了自己的地"。现行的政府体制下，不同部门职能重叠、交叉严重，在一些层级的教育管理中职能错位问题表现得比较突出。出现这一问题，在表面上看是政府多部门对教育"齐抓共管"的误导，实际上却是在教育公共服务领域政出多门、各自为政、缺乏协调而出现的恶果。

第三节　政府教育职能的国际视野

举目四望，可以说当今世界教育领域中继承和变革并存，无论是实行以中央集中管理为主的国家，还是实行以地方管理为主的国家，似乎都未忘记在政府再造运动中相应进行教育管理改革。教育管理改革成为世界性趋势，尽管各个国家教育管理改革的思路和重点各有不同，采取的方法千差万别，但相互学习、相互借鉴也成为一种趋势。[①] 发达国家教育管理改革为我们提供了值得借鉴的经验，特别是教育体制方面的一些举措，对我国政府教育职能的重置和教育管办评分离改革有一定参考价值。

[①]　贺乐凡《相互学习　相互借鉴——世纪初世界教育管理改革的基本趋势》，《求是》2005年第9期，第56－57页。

一、西方国家教育改革的进展

（一）教育改革着眼于解决教育危机

第二次世界大战后，西方各国教育发展存在一些共性特点。例如教育规模不断扩大但教育设施跟不上需要，特别是 20 世纪 60 年代以后，伴随世界经济的持续高速增长，各国教育事业也进入了发展黄金期。但是，由于教育设施短缺，教育质量无法保证，西方国家的流生率也明显提高，同时这些国家只追求表面上的教育机会均等，因此在这些国家普遍存在贫富之间、男女之间、种族之间接受国民教育的不平等现象。面对此种状况，西方国家产生了急迫的教育危机感，认为现行教育体制可能已经过时，满足不了国家发展的需要和人们对教育的诉求，于是教育管理改革逐步演变成一种世界主流。正是这种普遍的教育危机感和经济飞速发展向教育提出的新要求，成为世界性教育管理改革的一股动力，于是各种教育新思想、办学新理念和评价新方式也随之不断涌现出来。

（二）教育改革立足于提高教育适应性

20 世纪 80 年代以后，西方许多发达国家都进行了所谓的"教育重构"的改革运动。尽管每个国家的具体改革措施各不相同，但从整体上看，存在着一些有趣的倾向。[①] 这些国家的学校教育，在经历一个世纪的快速发展后逐步出现新的特点。这些国家以往教育管理改革的着眼点在于创造一个新的教育构架，而近些年的改革则明显表现为适应经济发展和生活水平的提高以及解决由此产生的各种问题，于是它们所进行的教育结构性改革，往往致力于对旧的政府教育职能框架的"重新构筑"，以提高教育系统的效率和适应性。

（三）教育改革指向于维护教育公平

在欧美发达国家，由于学校教育传统性功能的低下已成为亟待解决的问题，因此其政府教育职能调整的重点，就是力图恢复和改善学校教育的传统性功能，特别是将改革对象移向学校教育的划一性，重视教育的个性、差异，以缩小学校功能，实现教育的多样化。在美国、英国和日本，为了实现教育管理改革目标，许多学者主张把市场原理和竞争原则引入教育领域，以促进教育的市场化

---

① 【日】藤田英典：《走出教育改革的误区》，北京：人民教育出版社，2001 年版，第 14 页。

和民营化发展。在这样的背景下自然而然地产生了带有全球标记的教育公平性问题，由此引发了世界范围内大面积、多国度的教育职能重构热潮。

（四）教育改革贯穿着追求教育质量

欧美主要发达国家都在用世界通行的"改革精神"进行教育职能重构，而且各国教育管理改革的周期在缩短，同时几乎没有间断。应该看到，在过去的30年里，各国教育管理改革明显经历了"三波浪潮"。第一波改革"追求内部质量"，重在改进教育的内部过程，提高"教"和"学"的素质和效能；第二波改革"追求外部质量"，强调教育的公众问责，以满足社区需求；第三波改革"追求未来质量"，强调教育的未来质量，提高教育与新世纪发展的相关性。[①]有关专家研究认为，西方主要发达国家教育改革的总体进程处于领跑行列，教育管理改革所带来的变化也明显好于其他国家。即使是教育发展水平并不落后的亚太地区，其中多数国家和地区的教育改革也尚处于"追求外部质量"的第二波改革阶段，当然也有一些国家逐步将教育改革的目光瞄准了"追求内部质量"，开始向第三波改革迈进。

二、西方国家教育管理的特征

（一）教育公共管理与国家愿景紧密相连

纵观西方国家教育改革历程，不难发现，教育概念在扩大，教育观念在更新，教育的作用已不限于学校内部，人们对以政府为主体的教育治理的认识在实践中不断巩固和深化。随着全球化、信息化时代的到来，不同文化之间的频繁接触，使得人类不得不正视教育在成长与成才、谋生与发展、交流与合作中的重要作用。于是，除西方发达国家外，包括一些亚太发达国家便将教育管理改革视为支持社会、经济、政治和文化发展的一种手段。如新加坡、马来西亚等国家，面对经济、政治、文化转型带来的急剧变化和全球挑战，对自身教育体系的短期成效感到不满，它们迅速将教育和新时期的发展、繁荣的国家愿景紧密联系起来，明确提出了国家新的教育愿景和长期发展目标，试图为新一代的未来生存发展做好知识和人才准备。它们一改过去把学校教育作为完成教育的传统看法，认为学校教育既为学生的一生打下基础，也为国家的发展目标积

---

① 郑燕祥、姚霞：《亚太地区教育改革面面观》，载上海教育杂志社编《此岸·彼岸——28 国教育改革进行时》，上海：上海教育出版社，2007 年版，第 38 页。

蓄力量，于是在教育方面的核心举措就是大力鼓励学生的自我教育和终身学习，其中的标志就是突出中小学教育在整个教育改革中的重要地位。

中小学教育是基础教育，要从根本上解决教育问题，从战略角度考虑必须从中小学抓起。正因如此，欧美一些国家为了在世界经济、科技和军事等各领域占据领先地位，纷纷提出并实施了中小学教育改革计划。20世纪80年代以来，各国把基础教育的关注焦点，纷纷集中在了教育的个性化和多样化上。在教育个性化和多样化理念主导下，它们反对学校教育的"强求一律"，要求承认学生在智力、情感、兴趣、生理、文化背景等方面存在的各种差异，强调应按照社会要求和个体需要实施学校教育。

（二）教育服务供给的市场化取向

20世纪80年代之前的一段时间，即使西方发达国家市场化已经渗透到社会生活的方方面面，依然很少有人专门讨论教育的市场化问题。实践上也是如此，西方几乎所有国家的政府都将教育当作公共事业的一部分，把办教育作为政府天经地义的重要职责。但是，从这之后的情况则发生了很大变化，其中突出的表现就是各国政府陆续走上了教育市场化道路。此时，各国虽未放弃政府对于教育的职责，然而教育的市场化已不再是什么新鲜的事物或教育领域的敏感话题，它显然已成为各国教育管理改革的目标之一和教育治理的重要路径。

进入21世纪，在教育市场化发展的背景下，许多国家在公共教育管理改革中的一个基本思路，就是将市场的公平竞争和自由选择机制引入教育领域，试图打破政府垄断教育产品的局面，实现"教育服务供给主体的多样化"。[①] 因此，西方国家以教育市场化为导向的教育管理改革趋势明显。从教育市场化所涉及的领域来看，在宏观上涉及国家教育行政体制，在微观上涉及学校运行机制及内部治理。就这二者而言，西方发达国家均采取了一些改革措施，其对教育事业产生的积极效应，给我国政府教育职能的构建和教育管办评分离以重要启示。

（三）学校管理体制的多元化趋势

1. 改革公立学校的办学模式。在二战以后的历次教育改革中，各国对公立中小学的办学体制少有触及，但从上世纪末开始这种情况已经出现改变，一些

---

① 谢炜、陈进红：《教育公共服务的国际经验及其借鉴》，《内蒙古师范大学学报（教育科学版）》，2008年第3期，第1-8页。

国家开始探讨在不改变公立学校性质的情况下对其办学模式进行改革。近年来，英国许多公立中小学相继脱离地方教育当局的管辖，成为接受中央政府直接拨款的学校。这些学校获得了办学经费的管理权和使用权、人事权，比以往能够更加独立地进行管理和决策，并在办学质量上达到规定的要求，一种有别于以往的新的公立学校办学体制正在英国形成。在美国，各州也在不断探索如何改革公立学校的办学体制。20 世纪 80 年代以来出现的学校有"选择性学校"（Alternative School）、"有吸收力学校"（Magnet School）和"二次机会学校"（Second Chance School），其主要做法是对现有的公立中小学进行改造，学校通过与政府部门签订合同，订立招生、课程、办学质量和财务等方面的标准，来换取政府的办学经费。这样做的目的，主要是为了促使中小学维持和提高办学质量。据统计，到 1997 年上半年，美国已有约 30 个州出现了特许学校，总数超出 700 所。这一新型学校的出现足以表明一个事实：美国传统的公立学校的办学体制正在发生前所未有的变化。

2. 倡导学校之间的自由竞争。在学校的运行机制方面，一些国家取消了政府对于公立学校的保护，倡导学校之间的竞争。为改变学生和家长长期以来处于被动接受教育地位的状况，允许学生和家长在公立学校内部以及公私立学校之间自由选择。其中，较具代表性的是美国的"教育券计划"（Education Voucher Plan）。按照该计划，政府改变了对公立学校直接给予补助的教育投入方式，改为向学生家庭直接发放"教育券"，只要是政府认可的学校，学生凭教育券就能自由选择入学。这项改革促进了公共教育权的重新分配与平衡，但允许学校自由竞争和学生凭券择校的前提是，学校和家长拥有与此相匹配的权利和责任，重新分配的目的在于调动多方参与教育的积极性，更有效地配置教育资源。

3. 鼓励有关企业参与学校教育。20 世纪末以来，西方国家企业介入学校教育的程度和方式都有所变化，集中表现在企业开始广泛关注并直接介入学校教育的改革和运作。至 1990 年，美国企业界已发表了约 300 份关于美国教育的报告。美国政府同年发表的《美国 2000 年：教育战略》中也明确提出要发挥企业在教育中的重要作用。当时布什政府的最高教育助理不是教育专家，而是施乐公司前总裁大卫·卡恩斯（David Kearns）。随之，美国的一些地区也开始改变惯例，任命了企业经理担任教育行政部门的官员。在英国，不仅规定新设立的城市技术学校的董事会必须要有工商企业界的代表，而且许多原有的公立中小学都在董事会中安排了企业界的成员。企业介入教育还表现在为学校教育提供各种资助。企业参与学校教育，当然有利于学校改进管理和提高效率。据统计，美国公立中小学从工商企业获得的资助每年多达 40 亿美元，这还不包括各种奖学金、辅导等其他形式的资助，而高校所接受的资助更是中小学的五倍之多。①

（四）教育评价方式走向法治化

西方发达国家对教育实行宏观管理和调控，学校依法自主办学，而评价则交由社会中介组织来完成，并且以诊断性评价为主，评价的主要目的用于学校效能改进，提高办学质量。英国在 1992 年《教育法》颁布实施后，便成立了非政府部门的、独立于教育部的"教育标准局"，其主要任务是制定评价标准、有关政策和计划，监督督导工作质量，制订并监督督学的培训计划。"通过培训工作，使学校增强信心，克服存在的弱点，改进学校各项工作。同时，向政府及公众提供既有数量又有质量的信息，以作为制定政策的依据。"② 美国教育评价标准联合委员会由全美教育研究协会、美国心理学会、教育测定全国评议会及其他团体的代表所组成，不仅重视教育评价信息的质量和作用，重视人们在教育评价中的交互作用，而且重视教育评价的报告及其效果。在西方国家，对学校办学水平的评价，是上级教育主管部门组织实施的一种兼有诊断学校工作中存在问题、确认工作成绩和教育质量水平的评价，其目的在于帮助学校进一步改进工作，提高办学质量。对于评价结果达不到规定要求的学校，除指出存在问题、提出改进工作的建议之外，更重要的是针对问题从人力、物力方面予以加强，帮助学校提高教育水平。

三、西方国家教育职能的借鉴

随着经济的发展和政府在教育治理中主导地位的确立，西方发达国家和亚太的一些国家，在教育发展中投入了越来越多的资源，力图在政府主导下重建各级教育体系和教育治理体系。例如日本、澳大利亚、新西兰等亚太国家，在 21 世纪初就完成了对教育系统的改革和调整，但它们的改革调整并没有以义务教育或普及教育的规模扩充为重点，而是更加关注教育系统的问责和运作，强

---

① 许明、胡晓莺：《当前西方国家教育市场化改革述评》，《教育研究》1998 年第 3 期，第 69 - 74 页。

② 驻英使馆教育处：《英国教育标准局及学校教育评估概况》，《世界教育信息》1996 年第 4 期，第 1 - 2 页。

化政府对教育系统的监督管理。其中，西方国家在校本化、民主化和问责制中的有关做法，对我国政府教育职能的重置具有借鉴意义。

（一）推进教育管理的校本化发展

校本管理是 20 世纪 80 年代兴起于美国及一些西方国家的一种新型学校管理理念。这一理念强调将以往由教育主管部门把持的学校财政预算、人事决策以及课程设置等权力下放给学校本身，让学校根据其自身实际情况进行教育教学资源的合理配置，从而达到提高办学效率和教育质量的目的。

从外部控制转为校本管理，实施"自我管理学校"，以有效利用资源，提高人员主动性，是教育管理改革的国际趋势。有学者指出，"教育校本化发展，在很大程度上反映了最近 20 多年来西方国家中小学教育改革和发展的一个明显趋势，它所体现的教育分权化和多样化发展的思路，与教育集权化发展思路一道所形成的力量对比和消长的轨迹，正是转型期西方中小学教育改革和发展的现实图景"。[①] 20 世纪 90 年代以后，由于中央集权通常忽视以学校为本的需求，教育管理易流于僵化，很难满足不断变化的教育需求，因此许多国家关注、鼓励并推进校本管理改革，力图以此促进教育发展，提高教育效能。例如新西兰和澳大利亚，先后在 1988 年和 1993 年将公立学校转变为"自我管理学校"，进入新世纪以后，它们进一步推进教育分权，发展"自我治理学校"，给学校更多的自主管理权。类似的改革趋势，在西方发达国家变得更明显。有的实施促进学校自我管理的新措施；有的在校本管理基础上进一步强化一些放权举措，旨在通过校本管理提高教育质量；有的尝试组建学校治理组织，调动包括教师、家长、校长、毕业生和社区负责人等在内的各方力量，以提高学校治理水平。由于公众的需求不断上升，西方国家包括亚太地区的澳大利亚、新西兰等国，在教育领域所采取的许多举措都比较强调义务教育的质量保证。由于受工商界兴起的"质量运动"影响，人们重视将"全面质量管理"的相关概念引入到教育领域，并构建了具有教育属性的质量管理体系。在这些国家的教育管理实践中，教育质量通常与素质教育、成果适应性、公众满意度等联系在一起，有的

---

① 朱利霞：《国家观念、市场逻辑与公共教育——转型期西方公共教育改革研究》，济南：山东教育出版社，2010 年版，第 9 页。

国家还运用"义务教育的质量指标"开发出了"教育质量评价体系"。①

（二）实行学校内部治理的民主化

20世纪80年代以来，无论是实行中央集权教育行政管理体制的国家，还是采取地方分权制的国家，都将扩大学校的办学自主权当作教育管理改革的一项重要措施。它们共同的做法是，将许多原属于地方教育行政部门的权力直接下放到学校，给予学校更大的和更多的办学自主权。在学校内部治理方面，各国从改革学校运行机制入手，使之更为规范和民主。其中突出的措施，就是实行和完善学校董事会制度，并在学校董事会或管理委员会中规定了校长、教师、家长和社会人士的组成比例，特别是扩大了家长和社区代表的比例，以使学校在办学的各个方面能够反映社会的诉求和公民的需要。例如新西兰，该国《教育法》所制定的教育改革的具体步骤中，就包括制定学校宪章、改革中小学的管理体制、扩大学校董事会在人财物各方面的权力、赋予家长更大的教育参与权与选择权等内容。再如丹麦，该国颁布的"国民学校行政管理条例"，强调发挥地方、社会团体、个人和家长的办学积极性和主动性，提出逐步下放教育管理权限，赋予学校董事会更大的办学自主权。此外，瑞典政府也提出了加强义务教育的议案，其中的一项重要内容，除了赋予学生及家长更大的责任和权力，使他们有更多的机会选择学校外，特别强调应鼓励学生和学生家长参与学校重大事务的决策。

（三）建立多元共治教育的"问责制"

自20世纪80年代以来，知识经济时代社会对教育质量的高度关注和高度期望，造就了有史以来外界控制教育的最为强大的力量，最终导致以自律为主的教育转向共同治理的格局。西方国家教育问责制的产生，一方面是由于学费上涨、学校的财政困境以及公众对教育的不信任等因素，然而各方面的利益驱动、教师自律机制的失信、学术价值观由内部认可到外界承认的变化等因素，才是"多元共治教育"更为深层次的原因。近年来，"问责"成为西方各国教育管理改革中的一个重要关键词，它的主要特征与"责任"密切相连，同时非常强调政府管理学校的"结果和绩效"。当然，对于西方国家的教育制度来说，"问责制的定义尚不统一，但简单地说，问责制作为转型期西方各国教育治理的

---

① 郑燕祥、姚霞：《亚太地区教育改革面面观》，载上海教育杂志社编《此岸·彼岸——28国教育改革进行时》，上海：上海教育出版社2007年版，第38页。

一项重要制度，其基本含义就是资源使用者向资源供给人提交报告的义务或职责"。①

第四节 政府教育职能的重置路径

政府教育职能建构的理论逻辑在于重塑政府与学校、社会、市场、公民之间的关系，追求教育公平以及完善教育公共服务体系。这些目标的实现，有赖于政府改革和教育改革。政府教育职能建构首先要重塑政府的目标，而重塑政府目标意味着政府传统的教育行政模式也需要进行进一步的调整。笔者认为，政府教育职能重置的目标就是要在教育职能框架内逐一构建起"教育政府""有限政府""服务政府"和"合作政府"。

一、"教育政府"及其建构

（一）关于"教育政府"

"教育政府"是英国伦敦大学国王学院教育中心的教育学教授斯蒂芬·鲍尔（Stephen Ball）在《政治与教育政策制定——政策社会学探索》一书中对英国《教育改革法》进行教育政策分析时使用的重要概念。该书尽管是一本国别教育政策分析的典型研究著作，但其中对于政府对教育的作用和功能的理解，以及政府、市场和意识形态与教育变革的关系等阐述得相当清晰，使整个英国教育政策制定过程通明透亮。鲍尔把政府看成是"负责日常事务的、具有公共机构特征的实体"，也是"一个具有一组功能的实体"。他认为，政府不同于一般的社会组织，可以通过某些特定机构和某些方面的个体识别出来，政府"是一种机器，它多少与自己的命运有关；它是管理主义的和官僚主义的，它极大地专注于短期的'危机管理'"。因此，鲍尔将"教育政府"定义为"与教育系统制度有关的办事处和组织机构的集合"，同时认为"教育政府"应具有两个基本特征：一是"机构设置系统合理，而且不断调整变化"；二是"存在一个'中

---

① 朱利霞：《国家观念、市场逻辑与公共教育——转型期西方公共教育改革研究》，济南：山东教育出版社，2010年版，第10页。

心—外围'关系"。①

（二）"教育政府"的职能体现

教育公平是社会公平的重要基础，教育的公益性要求政府更多地承担起教育公共服务的财政责任，这就是"教育政府"的衡量标准。在政府范畴内，教育作为最大的公共服务领域，是社会和谐重要的基础领域之一，因此公共教育服务水平是社会和谐的重要指标。19世纪中期就有学者指出了教育的重要性和政府参与基础教育的必要性。英国著名经济学家、《国富论》作者亚当·斯密（Adam Smith）认为，教育是社会稳定的基础，是一种具有积极意义的保守力量，因此类似政府出资教诲贫民子女应是"国家最急之事"。他在《国民财富的性质与原因的研究》中在论及公共教育服务时就表明了立场，认为国家应当提供面向全体国民"最基本的教育"。"亚当·斯密的国民教育说在一定程度上为受教育者，尤其是义务教育奠定了理论基础。"②

从那以后，政府承担教育公共服务责任成为国际共识。1870年，英国议会通过一项教育法案，全国实行义务教育。1948年，联合国发表《世界人权宣言》，指出教育是关乎国家根本利益的公益事业，目标就是"培养合格公民"，第26条规定："人人都有受教育的权利。教育应当免费，至少在初级和基本阶段应如此。"我国从1986年开始确立了义务教育制度，坚持实行九年制义务教育，至今政府的职能和责任从未动摇过，受到世界各国的称赞。

既然政府的教育职能是维护教育公平，同时必须承担义务教育阶段的财政责任，这里可看出，作为一个"教育政府"，一定是"责任政府"。其职能体现：一是"拨款举办各级各类教育并促进教育机会的公平分配"；二是"建立并实施国家教育标准，鼓励各种社会力量举办教育"；三是"建立专门化的学校运行机制，保证学校教育机构的自主办学地位"；四是"培养师资并建立教师专业化管理的机制"。③

（三）"教育政府"的角色内涵

"教育政府"是责任政府的体现，是政府提供公共教育服务的内在要求，因

---

① 【英】斯蒂芬·鲍尔：《政治与教育政策制定——政策社会学探索》，上海：华东师范大学出版社，2003年版，第17－18页。

② 高淑贞：《亚当·斯密的国民教育说》，《吉林省教育学院学报》2007年第3期，第5页。

③ 吴爱明等：《服务型政府职能体系》，北京：人民出版社，2009年版，第138－139页。

此政府在教育管办评分离中"教育政府"的地位不能动摇。如果没有一套科学的教育理念、教育制度、教育机构构成的教育系统，政府就无法履行教育管理职能和提供公共教育服务。

教育管办评分离治理，要求政府、学校和社会各司其职，不同的治理主体扮演不同的角色。按照管办评分离改革的原则和教育市场化发展的要求，适当"分化"政府的角色作用是必要的，政府的主要角色应该侧重于宏观调控，抓学校的办学方向等大政方针，应该是"掌舵"而不是"划桨"，是办"教育"而不是办"学校"。

教育部《教育管办评分离意见》明确了新时期作为"教育政府"的角色定位：第一，管好该管的事，"全部取消非行政许可审批，建立规范教育行政审批的管理制度"；第二，不干预学校办学，"减少对学校办学行为的行政干预"；第三，履行好服务性职责，综合运用必要的行政措施，"引导和督促学校规范办学"；第四，遏制行政膨胀，"严格控制针对各级各类学校的项目评审、教育评估、人才评价和检查事项"。

二、"有限政府"及其建构

（一）关于"有限政府"

面对经济自由主义与国家干预主义两大思潮，西方国家的政府角色曾几度发生转换。在古典自由主义时代，政府被誉为"守夜人"，在人们心目中"做事最少的政府也就是最好的政府"；当20世纪30年代世界经济危机时，政府扮演着"善良道德人"角色，国家奉行"干预主义"的管理风格。随着政府干预的加强，无疑会出现"政府干预过度"，结果新自由主义又重新抬头，政府的"经济人"角色凸显。没过多久，由于政府的公共服务不以营利为目的，结果导致政府的财政危机，于是呼唤能担当"社会人"角色的政府。这种"社会人"政府，有一个特点，即既强调市场调节的必要性，主张"向市场回归"，又强调不能完全放弃政府的干预。

"有限政府"理论成为当今西方国家政府治理的主导理论，其核心观点是"市场经济有可能失败，但政府干预一定失败"。"有限政府"的简单解释是：公共服务中的政府作用必不可少，但政府的功能一定是相当有限的。米尔顿·弗里德曼（Milton Friedman）认为"政府的必要性在于它既是'竞赛规则'的制定者，又是解释和强调执行这些已被决定的规则的裁判者"。哈耶克

（F. A. Hayek）则大力呼吁政府治理的"市场回归"，明确反对计划经济和国家干预，认为政府的主要职责是支持个人在市场内的选择权利，而不是去干预个人做决定。

"有限政府"理论具有四大价值理念：一是强调服务的"市场导向"，重视市场的作用与市场的培育；二是倡导社会多元的"协同治理"，反对政府的行政干预；三是支持个人对公共服务的选择权利；四是主张"小政府，大社会"，注重公共服务的质量与效率。

（二）"有限政府"的角色特征

关于我国政治体制改革中的"有限政府"，学术界的现有研究大多从政府权责、政府职能、政府规模和政府行为四个角度入手来阐述相关问题。谢庆奎教授将"有限政府"定义为："权力、职能、规模和行为方式均受宪法与法律的明文限制，并同时接受社会监督与制约的政府"。①

的确，"有限政府"理论背景下，政府职能不可能是全能的，而应当是有限和有效的。当然，政府的职能范围应当取决于市场和社会的需要。按照谢庆奎的定义，"有限政府"的职能特征可以归纳为三点：一是政府的权力应是有限的。政府的所有权力，其合法性均源自国家法律法规的规定，政府行使权力也必须接受法律法规的严格约束。二是政府的职能应是有限的。政府应主动将其职能严格限定在公共领域，履行好分内职能，不越位、不错位。三是政府的规模也应是有限的。政府的权力与职能受到限制后，其行政机构应"从过去全能政府所造成的机构重叠、人员冗滥、效率低下的怪圈中跳出"。②

（三）"有限政府"的构建路径

从教育管办评分离的需要出发，政府教育职能重构的重要目标就是通过教育分权和简政放权，实现从"全能政府"向"有限政府"的转型。

第一，要摒弃全能政府思想，树立有限政府理念。在教育管理中，管理理念支配着政府的行政行为，因此"政府管理教育"的第一要义就是更新管理思想，打破行政传统，抛弃以政府为主导的官本位意识和威权行政的定式，倡导鼓励学校自主管理和社会多元力量的参与管理。

---

① 谢庆奎：《当代中国政府与政治》，北京：高等教育出版社，2001年版，第18页。
② 李文良等：《中国政府职能转变问题报告：问题、现状、挑战、对策》，北京：中国发展出版社，2003年版，第114页。

第二，要严格遵循依法行政和依法治教的原则。我国宪法规定了政府的行政权力，在国家现行法律以外的一切行政行为均应视为违法和无效。因此，政府及其教育主管部门不得自行扩张行政职权，即便行政有据也应主动接受监督与约束。

第三，要严格限定政府教育职能的内涵和外延。在教育领域内，政府的核心教育职能一般包括制定教育政策、编制教育规划、配置教育资源、保障教育投入、监控教育质量等方面。这些核心教育职能一般不可向政府以外的组织让渡，以确保政府承担起强有力的教育监管者的责任。同时，作为有限政府，教育主管部门应逐渐退出自己并不擅长的领域，为落实学校的主体利益和在局部领域整合其他教育力量创造现实基础，通过学校的自我管理和社会的参与管理，有效弥补政府鞭长莫及的陌生领域。

三、"服务政府"及其建构

（一）关于"服务政府"

改革开放以来，我国政府职能转变经历了各种变化，从偏重经济职能到全面转变职能，直至"政府职能的转变也按照自身的逻辑步入轨道，主动地适应和促进市场经济的发展"。[①]

首先，政府的职责在于公共供给。对于政府来说，公共供给的含义有广义和狭义之分。广义的供给是指物质与精神的全方位供给，包括社会主义物质文明建设和精神文明建设；狭义的供给主要是指物质供给，即公共物品和公共产品的供给。代表着公众利益的政府理所当然是供给的主导者或主体。"政府应该超脱于各个利益冲突的阶级和阶层，公开、公平、公正地为全社会所有人提供公共物品和公共产品，提供各种形式的公共服务，使全社会的利益得到切实的保障。"[②] 但是，按照新公共管理理论，政府与公民的关系是服务的提供者与服务对象（即顾客）的关系，政府在社会管理与公共服务的关系定位上仍然没有离开"政府本位"的供给方式，因此需要对政府进行职能改造，真正将公民看

---

① 朱光磊主编：《中国政府发展研究报告（第二辑）：服务型政府建设》，北京：中国人民大学出版社，2010年版，第6页。

② 叶海平、王丹丹：《公共服务型政府的"过程逻辑范式"及其分析》，《上海大学学报（社会科学版）》2008年第4期，第16－22页。

作是政府服务的主人，促进公共产品和公共产品供给的社会化，从而实现政府从"自利性"向"公共性"的转变。

其次，公共服务是服务型政府的核心。提供公共服务是服务型政府职能的主要内容。虽然政府不再是公共服务的唯一主角，但公共服务具有非竞争性和非排他性，政府一般不会轻易放弃这一领域。换句话说，为公众提供优质和高效的公共服务是政府当仁不让的职责。有学者认为，在现代行政理念下，由于政府提供的公共服务不仅具备无形产品的一般属性，还具有其特殊的要求，因而政府提供的公共服务应该是"信用的服务、规范的服务、高透明度的服务和自愿的服务"。①

再次，公共利益是政府服务的终极追求。有学者认为，只有明确公共利益在政府行为中的终极地位，才能树立服务观念。② 事实也确实如此，尽管政府行为并不能总是反映公共利益的要求，但政府作为公共权力的拥有者、公共资源的掌握者、公共事务的治理者，与其他利益主体相比，政府与公共利益的关系更加密切。这意味着，公共利益的最高代表者是政府，政府行为的价值取向只能是公共利益。服务于公共利益是服务型政府存在的基础和行政行为的根本宗旨，也是服务型政府公共服务所追求的终极目标。

(二)"服务政府"的理念解读

服务型政府与传统型政府相比具有两个鲜明特征。服务型政府首先是公众参与性的政府，公民表达愿望与诉求，履行其发言权与批评建议权，以实现对政府权力运行状况的监督。服务型政府又是权力至上性的政府，政府赋予的公民权利必须代表大多数公民的意志和利益，而不能只代表极少数人的个别利益。因此，服务理念是服务型政府的基本价值追求。在服务型政府构建中，需要教育行政部门及其工作人员树立为公众服务的价值理念，自觉地适应政府教育职能的转变，强化团队意识，接受新要求，遵循新规范，提高办事效率。当然，"服务政府"的服务理念或服务精神，应是具体的和刚性的。

第一，应树立全新教育服务理念。政府应以公众的教育利益为职能本位，

---

① 刘星：《服务型政府：理论反思与制度创新》，北京：中国政法大学出版社，2006年版，第49页。

② 刘星：《服务型政府：理论反思与制度创新》，北京：中国政法大学出版社，2006年版，第50页。

遵循市场规律提供公共服务，发挥自己的行政职能。当前，我国教育工具化、办学功利化的现象还比较明显，有些问题的表现还相当突出，这与办好人民满意教育的要求不相适应。政府在治理教育和管理学校过程中，应考虑到我国教育在社会主义市场经济体制中的特殊性，通过政策引导和创造环境来树立教育服务理念，通过机构改革和机制优化来提高教育服务水平。

第二，应全面提升教育服务能力。政府教育职能的实现必须依靠人员、机构和机制，但归根结底，人是活动的主体和决定性因素。教育行政部门及其工作人员专业能力的差异是行政行为成败的关键，这种正比关系决定了素养较高的行政机构和行政人员将有助于提高政府的行政效能。因此，没有高素质的教育行政机构和专业队伍就不可能有高水平的教育服务。

第三，应健全教育服务协调机制。在管理过程的各要素中，法国亨利·法约尔（Henri Fayol）把"协调"作为首要的和核心的要素。美国弗兰克·J·古德诺（Frank J. Goodnow）在《政治与行政》中就"协调"的重要性做了详细阐述。这两位管理学大师的见解，是很有深意的，对我们理解教育服务中"协调"的真谛颇有价值。我国教育行政部门在面对教育现实状况时，经常会陷入政府职能无法及时到位的困局，很大部分原因就是"协调"机制出了问题，其症结在于协调理念、机制和能力的缺失。因此，在构建"服务政府"中一方面应加强政府各平行机构间的协调，另一方面应加强上下级之间的协调互动。

第四，应提升教育市场的掌控能力。服务政府向社会公众提供公共教育产品，以实现教育公平，培养公民精神，但服务政府有一大缺陷就是缺少灵活性与回应性，这就意味着政府在公共教育服务中既掌舵又划桨是不现实的，而唯一的可能则是"在教育官僚制生产领域划桨"、"在教育市场化领域掌舵"。[①] 由此可知，政府在教育市场化改革和教育治理结构中，必须发挥主导性的掌控作用。

（三）"服务政府"的构建途径

"服务型政府建设是政府职能转变的新阶段"。[②]我们经常说"管理就是服

[①] 潘希武：《政府在教育治理中扮演的两个角色》，《比较教育研究》2006年第11期，第5–9页。

[②] 朱光磊主编：《中国政府发展研究报告（第二辑）：服务型政府建设》，北京：中国人民大学出版社，2010年版，第6页。

务"，但政府进行公共教育管理活动，必然不能无视服务理念或服务精神的存在。因此，服务是政府的首要职能，服务是政府教育职能的必然选择。2016 年，中央政府启动了"放管服"改革，目标是完善政府公共管理，这为构建"服务政府"提出了新要求，开拓了新路径。

第一，完整理解国家"放管服"改革的内涵和意义。关于"放管服"改革，中央政府领导人曾做出比较明确的阐释："'放管服'改革实质是政府自我革命，要削手中的权、去部门的利、割自己的肉。计利当计天下利，要相忍为国、让利于民，用政府减权限权和监管改革，换来市场活力和社会创造力释放。以舍小利成大义、以牺牲'小我'成就'大我'。"① "放管服"改革的核心在于简政放权、优化服务，其特征主要体现在八张清单上，即权力清单、责任清单、行政审批中介服务事项清单、行政许可证明事项清单、随机抽查事项清单、公共服务事项清单、行政审批中介服务收费目录清单和行政事业性收费项目目录清单。通过以上清单，最终达到优化公共教育服务的目的。

第二，充分认识教育领域"放管服"的实践逻辑。教育治理的一个改革取向就是将政府的教育权力进行部分转移。在"放管服"框架中，政府"优化服务"的实践逻辑具体有三层内容：一是教育服务目标的重塑。"正确的目标取向是政府职能转变的首要前提。"② 政府职能转变的过程也是深化行政体制改革的过程，这一过程自始至终应有合理的顶层设计和明确的目标约束，否则任凭如何改革也只能为改革而改革，或者在改来改去中反复轮回，而很难展现改革的真正实效。政府教育职能转变的根本目标是建立起适应经济社会发展需要的公共教育服务体系，实现公共教育服务的社会化、制度化、公平化和法治化，以保障教育事业健康发展和广大民众受教育的权利。二是政府服务流程的调整。随着教育服务目标的重塑，政府需要改革传统的教育行政模式，在教育服务流程上进行调整。政府教育服务流程的调整意味着政府管理层级的减少和行政规制的简化，即建立一个"扁平化的政府"是这种服务流程调整的基本追求。三是教育行政方式的转变。从管制型政府到服务型政府的转变，不仅是教育行政理念的根本性变革，同时也是教育行政方式的根本性变革。只有教育行政部门

---

① 李克强：《"放管服"改革要相忍为国、让利于民》，人民网 http://politics. people. com. cn/n1/2016/0509/c1024 - 28336658. html

② 易昌良：《中国服务型政府职能重构研究》，北京：人民出版社，2014 年版，102 页。

的公职人员理解和接受服务政府的理念，教育行政方式的转变才能真正实现。

第三，梳理建立教育"放管服"的服务清单。教育管办评分离过程中，所需要的服务政府需要明确一个基本点，那就是推进政府教育职能的转变，致力教育服务效能的提高，政府给学校松绑，将原属于学校的权力归还给学校。2016 年起，"放管服"改革开始出现在教育领域的各类文件之中，引发舆论的关注和学界的重视。有学者认为，教育"放管服"改革和教育管办评分离虽然看似有关，都属于教育管理制度，但是"两者并不是同一件事"，"教育领域'放管服'改革也要建立三个清单，即权力清单、责任清单、负面清单"。[1] 从本质上看，这三个清单也就是政府教育职能的"服务清单"。所谓"权力清单"，是指列明国家依法授予政府及其教育主管部门的各项行政权力。国家没有依法授权的，政府不得法外设定教育权力，凡权力清单规定应该作为的，不允许政府推诿扯皮和敷衍塞责。所谓"责任清单"，是指列明政府及其教育主管部门在基本公共教育服务方面的具体项目，其中包括：政府依法全面负责并直接提供的责任内容；政府通过财政向公办教育机构拨款的范围和原则；政府向需要资助的群体直接提供资助的范围和内容；等等。所谓"负面清单"是指列明政府及其教育主管部门不得越位管理和越权行政的具体事项。政府对教育行政事业性收费、政府定价或指导价服务性收费、职业资格、教育公共服务事项等，都要制定"目录清单"和"负面清单"，实现"清单之外无权力、清单之内必须为"的教育行政管理目标。

四、"合作政府"及其建构

（一）关于"合作政府"

多元主体对公共服务的介入，是构建"合作政府"的逻辑起点。英国管理学家格力·司托克（Grey Stoke）指出："治理理论无疑告诉我们，私营机构越来越多地参与战略性决策，并且提供服务已成为事实。过去，许多原本属于政府的权力与职能，应当被其他部门所承接，或者向企业承包一部分公共服务，或者利用公私合营的模式提供服务。事实上，许多国家的社会组织

---

① 周洪宇：《教育放、管、服改革的三个清单与一个核心》，中国教育智库网 http：//www.sohu.com/a/133747512_ 539029

已经在履行这些职能。"① 这意味着，所谓"合作政府"就是政府将一部分职能逐渐转移给社会组织，通过政府与社会的"合作共治"来实现政府的公共管理目标。

在"合作政府"中，政府的治理手段无疑会更加多元化和多样化。通常情况下，政府通过各种各样的资源和渠道，提供公共服务，创造公共价值，实现公共目标。但不可否认的是，政府仍将在政策制定和执行中发挥不可或缺的重要作用。在多元化治理体系下，公共部门、私人组织、社会团体和公民个人都有可能成为政府的合作伙伴，这时政府对公共资源的支配特权与行政垄断被彻底打破，公共产品提供主体也不再局限于政府"独此一家"。

前文已述，教育治理中管办评分离机制的建立，必须依靠政府、学校和社会组织三个主体的合作共治，从而形成"合作政府"。一方面，参与治理的力量必须"多元化"，即要改变过去各级政府"一家独大"的过度行政格局，重视将非政府组织、学校、社会、家长等各种力量集聚起来，共同参与到教育治理过程中，形成多主体参与、多中心支持、多元化结合的协同治理体系；另一方面，实施治理的过程必须"合作化"，即政府、学校和社会组织三大主体要统一互补、平等合作，共同担当教育管办评分离的治理责任。随着"合作政府"概念和理念的形成，我国政府教育职能的实现方式同样呈现新的特点和质的转变。当前固有的政校关系正在被打破，目标汇合、机制融合、资源整合、合作治理的"政府—学校—社会"新型关系逐渐崛起。政府急需在这一新型的关系构架和全新的治理体系中，找到自己的平衡点，准确定位自我角色，履行"合作政府"应有的核心职能，担当教育治理改革"主心骨"的重要使命。

（二）"合作政府"的核心理念

教育治理的突出特征是多主体参与的合作、共治、平衡。"合作政府"实行"合作共治"策略，可以更好地激发每个学校的活力，更好地发挥全社会的作用。有学者指出，教育治理下管办评分离的关系重建，亟待建立合作参与机制，

---

① 【英】戴维·贾奇等：《城市政治学理论》，上海：上海人民出版社，2009 年版，第 17 页。

"实现让利益相关者成为教育治理的主体"，①"形成政府科学管理、学校自主办学、行业自律、社会参与、协同共治的开放互动的教育治理体系"。②

1. "合作政府"的实质就是协作性公共管理。"合作政府"命题的提出是基于协作性公共管理理论。协作性公共管理主要包括组织间关系、组织结构和集体行动等三种类型的协作关系。这三种协作关系有一个共同的特征，就是既抛开公共管理的等级制，也不采用市场式的自发合作和关系调节。其中，组织间关系类协作是指基于特定议题的利益相关者自发组织、参与到同一过程中，采取公共管理行动或决策；组织结构类协作是指那些过程松散的、多层网络组织的相关组织领导利益相关者之间的协作；集体行动类协作是指公共管理的参与者通过正式或非正式的手段处理相互间的关系和事务。美国经济社会学家沃尔特·鲍威尔（Walter Powell）从政府官僚制和新公共管理的比较中揭示了协作性公共管理的含义，认为"协作性公共管理是一种独特的制度形式，它不同于市场自发性协作和等级制度有意识性管理的诸多过程"。③

2. "合作政府"的价值在于"政府形象的民主化"。合作政府必然具有民主性，民主化是现代政府的首要特征，它关系到政府决策的拥戴率与依法行政的支持度，也维系着政府形象的满意程度。在21世纪初英国布莱尔政府对社会公共管理采取的一项重要改革措施就是推进政府形象的民主化，包括：实行"中央与地方分权""政府与企业分离""决策机构与执行机构分离""社会性管制与经济性管制分开"原则；政府不直接介入市场，而是主张政府从纷繁的市场事务中解脱出来，市场的事情交由"行业组织"去解决；增加决策透明性，扩大公民知情权，在推行各种"新政"前对外"倾听民意"、对内"反复磋商"；社会公共服务实施"全面绩效评估"，开展"民意测量"和"调查分析"等。我国政府与西方国家政府在理念、价值、制度、体制上有所不同，布莱尔推行的所谓"合作政府"与这里所说的"合作政府"有本质区别，但其在公共管理方面致力塑造政府形象民主化的经验则值得借鉴。

---

① 许杰：《教育分权：公共教育体制范式的转变》，《教育研究》2004年第2期，第10 – 15页。

② 杨志刚：《基础教育管办评分离的实践探索与理论分析》，《中国教育学刊》，2014年7期，第7 – 9 + 18页。

③ 曾维和：《协作性公共管理：西方地方政府治理理论的新模式》，《华中科技大学学报（社会科学版）》2012年第1期，第49 – 55页。

3. "合作政府"的基础是新公共管理的"合作共治"。"合作政府"的初衷不是强化政府之间的合作关系，而是促使各种利益相关的主体，包括政府、社会组织、私人组织以及政府内部各层级与各部门，在公共管理过程中更有效率地开展协作或进行协调。其基本观点主要集中于消除政府机构不同部门间的封闭分割状态，倡导政府、社会组织和社会企业的跨界合作与互动，构建跨部门协作机制或协调机构，推进公共管理系统的整体有序运转。这是当前西方发达国家政府公共管理的力主"合作共治"的目的所在。一般而言，"合作共治"可以分为三种类型：一是政府之间协作，包括纵向不同层级政府间协作和横向不同行政管辖区间协作；二是政府内部协作，包括同层级政府内部不同部门协作和同一部门内部不同机构间协作；三是政府外部协作，包括政府与私人部门合作提供公共服务、政府与非政府组织（志愿者组织）合作、政府与社会公众合作。

（三）"合作政府"的构建途径

1. 提升合作共治的意识和能力。教育治理中的合作共治必须与国家的行政管理体制改革要求相适应。因此，政府教育职能顶层设计、教育管理的行政改革和简政放权，教育系统管办评分离的推进，以及建立和提升跨部门协同治理能力，都是构建"合作政府"、促进教育善治的重要目标，也是实现国家教育治理能力和体系现代化的一个关键。在构建"合作政府"中应有三个着力点：一要树立"整体政府观"，大力推进政府教育治理的现代化改革；二要确立纵横交叉、分层运行的由政府主导的跨界协同机制，制定各方协调一致的政策供给计划以及操作性强的政策落地计划，重视发挥中央和地方政府的不同职能作用；三要加强跨部门协同，处理纵向和横向的关系，充分发挥政府部门跨界协同治理的最大效力。

2. 引导非政府组织的独立和发展。这既是"合作政府"形成中非常重要的内容，也是构建一个"合作政府"的重要途径。在我国现有教育管理体制下，诸事皆交由教育市场来解决显然是不可能的，也是不切实际的。在"政府"和"市场"双失灵的情况下，教育治理需要有组织地培育和发展非政府组织（即"第三部门"）来弥补政府与市场的不足。20世纪70年代以来，西方发达国家的非政府组织逐渐兴起，极大地促进了非政府组织的发展，使其成为与政府、学校并驾齐驱的"第三部门"。在我国"大政府小社会""强政府弱社会"的现实基础条件下，非政府组织的发展空间很大，但发展速度却相对缓慢。因此，对我国教育领域非政府组织的培育和发展就具有特别重大的意义，其独立程度和发展水平，在很大程度上成为教育治理现代化的标志，成为教育管办评分离的要件。

3. 发挥政府"元治理"主导作用。构建教育治理的"合作政府"面临着各种难点，解决管办评分离过程凸显的问题，亟待在政府主导下实行多方参与和多元协同。一是政府应发挥"元治理"的作用，协调实施推进管办评分离的各项策略措施，在简政放权的同时应加强教育系统自组织的有序管理，引导社会组织对教育治理的广泛参与；二是管理、办学、评价三个主体应恪守三方协同、利益兼顾的原则，密切配合，互相衔接，提高质效，逐步调整政府角色结构，完善教育管理制度，履行好政府教育职能，不断改进教育治理方式，创新各种教育服务工具，加大与非政府组织和社会专门教育机构建立伙伴关系的合作力度；三是政府应提高教育行政与教育服务的协作效能，形成受政府主导的集体行动网络，加强多部门的紧密合作，建立"一站式"服务平台，提供整体化公共管理和教育服务，实现 $1+1>2$ 的教育治理协同效应。

第七章

政府角色新机制：改革策略

我国教育公共治理已进入新的时代和新的阶段。针对教育领域行政权力边界不清、行政权力错配、行政权力约束较弱等政府角色模糊问题，需要始终不渝地推进教育管办评分离，改革政府的行政方式、服务模式和管理手段。一方面必须打破政府的集权对教育的直接干预，加强行政改革和教育分权，进一步拓展教育的自由空间；另一方面必须从政府的集权与分权的博弈中开展教育供给服务和评价督导改革，积极寻找教育管办评分离的突破口。

第一节　行政改革与教育分权

中国语境下的教育行政改革，其治理的焦点是政府如何有效地与政府内及政府外的组织互动，最终实现"教育善治"。政府教育职能向治理视角的转向，反映了教育行政主体与所处环境所形成的紧张关系。这时的公共教育管理情景发生了根本性变化，前所未有的社会复杂性和教育多样性呈现在政府面前。不仅如此，作为社会一致性中枢的教育行政体系能力在衰减，无法应对教育领域出现的变化所带来的公共教育问题。教育管办评分离的实质是实现政府职能转变和简政放权，这包括政府职能内容的转变、政府行政方式的转变和政府机构的调整。因此，教育行政领域的分权改革便成为推进教育治理的战略选择。

一、教育分权的一般理论

（一）"国家教育权"与"教育分权"

1. 国家教育权的划分

国家教育权是一个复合型概念，一般情况下，它既是国家统治权力的重要组成部分，也是国家举办与发展教育这种社会事业和对教育这种社会活动进行管理的权力。因此，广义的国家教育权，包括了国家的教育统治权和教育管辖权。劳凯声教授曾从法律角度将国家教育权的权利主体划分为三个层次：第一层次是"国家教育行政机构"，履行国家的教育行政管理职责；第二层次是"公立学校"和一些"公立的教育机构"，主要行使国家教育权力范围内的具体职责；第三层次是"国家传播媒介"，负责宣传具有国家意志的教育思想和政策法律。① 一言蔽之，国家教育权是国家意志和国家权力在教育领域的反映，国家依靠教育行政机构依法对教育进行统治、管理和实施。

2. 教育分权的含义

"教育分权"的理念和倡导，最早出现在西方国家。英文的"分权"写成"decentralization"。"分权"的概念，兼有行政学和经济学的双重价值，其本义是指"对某个方面的集权予以取消"，"将过分集中的权力进行分散"。有学者指出，"分权是权力的分流运行，它是将集中的权力分散成各个相互独立的权力单位，形成彼此约束、相互牵制的权力布局"。② 薛凯教授认为："在公共管理领域，政府把部分行政执行权让渡给私域或与之共享，所采用的价值评判标准来自经济学上的效率、竞争、选择等市场理念，它也可被视为是社会民主管理的一种形式。"③许杰教授认为，"分权"是"一个等级体系中的高层实体授权其下属在使用资源方面做出的决策过程"。④

在一般意义上，所谓"教育分权"是指将国家举办及管理教育的责任、任务和权力，从较高一级的政府职能中进行取消，或分散、转移给下一级政府、学校、教育机构乃至一些社会组织。可见，教育分权的核心要求就是将政府的部分教育权力让渡给下级政府、各级各类的学校、社会组织和公民个人，形成政府角色分化、权力中心分散、公私力量合作的教育治理格局。当下的"教育分权"主要指国家教育权力的下放，政策用语称为"简政放权"。教育分权和简政放权，是实现政府教育治理能力现代化的必然要求，也是激发教育发展活力

---

① 劳凯声：《变革社会中的教育权与受教育权：教育法学基本问题研究》，北京：教育科学出版社，2003 年版，第 140 页。
② 刘淑华：《教育分权内涵再探》，《高等教育研究》2018 年第 11 期，第 14 – 18 页。
③ 薛凯：《论分权的四种形式》，《中国行政管理》1998 年第 2 期，第 1 – 15 页。
④ 许杰：《教育分权：公共教育体制范式的转变》，《教育研究》2004 年第 2 期，第 10 – 15 页。

和健全教育治理体系的必然之举。

　　3. 教育分权的特征

　　根据世界银行的观点，分权的形式主要有三种：权力分散（dencentraliza-tion）、委托代理（delegation）和权力下放（devolution）。这意味着，教育分权在本质上有别于传统公共教育体系中的制度模式，这种模式十分强调竞争、择校、教育民营化和学校的自主办学，打破政府的官僚制行政管理，对政府、学校和社会的关系进行重构，将政府各级教育行政机构对学校的行政管理权力从直接办学转化为间接管理。因此，"建立一种以学校自主和家长、学生的选择权，而不是以直接的民主管理为中心的公共教育体系"，① 是教育分权的重要目标。教育分权可以概括为四个特征：

　　第一，政府角色分化。教育分权是一种自上而下的政府角色分化的分权过程，其与教育管办评分离的内在要求是一致的。向下级政府和学校的放权，同时将教育权力让渡给社会，其实质就是要实现政府由"无限权力"向"核心权力"的转向，通过强化教育督导权、教育资源配置权和教育行政立法权，构建"有限政府""服务政府"和"合作政府"，解决政府"管不了""管不好"和"管不到"的问题。

　　第二，权力中心分散。权力分散的目的是实现"权力的多中心"。政府的教育分权是一次公共教育权力在政府、学校、社会、市场之间进行的更大范围的分流和转移。因此，权力的多中心化，驱使政府从集权走向分权、放权。从向地方政府和学校放权来说，就是要下放地方政府教育统筹权和下放学校办学自主权；从将教育权力让渡给社会来说，就是要积极培育专业性的社会组织，鼓励社会组织参与教育治理，强化社会评价的功能，构建"多中心"的公共教育供给模式。

　　第三，公私部门合作。教育分权强调将政府所拥有的教育权力让渡一部分给下级政府、基层学校、社会组织和公民个人，但其中的相当一部分权力需要转向更多的民间机构，吸引"民间力量"对教育和学校进行各方面参与。在这种情况下，必须建立公私部门的伙伴关系，通过公私部门的合作互动，发挥"民间力量"的作用，打破原来政府的教育行政强权和垄断公共教育资源的状

---

　　①　许杰：《教育分权：公共教育体制范式的转变》，《教育研究》2004 年第 2 期，第 10 -15 页。

况，鼓励社会资本参与学校办学和教育治理，以完善公共教育管理体制，形成政府、学校、社会的协同治理机制和多元化治理格局。

（二）国内教育分权的研究进展

21 世纪开始，随着教育分权理论影响力的扩大，国内学者对教育分权问题的理论研究增多，达成了一些共识，提出了有价值的观点。

一是提出了"公共教育权力变迁"问题。有学者认为，我国社会转型不断加速，相应发生了公共教育权力的变迁，并由此产生了新的教育社会关系，出现了一些新的教育问题，因此有必要对教育活动范式进行改革，做出新的顶层设计和制度安排。从我国教育分权趋势看，目前公共教育权力变迁主要集中在两个方向：在纵向上，"在公共教育体制内部，由中央政府向地方政府、下级组织机构和学校下放权力"；在横向上，"由公共教育体制内部向体制外部的市场领域和社会领域转移权力"。①

二是探索了"教育分权"的基本内涵。有学者认为，教育分权的内涵可以从其客体、授权主体和受权主体三个方向做出新的阐释。教育分权的客体是隶属于第三部门教育领域的一种公共权力，它包括国家教育权、社会教育权和学校自主权。教育分权的授权主体与权力来源主体一致，都是政府。教育分权的受权主体是社会和学校，因此，消解政府在公共教育权力配置中的垄断地位，重新定义政府教育职能的行为范式，是新条件下实行教育分权的迫切要求。②

三是研究了"教育分权"的改革重点。有学者在对中外教育权力变迁的梳理中，重点关注了政府在国家教育中的角色定位，认为我国现阶段教育政策的制定应有方向和重点，教育分权改革要有利于下放公共教育权力，促进各级各类学校的教育能力建设。有学者还对教育分权的限度进行了分析，对教育分权的范围限度、发展限度等做了有益的探索。③

---

① 刘复兴：《公共教育权力的变迁与教育政策的有效性》，《教育研究》2003 年第 2 期，第 11－12 页。

② 刘淑华：《教育分权内涵再探》，《高等教育研究》2018 年第 11 期，第 14－18 页。

③ 周国华：《近十年来中国教育分权与公立学校改革研究简述》，《上海教育科研》2006 年第 8 期，第 24－26 页。

二、教育分权的国内外发展

(一) 西方国家的"教育分权运动"

受新公共管理和新自由主义的影响，世界范围内的政府再造和教育改革，大多兴起于在20世纪70年代左右。从教育治理上看，国家之间存在两大分野，即教育集权和教育分权。实行教育行政的集权制，有利于统一教育的方针政策，有利于统筹全局、规划教育事业发展，有利于统一学校教育标准，有利于保持全国教育发展的整体水平。但教育行政的集权制，极易使教育行政模式固化，使管理缺乏弹性，在因循守旧中对教育发展产生制约，不利于调动下级政府和基层学校的积极性、主动性和创造性。正因为如此，大多数国家比较推崇教育行政的分权制，并成为全球教育治理改革的一种潮流。

西方国家开展的这场教育分权运动，其"权力的下放"和"教育市场化"是两个改革重点，而且两者是紧密结合在一起的。教育分权的改革取向是"实行权力的多中心"，也就是"将学校的财政权、人事权、重大决策权和日常事务管理权、课程设置权和开发权等由中央政府和地方政府不断下放到社区、学校、教师和家长手中"。[①] 当然，大多数国家改革的路径采取了教育市场化运作方式，试图利用私人资本解决国家的教育财政困境，通过培育教育市场、引入竞争机制来打破政府对教育权力的垄断，以教育分权的方式构建教育多元化供给体系。

在西方教育分权运动中，一个显著的做法就是政府让渡教育权力，打破旧的教育治理话语体系，摆脱已有的教育权力控制，变公共教育权力的一元控制为多元共存。另一个重要做法，就是推进教育市场化。西方国家之所以对教育市场化如此热衷，在很大程度上也有"被逼"的成分。各国政府普遍出现财政困难，学校教育效率低下的状况屡见不鲜，政府企图通过教育市场化来减轻国家的负担，提高教育效率。西方国家的教育市场化，从表面看是政府教育部门赋予学校方方面面的自主权，扩大了教育民主和家长、学生的自由选择权，但实质上只是通过停止对学校的直接拨款，将学校抛向了市场，由家长和学生来决定学校的生存发展。客观地说，西方国家教育分权改革，使教育完全市场化，

[①] 孟丽波、张娜：《教育分权运动及其对我国教育行政体制改革的启示》，《辽宁教育研究》2008年第1期，第112－113页。

此举明显违背了教育分权改革的本意，造成教育价值的失落和教育质量的下降，已经引起这些国家社会民众的诟病。

（二）我国教育分权的改革探索

新中国成立后，政府全面控制着公共事务，在教育领域也形成了高度集权模式。改革开放初期，公共教育的集权化管理弊端严重制约了国家教育事业的发展。自中共中央发布"关于教育体制改革的决定"开始，我国多年来高度集权的教育管理体制逐步进入国家层面的"教育分权"。有学者研究认为，20世纪80年代以来，我国教育分权（特别是基础教育领域）改革大致走过了"国家（政府）主导的强制性分权""基于市场逻辑的分权"和"基于治理机制的分权"三个阶段。①

1. 中央政府强制分权阶段

政府长期对学校"统得过死"，教育就缺乏应有活力。于是，1985年中共中央做出关于教育体制改革的决定，规定"基础教育管理权属于地方"，中央负责决定大政方针和宏观规划，地方政府负责具体实施计划，并承担对学校的领导、管理和检查。该文件所确定的"地方负责"和"分级管理"原则，其意义非常重大，标志着我国教育体制"将管理和举办教育的责任和权力从中央政府向下层政府和较基层的适度转移"，②意味着中央政府决心实行"地方负责"和"分级管理"，教育改革开始向中央与地方及学校强制分权的方向演进。

2. 适应市场逻辑的分权阶段

随着党的十四大提出建立社会主义市场经济体制的目标，1993年中央正式颁布了《中国教育改革与发展纲要》，明确提出要建立与社会主义市场经济体制相适应的教育体制，从此我国教育分权改革进入适应市场逻辑的新阶段。1995年《教育法》颁布后，市场成为举办、管理学校的重要力量，市场介入公办教育、学校自主参与市场活动在全国蔚然成风，催生了一批公办学校的"转制"改革。但这种公办教育过度市场化运作的趋势，使"教育机会不公"和"教育质量下滑"等问题不断出现，引起社会各界的高度关注。到了2006年，《义务教育法》的颁布，以法律形式严厉禁止和扭转了公办学校的"转制"进程。当

---

① 林美：《我国基础教育分权的当代演进：基于政策文本的分析》，《教育理论与实践》2018年第7期，第17－21页。

② 《中共中央关于教育体制改革的决定》（1985年）

然，这一阶段不断扩大学校办学自主权的改革举措成为教育分权的另一道风景线。《教育法》赋予了我国公办学校充分的权利，"学校办学自主权"获得了合法性。不仅如此，各级政府还通过实施"校长负责制""校长业务职级制""教职工代表大会"等来保障学校办学自主权的落实，使我国适应市场逻辑的教育分权改革呈现新的特点。

3. 教育治理引领的分权阶段

这一阶段是与《国家教育规划纲要》的颁布实施进程同步发展的。我国教育行政方面存在的问题，倒逼政府的教育分权和简政放权，用治理改革解决教育问题，以构建"政府依法管理、学校依法自主办学、社会各界依法参与和监督"的教育公共治理新格局。[①] 2010年以来，为了进一步释放教育改革的红利，进一步推进教育管办评分离，国家开始了以行政审批制度改革为抓手的教育分权和"简政放权"运动，大刀阔斧地进行政府自我革命，让政府退出"不该管"和"管不好"的领域，约束"看得见的手"，更好地发挥"看不见的手"和"社会之手"的积极作用。[②] 此次治理理论指导下的教育分权改革，明显具有两个特征：一是政府向各类社会组织放权。《国家教育规划纲要》要求"完善教育中介组织的准入、资助、监管和行业自律制度"，"积极发挥行业协会、专业学会、基金会等各类社会组织在教育公共治理中的作用"；二是政府向学校进一步放权。《国家教育规划纲要》提出要处理政府与学校的关系，落实和扩大学校自主办学，"减少和规范对学校的行政审批事项，依法保障学校充分行使办学自主权和承担相应责任"。

党的十八届三中全会以来，国家重申将"简政放权"作为深化教育体制改革的突破口，进一步推动政府职能转变，以更好地适应教育事业的发展。可以说，"简政放权"是教育分权的一剂良方，是政府转变教育职能的"命门"。梳理发现，从2013年开始，国家层面采取有关举措，先后取消、下放了20多项教育领域审批事项。其中影响较大的改革是：2013年，教育部颁文取消中外合作办学机构审批；2014年，国务院出台相关文件，宣布取消国家重点学科审批，提出从7个方面落实和扩大高校办学自主权，从5个方面完善高校内部治理结

---

① 《国家中长期教育改革和发展规划纲要（2010—2020）》（2010年）

② 宋雄伟：《"简政放权"中政府应扮演四种角色》，中国网 http：//opinion. china. com. cn/opinion_ 74_ 111274. html.

构；2015 年，教育部在发布《教育管办评分离意见》的同时，提出要深化教育行政审批制度改革，全部取消非行政许可审批，建立教育行政权力清单和责任清单制度。除中央政府的教育分权外，省级政府及其教育主管部门的简政放权也随即展开。从我国改革实践来看，教育分权的最大长处是能使教育主管管理具有弹性，避免"一刀切"，可使教育适应各地的实际需要。权力保留在地方，下放到基层，还可以激发下级政府、各类学校乃至社会力量的教育热情，形成办学合力。

三、推进教育分权的策略思考

（一）厘清"行政权力"，打破教育威权管理

从宏观管理学校的实践层面看，国家推行简政放权下放取消的主要是行政审批权，各级政府及教育部门公布的权力清单也大多是行政审批权列表。不可否认，现阶段在教育行政权力领域内，还存在着大量不易察觉、不易清理的非行政许可审批事项。这个问题解决起来比较复杂，涉及的利益主体肯定比较多。但是，政府的教育行政除行政审批外，还拥有行政处罚、行政裁决、行政确认、行政监管等多种行政权力，如果这些行政权力不梳理出来和跟进改革，难免出现中央和上级政府在做"减法"，而下级政府和教育部门在做"加法"的怪圈。因此，政府要加快转变职能，推进教育分权和简政放权，进一步减少审批事项，就要敢于动真碰硬，有自我加压、主动改革的勇气，按照中央政府的要求，对接简政放权的部署，下放和取消一批"含金量"高、涉及面广的行政权力。

从政府与学校的关系层面看，我国教育分权的目标是政府应向学校"下放"一部分权力、"精简"一部分权力、"归还"一部分权力。有学者指出的"校长选聘权""教师招聘权""招生权""课程设置和选择权"等属于需要下放给学校的权力应下放给学校。属于政府进一步"精简"的权力也有不少，如各级各类学校的行政性项目评审、教育评估、人才评价和检查事项等内容。除此以外，属于政府应"归还"学校的权力或许更多，诸如以下事项应交回学校自主处置，政府不予干预：学校内部设立多少个中层单位以及中层职数；聘用多少教师、行政人员、工人；不同年级、专业招生多少学生；划拨给学校的经费除专项经费外如何支配使用；学校通过什么渠道采购物品等等。当然，学校自主安排、处理这些事项，并非任意作为，而需要在宪法与法律的框架下"自主"而为，同时还必须接受政府应有的统筹和监督。

（二）改革“行政审批”，释放教育改革红利

目前中国语境下的“教育分权”，其实更多的是指“简政放权”“政府下放审批权”。抓好政府的教育分权和简政放权，将该放的权放掉，把该管的事管好，实现行政审批制度改革至关重要。

有学者根据行政许可制度改革的范围和重点，归纳并提出九条政策建议，具体如下：取消、下放或简化前置性审批；全面清理非行政许可审批事项；增加行政审批的透明度；提高行政审批效率，搞好审批运行机制的法治化工作；加强事中事后监管，坚持放管并重；建立健全公共财政体系，遏止部门利益；约束政府的行政审批权力；加强政府监管。① 但是政府放权并不等于对教育领域的各种事务撒手不管，而是要针对新形势新特点，研究探索一种有效的动态监管机制。同时，对于地方政府和教育主管部门而言，加强教育管理能力建设，“努力提高‘接得住、管得好’的能力”是重中之重。② 因此，在厘清行政权力的基础上，政府还必须坚决“取消”一些权力。这些权力，主要集中在教育行政审批事项方面，需要全面取消非行政许可审批，全面清理规范性文件，减少对学校办学行为的行政干预。

（三）转变“行政方式”，正确履行政府职能

教育分权既是教育治理改革的重要内容，也是政府职能重置的路径之一。只有把该放的权真正放开放到位，把该管的事切实管住管好，才能真正落实“全面正确履行政府职能”的改革要求，加快实现“教育管办评分离”的改革目标。

一要转变教育行政理念。政府、学校和社会三个主体，本来有着各自的“职能域”，但“政府行为扩张”的现象及其弊端，致使政府管办评不分。国家治理体系现代化的终极目标是“实现法治化、合作共治、善治取向的现代治理形态”。③ 因此，教育民主化、教育法治化、教育市场化、教育多元化、教育透明化等，应成为教育治理体系现代化和教育是否善治的衡量标准。教育管办评

---

① 胡家勇等：《政府职能转变与政府治理转型》，广州：广东经济出版社，2015 年版，第 126 - 129 页。

② 魏琼：《简政放权背景下的行政审批改革》，《政治与法律》2013 年第 9 期，第 58 - 65 页。

③ 褚宏启：《教育治理：以共治求善治》，《教育研究》2014 年第 10 期，第 4 - 11 页。

分离目标与教育分权改革目标有着高度的统一性。教育治理体系现代化的终极目标，应成为政府教育分权改革的核心理念。

二要改进教育行政方式。简政放权不是放弃责任、弃而不管，而是要转变管理方式。针对政府管得过多、统得过死依然突出的问题，政府首先应做的就是向基层下放权力，下大决心减少审批权，对一些要害的权力也应该根据需要适当下放。要实现从重审批管理向重标准管理的转变，将审批权力进行下放，但后续的配套服务工作必须跟踪落实，其中标准的制定和公开是政府不可或缺的职责。要实现从重直接管理向重间接管理转变，尊重和利用教育治理中的市场法则，发挥社会组织对教育治理的参与作用。要深化政府教育督导改革，根据教育督导督政、督学、评估监测的三大职能，建立地方政府履行教育职责督导评价机制，监督指导各级各类学校规范办学行为，建立教育督导部门归口管理、专业机构提供服务、社会组织多方参与的专业化教育质量评估监测体系。

三要完善教育行政平台。新时期教育管理最显著的特征就是教育管理信息化，它是教育现代化的重要内容和突破口。近年来教育信息化作为推动教育改革发展的重大战略，各地政府积极构建"网上教育"平台，深度融合教育管理资源，在服务、带动教育管理现代化方面，取得了积极成效。与政府教育分权和管办评分离相适应，教育管理信息化的一个重要任务就是要进一步建设、健全、完善教育管理公共服务平台。完善"管"的平台需要从三方面着手：第一，整合业务管理平台，优化教育管理模式。通过开发拓展业务管理系统，优化整合教育管理业务流程，吸引各级各类管理者共同参与，形成一站式服务、动态式管理、开放式参与、形成式评价的网络管理模式。第二，构建教育信息动态直报系统，提高教育管理效率。通过即时掌握学校办学情况和工作动态，进一步规范办学行为，为推进教育改革提供决策基础。第三，推进电子政务建设，打造服务型政府。通过立足政务公开和便民服务，不断改进和完善政府教育主管部门门户网站，提高信息公开、网上互动和在线办事的效率。

（四）严格"行政监管"，创新政府管理机制

"教育改革既要吻合教育规律大胆推进，也要规范治理有章可循。"① 教育分权放权但不是放任，分和放的同时还要加强监管。只有管得好、管到位，才

① 朱永新等主编：《"十三五"，教育怎么办》，太原：山西教育出版社，2015年版，第29页。

能分得更多、放得更开、减得更多。依法监管强调规则性和稳定性，可以有效破除简政放权中政策推动的随意性和多变性。政府通过依法监管，保障教育分权的到位，防止简政放权简单化，破解封闭化的行政模式。

一要全面推进依法治教。2017年1月国务院印发的《国家教育事业发展"十三五"规划》就"全面推进依法治教"做了详细规定，其实质就是国家对依法监管政府简政放权的顶层设计。要完善教育法律法规体系，加大教育行政执法力度，遵循法定职权与程序，运用行政指导、行政处罚、行政强制等手段，依法纠正学校和教育机构的违法违规行为，保障教育法律和政策有效实施。要及时查处违反教育法律法规、侵害受教育者权益、扰乱教育秩序等行为，依法维护学校、学生、教师和举办者的权益。要大力推进依法治校，推动学校建立章程配套制度及落实机制，健全各种办事程序、内部机构组织规则、议事规则。①

二要全面推进"放管结合"。在教育领域推进分权放权改革的同时，也需要"放管结合"。要着力推动政府转变教育行政职能，将传统教育管理模式转变为政府、学校、市场以及教师、学生、家长、社区等共同参与的多方共治模式。要在简政放权中，依法用好"三个清单"，即实施教育"权力清单"，厘清政府"责任清单"，启动实行"负面清单"，管好"看得见的手"，用好"看不见的手"，挡住"寻租的黑手"。②

三要健全行政监督体系。在立法、监管、评估、问责等方面加强配套支持。加快完善国家教育标准体系，充分发挥教育标准的规范、引领和保障作用。加快教育立法进程，不断优化依法办学和依法监督的法治环境。积极引入第三方教育评估，健全政府、学校、专业机构和社会组织等多元主体参与的教育评价体系。认真落实各级政府的监管责任，构筑督评对接的一体化教育督导体系，健全教育监督问责机制。

四要探索监管模式创新。教育分权和简政放权是"政府革自身的命"，要以创新的思路、改革的勇气，改变计划经济体制下的传统监管模式，清除体制机制和部门利益的障碍。探索"互联网＋"教育监管新体制，构建事中事后监管

---

① 《国家教育事业发展"十三五"规划》，教育部网站 http：//www. moe. gov. cn/jyb_
xxgk/moe_ 1777/moe_ 1778/201701/t20170119_ 295319. html
② 《推进教育治理现代化——访全国人大代表、湖北省人大常委会副主任周洪宇》，中国
社会科学网 http：//ex. cssn. cn/zx/bwyc/201903/t20190322_ 4851504. shtml

新机制，避免教育治理过程中出现监管缺位和监管过度。

第二节　供给改革与"购买服务"

一、购买教育服务的基本问题

（一）教育市场与教育市场理论

澳大利亚学者西蒙·马金森（Simon Marginson）是教育市场理论的倡导者。他对教育市场概括出五大特征，其中重要的一点是，作为教育产品的生产者之间"存在竞争关系，即适应市场生产、消费、交换的态度和行为"。[①] 西蒙·马金森所强调的是在教育市场中要有一定数量和质量的生产者。对教育市场中教育服务生产者的数量要求，是因为只有在教育市场中存在众多的教育服务的生产者，才可能真正形成公平的竞争关系。而这些生产者具有适应市场生产、消费、交换的态度和行为，则是教育服务市场生产的主体条件。因此，教育市场是形成"政府—市场—公民"三元教育治理模式的重要博弈力量。当教育市场较成熟时，市场领域中的主体力量可在教育治理博弈中主动寻求定位，积极争取和获得教育治理中的合法、合理地位，同时私立教育机构可以投资者经营者的身份走入教育服务提供领域，满足政府所无力或无暇提供的某些特殊的、个性化的差异教育服务。

美国当代著名经济学家弗里德曼（Milton Friedman）是教育市场化的代言人和重要代表人物。他提出了"公共教育制度是一种政府的垄断"的观点，认为这种制度缺乏必要的市场竞争的约束，无论从经济、社会还是从教育上看都是失败的，要改变这种状况，通过以往的改革措施是无效的，唯一的出路是走市场化的条件。他认为，教育向市场化过渡，必须在"消费者"（consumers）和"生产者"（producers）中形成市场观念。在他看来，只要通过适当的措施，教育市场所需要的条件便可具备。在基础教育方面，他主张废除义务教育的立法，建议国家在安排教育公共资金时，应从目前的对公立学校的直接补助改为由政府向学生家庭直接发放"教育券"的办法。前文提到，弗里德曼的观点逐步引

---

① 【澳】西蒙·马金森:《教育市场论》，杭州：浙江大学出版社，2008 年版，第22 页。

起人们的关注，到 20 世纪 80 年代末期，其教育市场化理论广为流行，并对西方国家教育政策的制定和调整产生了重要影响。

（二） 西方教育市场发展对我国的启示

随着国家治理方式转型，在政府与学校关系上必然出现的明显变化是，两者经由政治化、行政化的关系逐步形成为一种利益化、市场化的契约关系。市场机制在教育领域的引入是以"政府失灵"或教育行政化管理行为失效作为前提的，因此，依靠市场提供服务是人们所寻求的替代传统教育管理的主要手段。

在政府购买教育服务方面，西方发达国家无疑是先行探索者，它们的一些实践经验一直影响着世界教育市场化进程，同样也给我国的教育市场培育与政府教育职能转变以启发和借鉴。例如，在政府购买整体学校教育服务上，美国、英国早就出现一种叫"公校私营"（private management of public schools）模式，而受到各国的关注和效仿。"公校私营"也叫"学校管理私营化"，是指具有公立性质的学校，其办学经费由公共财政提供，但通过教育市场化运作机制，"将社会教育机构和个人等引入公立学校的经营和管理中，以达到有效配置公共教育资源、提高教育质量的目的"。[1] 西方国家"公校私营"的兴起，是对公立学校绩效不满的一种反映，尽管"私营"类型不拘一格，但它们的共同特征在于：政府通过合同的方式向社会教育机构和个人购买学校教育服务，公立学校原有的行政事务管理、教学和课程安排、教师聘任等整套学校管理系统交给这些机构和个人来运作。

以上择要介绍了美国和英国公校私营的大体情况，目的不是要我国政府全盘照搬照抄国外的做法。只是想说明，对于我国来说，积极尝试政府购买教育服务是推进教育改革所必需的选择，应顺应我国教育管理向教育治理转型的趋势，符合政府教育职能转变中政府、学校、社会、市场等之间关系重构的实际，在不违背教育基本规律的前提下，进行大胆的实践和创新。

（三） 我国政府购买教育服务的兴起

"政府购买服务"起源于西方国家。20 世纪 80 年代以来，以新西兰、澳大利亚和英国等为代表的发达国家普遍推行了"购买公共服务"，并逐步发展成为

---

[1] 方建锋：《国内外政府购买教育服务的实践形式和约束机制》，《教育发展研究》2018 年第 3 期，第 44 – 50 页。

政府间接提供公共服务的一种模式。① 我国自 20 世纪末开始也尝试向社会组织购买包括医疗、教育在内的公共服务。

在教育领域，政府购买教育服务是"指政府从优质、高效、可选择的角度出发，与各类社会教育机构签订购买合同，以公共财政全部或部分支付社会教育机构所提供服务费用的活动"。② 我国购买教育服务的实践，发端于 21 世纪初的上海浦东新区，其"委托管理"的试水，拉开了我国购买教育服务的改革序幕。上海浦东通过一段时间的试点，达到的两个预想目的是：推动了学校的特色办学和内涵发展；提升了薄弱学校和农村学校的办学水平。党的十八届三中全会提出要"推广政府购买服务，凡属事务性管理服务，原则上都要引入竞争机制，通过合同、委托等方式向社会购买"。在教育治理体系现代化形成过程中，政府管理方式应改变"大而全"的包办包揽，由微观、直接管理转向宏观、间接管理，改善教育公共产品的提供方式，用"政府＋市场"的模式推进管办评分离。购买教育服务作为我国教育改革探索的成果之一，现已成为教育公共产品与服务中重要的政府供给形式。

二、购买教育服务的规制政策

（一）政府购买教育服务的理论依据

现代教育公共产品有多种提供方式，其中监管、付费和直接提供等是最常见方式。实现教育产品的生产和提供可以由不同的主体来完成，但政府的责任是其他主体所无法替代的。一般来说，政府既可以是教育产品的生产者，直接去设置和举办学校，也可以是教育产品的提供者，承担提供教育资源和教育服务的"付费责任"。从理论上讲，政府购买教育服务应有两个前提条件：一是在政府的基本公共职能中应有提供公共教育服务的职责；二是教育服务可以成为商品进入市场，也即教育服务是"可购买"的。有了第一个前提，政府才能产生购买教育服务的需求，有了第二个前提，教育领域才有"可购买"的教育服务。

---

① 张眉、魏建国：《教育领域的政府购买服务研究》，《教育经济评论》2017 年第 2 期，第 70－86 页。

② 方建锋：《国内外政府购买教育服务的实践形式和约束机制》，《教育发展研究》2018 年第 3 期，第 44－50 页。

1. 有供求关系就有教育市场基础。教育本身具有生产性，教育领域同样存在教育产品供求关系、教育产品价格和教育产品的交换关系。教育领域内的供求关系主要体现在以学校为主体的教育机构向社会公众供给教育服务和教育产品，满足社会公众对优质的教育服务产品的需求。长期以来，国家以行政指令包办教育的一切事务，抑制了教育市场的合法、合理存在，但不等于教育服务产品不存在价格。无论是高等教育、职业教育阶段，还是基础教育、义务教育阶段，输出的教育服务产品都是有其价值和价格的。

2. 市场机制是教育资源配置方式之一。公益性并非教育固有的性质，而是教育的一种外生性质，是一种法律规定的性质，是 200 年前现代公立学校产生以后才出现的一种性质，因此，"从逻辑上说，教育也可以是一种营利性的行业"。① 教育在其本质属性上并没有规定教育资源配置的方式一定是政府主导或者市场主导。政府主导资源配置与市场主导资源配置是教育领域资源配置的两种手段和方式。

3. 教育服务市场是不完全竞争市场。教育服务具有商品的一般属性，有价格和价值，可以在市场上进行交换，只要有教育服务就存在教育市场。按照经济学常识，市场是"在商品生产和商品交换中产生和形成的商品交换的场所，以及由商品交换所联结起来的人与人之间各种经济关系的总和"。② 对照有学者提出的"完全市场"的五个条件，③ 教育的公益性和公共性决定了教育市场是特殊的商品交换场所，教育市场是一个不完全竞争的市场形态。

（二）政府购买教育服务的要素特征

近年来，我国政府购买服务的步伐明显加快。有学者从公共政策的研究视角出发，就政府购买教育服务的理论环境、政策环境和市场环境，将政府购买教育服务的国家政策分解为六个主题，即为什么购买、向谁购买、购买什么、

---

① 劳凯声：《中国教育改革 30 年（政策与法律卷）》，北京：北京师范大学出版社，2004 年版，第 258 页。

② 厉以宁：《市场经济大辞典》，北京：新华出版社，1993 年版，第 64 页。

③ 张长元：《论教育市场》，《上海教育科研》，1993 年第 5 期，第 25–31 页。"完全市场"的五个条件是：交换双方必须是具有独立经济利益的主体，且能运用自己拥有的资源条件主动灵活地去追求自身的经济利益；交换双方有充分的自主权，包括交换时间、方式、地点等；交换的媒介和计量工具是货币；交换者之间存在竞争；价格与供求是作用市场的主要因素。

如何购买、购买成效和存在问题。① 2013 年国务院办公厅颁布的《关于政府向社会力量购买服务的指导意见》指出，政府向社会力量购买服务，就是通过发挥市场机制作用，把政府直接向社会公众提供的一部分公共服务事项，按照一定的方式和程序，交由具备条件的社会力量承担，并由政府根据服务数量和质量向其支付费用。该文件可以视为政府购买教育服务的国家权威性政策规定。

根据国家的相关规定以及政府对公共教育服务供给所应践行的责任，政府购买教育服务具有五个要素特征：

1. 购买理由。大凡政府购买行动必然有合法的、足够的理由，意味着既要有购买动机的全面分析，也要有购买结果的评估论证。政府在做出购买教育服务决定前的详细调研、客观论证和科学预判是必不可少的。

2. 购买主体。购买教育服务的主体毫无疑问是"政府"。国家规定，政府购买服务的主体是各级行政机关和参照公务员法管理、具有行政管理职能的事业单位。具体到教育领域，有权购买教育服务的主体只能是各级政府及其教育主管部门。从购买的政府层级看，中央和各级政府都可以成为教育服务的"买家"，但一般以地方政府购买为主；在一级政府内，购买教育服务涉及财政部门、人事部门和教育部门，但一般而言，教育主管部门往往是主要的购买者和责任者。

3. 承接主体。从"哪里"购买教育服务、"谁"有资格提供教育服务，这里的"哪里"和"谁"就是承接主体。从国外的经验和我国的实践看，能够提供教育服务的承接者，一般是那些符合资格、满足条件、经过洽谈、订立协议的非政府机构（社会组织和私人机构）。至于承接主体的具体资格、必备条件、购买程序和合作条款，则应由相关的政府部门予以规定。在我国，政府购买教育服务的承接主体大致有在民政部门依法登记成立的社会组织，以及依法在教育主管部门、工商管理部门或行业主管部门登记成立的社会组织和私人机构，但一般是以民办学校、教育集团、教育评估院（所）等社会教育机构为主。

4. 购买内容。政府购买教育服务的内容一般是属于"公共服务"性质的，不是市场提供的普通的非公共服务。我国划定了政府购买公共服务的政策底线，这条底线的关键是：属于政府职责范围、应当由政府直接提供、不适合社会力

---

① 周翠萍：《我国政府购买教育服务的政策研究》，上海：上海师范大学博士论文，2011 年。

量承担的公共服务，以及不属于政府职责范围的服务项目，政府不得向非政府机构和社会民间力量购买。但从国内外教育服务购买的实践看，从学前教育一直持续到高等教育，其学校教育服务、入学位置（学位）以及单项教育服务等都可能成为政府购买的内容。

5. 购买方式。国务院办公厅关于政府向社会力量购买服务的指导意见明确提出要"按照一定的方式和程序"，采用公开招标、邀请招标、竞争性谈判、单一来源、询价等方式确定承接主体，严禁转包行为。这里的购买方式，主要适用于单笔或单次教育服务购买。但从实际情况出发，除了此类服务购买外，还存在政府通过对非政府机构的长期稳定支持的方式来购买教育服务，如政府对私立学校的生均经费的政策性支持，属于购买教育服务的特殊内容。通常情况下这些私立学校只要经过政府的考查和审核，符合政府的相关规定，就可以享受到相应的经费支持。

（三）我国政府购买教育服务的实践形式

政府购买教育服务的目的在于更好地满足社会公民多元化的教育需求和教育选择。在我国，政府购买教育服务开始了积极探索，其中的四种实践形式为各级政府和教育主管部门所重视和采纳。具体来说，就是购买学位，购买教育管理，购买教育评估服务，购买教育设施服务。

购买学位简单地说就是政府以契约的方式向民办学校购买学生入学位置。目前主要有两类情况，一是向民办学校购买地段学生的入学位置，二是向民办学校购买农民工子女的入学位置。

购买教育管理服务是指政府通过公共财政和契约方式，向非政府组织和社会教育机构购买学校管理方面的服务。目前主要包括购买区域外的学校管理服务和购买区域内的学校管理服务两类。

购买教育评估服务是指政府通过公共财政和契约方式，向非政府组织和社会教育机构购买教育评估服务。具体就是委托社会组织中的专业性教育评估机构作为第三方中介组织，对学校教育进行评估监测。

购买教育设施服务是指政府依据国家的相关法律法规向社会专门机构购买特殊人群的教育设施服务。主要体现在政府采取契约方式，委托社会组织的专门机构对智障儿童、重度残疾人员等特殊人群开展教育服务。

（四）我国政府购买教育服务的合同管理

在购买教育服务过程中，政府、市场和学校必须结成分工合作关系，而这种关系的缔结主要是通过合同形式来完成的。教育服务合同是政府购买教育服务的契约内容和法律凭证。

但是，教育服务合同源于政府购买合同。在政府购买行为中，购买主体和承接主体达成共识后，最终需要以文字形式表达出来，这就是购买合同。购买合同的内容，主要是明晰各自所享有的权利和应履行的义务，同时规定购买教育服务的付费方式。从购买教育服务的资金来源看，政府购买毫无疑问用的是公共财政，因此，教育服务合同必须是基于非营利性目的，在厘清政府、市场和学校之间的合作关系和法律关系基础上，通过公正、公开和透明的合同程序签订政府购买合同。

三、购买教育服务的发展要略

购买教育服务作为国家公共服务供给的政策工具，在转变政府职能，重塑政府角色方面发挥着重要作用。我国多数省份已经进行了政府购买教育服务的尝试，在国家政策基础上结合当地实际探索了一些模式。前文提到的购买学位、购买教育管理、购买教育评估服务、购买教育设施服务等，既是地方政府购买教育服务的实践形式，也是政府购买教育服务的模式探索。不可否认的是，政府购买教育服务在试点推进中仍存在一些问题。例如，对国外成功经验及其借鉴价值认识不到位，政府购买服务的领域和范围亟待拓宽；国家层面的法律法规以及政策体系不健全，政府购买教育服务的顶层设计和政策供给不及时；已有的政府购买教育服务的实践，在运行机制、合同管理、风险防范、绩效评价等方面存在薄弱环节，需要总结反思。

（一）改善宏观环境，加大政策支持

对于政府购买服务问题，国家早已提出并正式入法。2002 年国家颁布的《政府采购法》是最早提出"政府向社会购买服务"的一部法律。2012 年党的十八大提出应"加强和创新社会管理"，要求"改进政府提供公共服务方式"。2013 年十八届三中全会《决定》提出"推广政府购买服务"，凡属事务性管理服务，都要引入竞争机制，通过合同、委托等方式向社会购买。同年，国务院办公厅印发《关于政府向社会力量购买服务的指导意见》。2014 年财政部、民政部和工商总局联合下发《政府购买服务管理办法（暂行）》，对购买主体、承接主体、购买内容、购买方式、财务管理、绩效和监督管理等问题进行具体规定。但是，政府购买教育服务的顶层设计是不足的和缺乏的，国家现有的法律

法规对于政府购买教育服务缺乏适用性，难以指导和保障教育领域的政府购买行为。例如上海浦东新区实行的"委托管理"，北京、四川、深圳等地探索的购买民办中小学学位，上海、浙江、湖南等地实践的购买教育评估，由于国家没有统一规范的"购买目录"和"操作指南"，他们只能从自身的理解和当地的实际出发进行尝试和总结，这个过程的一些环节就难以避免会出现一些问题和风险。因此，做好顶层设计，完善法律法规，加大政策支持，是政府购买教育服务健康发展的重要保证。

目前政府购买教育服务的政策体系的缺陷，是制约教育领域政府购买行为的重要因素。一是购买范围比较有限。从现有实践看，大多是教育行政管理工作的延伸，由于多数采取定向购买和委托，基本只起到对政府主管部门的辅助作用。① 二是购买内容偏于保守。从现有实践看，在教育领域虽很少有人将购买服务视作洪水猛兽而全力排斥，但决策上的过分理性和行动上的小心翼翼，使得我国政府购买教育服务尚处于基础阶段。三是过程监管机制不全。从现有实践看，有的地区"购买过程"的监管主体较多，既有政府教育部门的职能监管，也有政府其他部门的专项监管，而职能监管和专项监管的内容和要求常常存在交叉，致使社会组织花费过多精力。为此，政府应重视政策引导，加强制度体系建设，推动政府购买教育服务从纸面到地面的顺利落地。

第一，应完善教育市场，改善政府购买服务的宏观环境。这是一项系统性的工作，涉及面很广。要修订与社会教育组织的竞争和发展相关的法律规定，既要营造社会教育组织平等竞争的环境，又要规范社会教育组织的有序良性发展。要积极培育教育服务市场，严格制定购买教育服务的质量标准和准入制度，不断完善政府购买教育服务的招投标机制，确定招投标方式及签约程序。要建立教育中介审查制度，完善政府购买的招标信息发布制度，扩大政府购买过程的社会参与，以确保政府购买教育服务的公益性、公共性和公正性。

第二，应及时研究制定政府购买服务的指导性文件。要转变观念，大胆试点，稳步推进，要从省级、市级和县级层面细化和规范政府购买教育服务的主体、内容和程序，因地制宜地制定政府购买教育服务的"项目清单"，拿出用以提供政策对照的政府购买教育服务的"指导目录"和"服务条款"，明确政府

---

① 黄藤、张燕、王帅红：《政府购买教育服务的现状调查及对策分析——以4省市政府购买教育服务为例》，《教育现代化》2018年第9期，第293-296页。

购买的边界与范围，列明哪些是政府该出面做的，哪些是政府应让位的，哪些教育服务可以由政府购买，哪些教育服务不在政府购买之列。

第三，应重视处理政府购买服务出现的新问题。我国部分地区试行政府购买教育服务已取得重要经验，但在新的形势下应从如何更好地为社会提供教育公共服务的角度来思考和研究相关问题，以避免政府购买服务出现教育供给矛盾，影响教育的公益性和公平性。首先是控制购买成本问题，即要测算和评估通过市场机制购买教育服务的实际成本和工作绩效，只有比较才能做出正确决策，选准购买对象，降低政府提供公共教育服务的成本。其次是保证供给平衡问题，即政府购买教育服务应优先考虑教育供给最为不足的领域，例如学前教育、农民工子女教育和各类职业教育，在政府公共教育资源无法满足社会需求的情况下应通过政府购买服务或委托服务的方式解决问题。再次是做好承接主体定位问题，即购买教育服务应给民办教育服务提供者以生存、发展空间，但对于民办教育的支持不能采取向事业单位"靠"的思路和模式，"如果把民办教育都定位为民办事业单位，给其人员事业编制，那就背离了以更低的成本为社会提供教育服务的初衷"。①

（二）立足国情区情，确定购买行为

政府购买教育服务是世界性的教育改革实践，一方面适应了新公共管理理论及其政府再造的潮流，另一方面迎合了各国教育改革发展面临难题急需寻找出路的背景。这说明我国在学习借鉴过程中必须立足国情、合理选择、积极探索。从西方国家政府购买教育服务的实践看，不同国家的"政府购买动机"有所不同。拿美国的"公校私营"来说，政府购买教育服务的基本目的在于帮助那些教育标准低下的学校和学习成绩不佳的学生摆脱困境，换句话说就是提升薄弱学校的教育教学质量，实现受教育者的教育平等。特别是美国的"特许学校"，其来源一是办学者新建，二是由公立学校转制而来。新建的特许学校旨在服务于某类学生的特殊需要，而转制的特许学校则寻求实现与传统公立学校不同的新的教育理念。因此，政府在购买教育服务时，有一点是相当明确的，那就是特许学校在享受办学自主权的同时必须承担政府赋予的相应责任。具体做法上：办学者根据新的教育理念提出明确的办学目标；地方教育主管部门与学

---

① 张眉、魏建国：《教育领域的政府购买服务研究》，《教育经济评论》2017 年第 2 期，第 70－86 页。

校签订合同（3~5年）；学校保证在合同期内达成双方认可的经营目标和教育目标；学校不能履行其职责并未达到预先商定的目标时，政府中止合同，停止提供经费。

从中可以看到，政府购买教育服务的出发点在教育质量，其衡量标准也是教育质量。政府购买教育服务的契约合作者更多地依靠办学质量维持生存，如果学校办学质量不能超出传统公立学校，家长不送子女去这些学校就读，其生存基础以及与政府的合作资格就会丧失。近年来，受到国外教育改革的启发，我国政府购买教育服务的实践没有止步，上海、重庆、浙江、陕西等省市开展探索的积极意义，归纳起来就是"将购买服务的合作对象找准""将政府的财政经费用对"。

（三）坚持契约精神，加强风险管控

政府购买教育服务，说到底是利用市场机制和社会机制实现公共教育目的的"市场经济行为"。在新的环境和条件下，市场和学校之间既缔结了新的依赖或依存关系，也带来了公共教育权力的分享和政府的教育职能与教育责任的模糊性，同时还给政府教育职能带来了新的成本和风险。因此，对政府购买教育服务过程中各类风险的管控，是实现政府"有效购买"的重要基础。

第一要做好核查评估，规避购买风险。任何一种购买行为都存在一定的道德风险和逆向选择的风险，这对政府购买提出了事前必须做好资质核查、资源考察以及能力和实力评估的要求。特别在签约前，应逐项考察承接主体或合同承包商的资质、资源和能力，严格通过公开招标的方式吸引最优秀的参与者，利用竞争机制筛选确定最合适的合作者。政府购买还应研究备用方案，公开招标一旦出现无效时，必须立即采取合法管用的补救措施（如重新招标、询价、竞争性谈判、邀标等）。当然，无论是正式招标还是其他方式，全部过程应坚持公开、透明和有效监督的基本原则，以防止出现招标中的逆向选择问题和各种廉政风险。

第二要重视过程监管，规避服务风险。政府购买教育服务的招标内容和预期目标是十分明确的。但因政务、事务繁杂，政府往往重前期评估和契约条文，而当教育服务的承接方提供服务之后，大多数情况下政府是寄希望于合作方的"契约自觉"。这种疏于过程管理的问题，其实不是个小问题，弄得不好会是一个隐患。因此，为最大限度地实现购买服务的政策意图，确保政府购买教育服务的质量，作为政府有必要投入一定的人力、物力、财力对教育服务提供过程加以严格监管。当然，过程监管的方式可以有多种选择，主要包括："教育管理的竞争和教育市场的商业竞争；以行业协会为基础的专业性监督；教育服务消费者的信息反馈；媒体和研究机构的信息披露"等。[1]

第三要加强合同管理，规避合作风险。教育服务的合同管理是实现政府购买服务的基础和保障。因此，加强合同管理是政府完成"购买交易"之后的题中要义。但对于一项政府买卖来说，其合同从洽谈到签约，从开始启动到实现目标，是有生命周期的。根据合同的生命周期，合同管理必须抓住事前管理、事中管理和事后管理三个关键环节。事前管理是签约前政府表现的管理能力，主要是掌控、把关和筛选，设定购买目标，确定购买内容，研究购买方式，建立管理机制。事中管理是政府在缔约后到合同到期前这段时间的管理能力，主要以掌控、协调和矫正承接方提供教育服务状态为首要责任。事后管理是政府对所购买教育服务的实现程度进行的阶段性评估和最终绩效评价。

第三节　评价改革与"中介服务"

教育评价是教育管理的基本职能和重要手段。"教育评价"与"教育评估"是两个相通对等的概念，一般情况下语义上没有多少区别，可以交替使用。[2]教育部《教育管办评分离意见》明确要大力培育专业教育服务机构，扩大各类社会组织参与教育评价，其中要"将委托专业机构和社会组织开展教育评价纳入政府购买服务范围"。可见，推进教育评价改革，引入教育中介组织开展第三方评价服务，是政府教育管理方式改革创新的重要举措，也是管办评分离条件下教育评价改革的正确道路。

一、教育评价"中介服务"的认识

（一）教育评价"中介服务"的界定

在西方，"中介组织"也叫"中介团体"。最初建立中介组织的目的是缓和

---

① 刘青峰：《政府购买教育服务合同管理的理论逻辑与策略选择》，《云南民族大学学报（哲学社会科学版）》2015 年第 3 期，第 149 – 155 页。

② 国家高级教育行政学院编著：《新中国教育行政管理五十年》，北京：人民教育出版社，1999 年版，第 209 页。

自治的学校与市场之间的冲突，而今的中介组织不仅起着连接学校与政府的作用，而且还起着连接学校与市场的作用。在我国学者看来，"教育中介组织是介于政府与学校、学校与市场、学校与学校之间的正式建立起来的社会团体，为市场主体提供信息咨询、评估、培训、法律等专业服务，促进社会矛盾转化和融合的组织或机构"。①

按照西方学者的研究，教育中介组织的兴起有着十分广阔的社会背景。在总体上，教育中介组织属于"第三部门"。所谓"第三部门"，是指"介于政府和企业之间的部门组织"，它"既不属于政府公共部门，也不隶属于市场经济部门"，这类组织"以为公众提供公共福利的使命作为组织存在的主要合法性来源"。② 从一般意义上说，教育中介组织具有"第三部门"所普遍具有的独立性、民间性、自治性、非政府性等特点，因此在西方国家的教育评价中应用得比较广泛。近年来，在我国教育治理中日益加深了对教育中介组织的认识，成为教育管办评分离特别是教育评价改革的重要取向。

在我国，政府是教育的主要投资者，也是主要的调控者和管理者。这意味着政府与学校的关系非常紧密，但也造成政府与学校之间的矛盾冲突在所难免。这时的教育中介组织，扮演着政府与学校矛盾协调者的角色。党的十八届三中全会明确要发挥社会评估组织即第三方教育评价机构的作用。《教育管办评分离意见》指出，在做好内部评估的同时，要主动委托第三方开展全面、深入、客观的评估，评估结果作为评价政府及其主要负责人教育行政工作业绩的重要参考。教育评价引入"中介服务"，政府逐步将教育评价权交给"第三方"，有助于消除政府在评价体系中既当运动员又当裁判员的弊端，减少政府与学校之间的冲突和摩擦，增进政府与学校的沟通协调。

（二）教育评价"中介服务"的认定

在我国，教育评价中介服务属于新生事物，对"中介服务"主体关系的认识以及对"中介组织"的角色和资格认定，则是核心问题。

20 世纪 90 年代以来，在政府与公众之间，为了公共利益和社会公正，"第

---

① 胡卫等主编：《办学体制改革：多元化的教育诉求》，北京：教育科学出版社，2010 年版，第 229 页。

② 颜丙峰、宋晓慧：《教育中介组织的理论与实践》，上海：上海人民出版社，2006 年版，第 35 页、第 39 页。

三方"或"中介组织"的概念被引入到公共治理当中，且日益成为公共治理不可或缺的主体。但是，在公共治理中的"中介"不是发挥调解冲突的作用，而是有着不同的内涵和表现形式。① 此时的"中介"不是冲突调解者，而是公共事务管理的参与者；"中介"的参与目的不是为了在相互冲突的利益之间进行调解，而是以其职业化服务和利益关切来推动公共利益的达成。

在教育评价中能充当"第三方"的中介组织，应如何认定呢？不同视角有不同理解，但基本共识可以概括为四点：一是中介组织与政府和学校无利益关系。即有资格参与中介服务的组织，与政府和被评估方均无直接的经济利益关系。二是中介组织与政府部门无行政隶属关系。即有资格参与中介服务的组织与委托评估测评的政府部门不存在任何的上下级管理关系。只有身份独立才能保证评价公正。三是中介组织必须是独立法人。即有资格参与中介服务的组织必须有资格承担民事诉讼和负有法律责任。只有独立法人的组织才能承担法律责任。四是中介组织必须具备从事教育评价的专业力量。即有资格参与中介服务的组织应该是教育评价的专业机构，不仅有充足的专业人员，还必须有一套科学、系统、严谨的评价标准和操作流程。只有在评价中强调专业性和科学性，才能确保教育评价结果的准确性和有效性。

总而言之，教育评价的中介服务，其实质就是从事一项特殊的认识活动，对教育工作和教育质量进行一种价值判断。因此，中介组织在专业资格、人员素质、测评标准、工作流程等方面的要求是确保教育评价中介服务独立性、公正性、科学性的重要前提。

（三）教育评价"中介服务"的价值

1. 我国教育治理的必然变革。随着国家治理方式转型，在政府与学校关系上必然出现的明显变化是，两者经由政治化、行政化的关系逐步形成为一种利益化、市场化的契约关系。教育是一个复杂的系统，引入教育评价中介服务，是教育治理思路的重大转变。教育评价为教育发展提供基础的数据，是为学校不断改进办学工作、提高教育质量奠定基础。一个学校发展如何，质量如何，是否符合办学愿景，能否满足社会公众对教育的需求，绝不是由教育主管部门"一言定论"的，而是由家长、专家、民众或委托第三方机构共同参与评价的结

---

① 褚松燕：《开放型社会的公共权力配置迷局——多主体协作治理的潜在风险与解决方案》，《人民论坛·学术前沿》2013年第9期（上），第6-12页。

果。因此，教育评价中介服务的核心意义就在于独立、客观、公正，使教育评价的论证更加科学、结论更加公信。

2. 教育管办评分离的应有之义。教育管办评分离要求政府把教育评价权和监督权更多地交给社会，并保持其独立性，使之成为构建教育治理现代化体系的基本要义。在推进"社会评教育"的过程中，政府一方面选择向社会赋权，通过社会体制创新能力的发展和政府本身的治理改革，最终形成"大社会、小政府，强社会、强政府"的局面；另一方面，又选择推进教育中介组织的专业评价，改变过去"大包大揽"的做法，把应由社会承担的职能从政府职能中剥离出来，让专业的人做专业的事，逐步建立中介组织评价教育的制度，形成管办评相分离的教育治理格局。

3. 教育评价改革的制度转型。由于我国教育办学体制、管理体制的固有特征以及学校主体办学与教育行政管理出现的矛盾，使我国教育评价存在一些突出问题，其根源在于行政威权带来的管理僵化、政府主导带来的一家独大、封闭模式带来的自说自话和社会缺位带来的评价失衡。因此，教育评价制度必须改革。政府应发挥社会组织在教育评估监测中的作用，营造社会力量参与教育评价的环境，对新兴的教育中介组织予以培育和支持，推进政府附属教育评估机构的职能转型，加快官方背景教育协会和专业学会的职能改造，进一步调动专业学会、行业协会、基金会等各类社会组织参与教育公共治理的积极性，将委托社会组织开展教育评估监测纳入政府的购买服务，不断完善教育评价中介服务的制度体系。

二、教育评价"中介服务"的程序

根据西方国家第三方教育评价的通行做法以及国内有关地区通过第三方机构开展教育评估监测工作的探索，本书将教育评价"中介服务"的必备程序具体分解为五个环节：

（一）资质认定

我国对于第三方机构的资质认定，主要靠政府的前置审批和登记备案，通常是参照购买服务的国家法规来划定"中介服务"的基本条件的。例如北京市规定，参与教育评估监测的第三方机构除具备政府采购法对供应商资质规定的条件外还应具备下列基本条件："依法设立并具有独立法人资格"；"具有一定规模且结构合理的教育评估监测专业团队"；"在教育评估监测领域具有良好的业绩和信誉"。同时规定，只要符合规定条件的第三方机构，"可自愿参加评估资质认定"。

（二）模式选择

根据国外的经验，我国在公共管理领域的中介服务已经创新出若干种评价，其中高校专家评估模式、社会机构评估模式、专家代表评估模式和民众参与评估模式比较有代表性。这些模式完全不同于政府主管部门制定的评估办法，也不同于由政府教育督导机构组织评价测评的模式。

所谓"高校专家评估模式"，就是由高校中教育研究机构的专家学者作为"第三方"接受政府或学校委托的评估模式。所谓"社会机构评估模式"，就是由政府或学校委托社会专业组织作为"第三方"参与教育评价活动的模式。所谓"专家代表评估模式"，就是由政府主管部门从有关专家库中随机抽取的办法组成专家测评团或教育评价委员会作为"第三方"进行评估的模式。所谓"民众参与评估模式"，就是由政府主管部门从普通民众中随机抽取或由符合一定条件的民众自由报名参与评议教育工作的模式。

（三）事项委托

教育评价引入第三方中介服务，其主要目的"在于客观评估各级各类教育的规模、结构、质量和效益等综合发展状态及学校教育质量，服务政府决策和学校育人"。对影响教育发展全局的重大事项、具有高利害关系的敏感事项、评估监测专业性要求很高的专门事项、影响政府公信力的社会事项、政府不具备条件的相关事项，尽可能多地采用第三方评估方式，以充分发挥第三方评估专业性、客观性、公正性、权威性强等特点和长处。[①]

从各级政府的教育职能出发，一般认为，以下事项可以委托第三方机构进行"中介服务"：研制评估监测指标、标准、工具和工作规程；各级各类教育发展状况评估监测；各级各类教育教学质量状况评估监测；教育发展规划实施情况评估监测；教育改革政策实施情况评估监测；教育规划布局与资源配置情况评估监测；教育热点、难点、重点问题及舆情评估监测；重大资金专项项目绩效评估监测；其他需要评估监测的重要事项。

---

① 唐立军：《创新体制机制 有效实施第三方教育评估监测》，《北京教育（普教版）》2016年第7期，第2—6页。

（四）委托方式

在我国，中介服务的委托方式具有购买教育服务的性质，除了教育主管部门对"中介组织"准入进行前置资格审批外，按照"谁购买、谁把关"的原则进行评估事项的委托和实施。在宏观委托要求上，参与教育评估监测的第三方机构，须入选各级政府教育督导机构教育评估监测第三方机构库。以政府购买服务方式开展教育评估监测，符合公开招标要求的，应严格按照政府采购的政策规定执行。根据评价事项的实际需要，可以"采用公开招标、邀请招标、竞争性谈判、单一来源委托等方式，公开招标应当作为主要方式"。①

在具体委托方式上，委托开展教育评价的政府部门根据法律、法规等有关规定组织开标、评标并确定"中标人"，一般可依照下列程序进行：（1）发布招标公告；（2）经资质认定的教育评估第三方监测机构参加投标；（3）委托方组织开标、评标并确定中标人；（4）中标人确定后，委托方向中标人发出中标通知书。

（五）监督管理

对中介服务的监督监管必须贯穿于教育评价活动的全过程，其中源头治理和过程监管是重点。在源头治理上，主要是加强监管体系建设，靠制度来约束中介组织的行为，据此建立健全中介服务退出机制。在过程监管上，主要是对承担评估监测项目的中介组织进行全流程和全方位监督，以保证中介服务的程序规范和评估质量。在教育评价的实施环节进行规范，同时加强过程监督。在教育评价的中介服务的实施过程中，除了政府部门委托和监督外还应提供相应的配合支持与保障，充分尊重中介组织的评估监测的技术运用、工作过程与结果，确保中介组织评估监测工作的顺利开展和结果的公正客观。当然，教育评价任务结束后，要对本次委托评价工作进行总结反思（即"元评价"），对不符合资质要求的组织、对有资质不符合规定和违法的机构行为，必须及时清退、纠正和处理，并向社会公布处理结果。

---

① 山东省教育厅：《山东省第三方教育评价办法（试行）》，山东省教育厅网站 http：// edu. shandong. gov. cn/art/2016/9/20/art_ 11990_ 989139. html

三、教育评价"中介服务"的困境

（一）思想观念的误区障碍

目前，教育评价"中介服务"面临着一些认识误区和程序缺陷，成为推进管办评分离的最大障碍。在一些地区，教育主管部门将评价任务委托给教育中介组织，但须按主管部门原有评价指标来实施，这样的"中介服务"存在明显问题。因为，教育主管部门给出教育评价指标，教育中介组织照此对学校教育（或区域教育）打分，这本质上和主管部门所做的教育评价没有什么区别，仅仅将教育评价由主管部门实施改为交由教育中介组织实施。只重视形式公正而忽视了结果公信，这种统一评价指标的做法不是真正的第三方教育评价。另外的一个误区是，教育中介组织在经教育主管部门受权对学校教育的办学质量进行评价时，往往是不顾被评学校的办学实际而沿用原有的评估测评体系，这样的"中介服务"也是有缺陷的。教育活动的多样性和教育需求的多元性使得第三方教育评价的需求必定是多元的，评价方式也必然是多样的和有针对性的。为此，教育评价中介服务应追求一校（地）一标准，以学校（或区域）自身的办学定位、人才培养目标等作为教育评价和质量评估的尺子，考察学校（或区域）是否达到自己设定的办学条件和质量标准，这应该是教育评价中介服务寻找自身发展空间的方向。

（二）委托服务的制度风险

我国组织形态中可以承担教育评价服务的中介组织，主要有两类：一类是依附于国家体制的政府机构和企事业单位，另一类是随着经济体制改革而发展起来的非政府机构、民营企业等社会组织。中介组织参与教育评价是教育治理链条不可或缺的环节，其参与行为自然带来公共效应和公益特征，但从总体上看，教育主管部门以外的非政府机构特别是民营企业和社会组织，往往处于教育治理参与的弱势地位。其症结既与政府部门对教育治理参与性的主观认知有关，也与政府管理教育的惯常行为方式有关，更与教育治理制度对教育中介组织参与教育评价的规定有关。[1] 正因为教育中介组织处于弱势地位，教育主管部门在委托中介组织作为评价主体时，其委托的范围有可能出现时紧时松，由

---

[1]　褚松燕：《开放型社会的公共权力配置迷局——多主体协作治理的潜在风险与解决方案》，《人民论坛·学术前沿》2013 年第 9 期（上），第 6-12 页。

此产生一些制度风险就在所难免。具体的风险在于：

一是入选随意风险。一个机构和组织能否入选"第三方"，有时并不取决于教育评价界公认的专业性、技术性和权威性，而取决于政府主管部门的主观意向。确定"中介组织"的自由裁量权过大，就会有选择的制度风险。

二是参与公平风险。具有官方背景的事业单位、国有企业和官办学会协会与政府部门具有同构性，在参与中具有"自己人"的体制性竞争优势，从而使没有官方背景的非政府机构和各种社会组织在原初机会上就丧失了参与的平等性。

三是责任落空风险。教育评价的中介服务事实上是一个调动社会力量共同参与以实现教育评价目标的过程，但在这个合力过程中，委托者和受委托者之间的责任是不同的，这需要对双方的主体责任予以界分。不通过授权、合同等方式进行责任约定，政府责任和"中介"责任均有可能落空。

四是结果正义风险。没有程序正义就没有结果正义，这不仅是司法遵循的原则，也是现代教育治理所遵循的一个重要原则。政府教育职能实质上是对各方教育利益的协调管理，因此教育中介组织参与教育评价的程序是否具有正当性、是否被社会公众认可，对教育治理效果具有直接的影响。

（三）中介组织的培育滞后

改革开放以来，随着民间社会力量的发育和成长，教育中介组织逐步在教育公共治理中发挥作用。建立社会参与教育评价的机制，需要大力培育和发展教育中介组织。但客观地讲，与发达国家相比，我国教育中介组织的培育和发展一直缓慢，显然满足不了教育评价"中介服务"的需要。

一是"中介组织"的市场环境不良。我国教育问题的症结之一，就在于市场的力量没有进入教育领域。一个国家的教育发展有没有活力和动力，"取决于政府与市场在教育资源的配置方面是否合理平衡，取决于能否充分发挥市场在教育资源配置中的重要作用"。[①] 除了那些官办或官办色彩很浓的教育中介组织外，其他的中介组织则面临诸多发育不良的状况。陈天祥教授曾分析了我国因受"双重管理体制"的制约而对第三方组织的生长产生的消极影响。"一个第三方组织要获得民政部门的注册登记，必须有主管部门，但很多时候主管部门不愿意承担风险和责任，一些第三方组织也不愿意有主管部门来干涉和支配自己，

---

① 朱永新等主编：《教育改革进行时》，太原：山西教育出版社，2015年版，第91页。

从而使大量第三方组织因无法登记注册而转入地下活动"。① 在教育领域也是如此，由于相关政府部门无法对那些转入地下活动的第三方组织实施监管，必然会出现教育中介组织的无序化。

二是部分"中介组织"的行政色彩严重。我国的社会中介组织的产生方式与西方国家有所不同，大多是在政府扶持甚至主导下诞生的，其目的是要贯彻政府的施政意图，对政府存在"体制依赖"。因此，在现有教育中介组织中有一部分不是真正意义上独立于政府的自治组织。有的所谓中介组织是由政府直接创立的，尽管后来它们与创办者脱钩，但后者仍是其主管单位；有的中介组织，其活动经费全由政府拨款，政府实际上掌握着其人事权和财政权，导致它们实际上成为政府的"代理人"，日常运作高度行政化；还有的中介组织虽不是由政府主导成立，也不是由政府财政拨款维持运作，但为了获得政府的资助和承接政府的教育评价服务项目，往往千方百计地使自身行政化。

三是部分"中介组织"的社会信誉程度低。教育评价的"中介服务"是一个朝阳事业，还存在专业化良莠不齐、内部管理不够规范等问题，造成中介组织参与教育评价的公信力低。一方面我国教育中介组织面临着专业人才缺乏、业务资金短缺、评估能力不足、社会公信偏弱等问题，另一方面政府对教育中介组织的行政监管还远没有到位，在一个缺乏行业标准和行业管理的环境里，教育中介组织的成长发展和社会信誉就会受到影响。

四、教育评价"中介服务"的改进

（一）遵循教育市场的发展逻辑

教育评价的"中介服务"是与教育市场紧密相连的。对于市场机制在教育秩序形成中的作用，中外学者曾做过深入研究，既肯定了教育市场的存在，也对市场介入教育的有限性条件做了明确限定。当然，学术界对是否真的存在"教育市场"至今还有分歧，但是应发挥市场机制在教育评价中介服务中的积极作用则达成了共识。客观上说，我国教育现在面对的市场是一种不完善的市场，市场机制对于教育评价而言，存在着"介入无效"的风险。究其原因，主要是教育市场的培育发展在现实社会中存在着诸多壁垒。目前的教育市场，遵循的

---

① 陈天祥：《善治之道：政府怎样与第三方组织合作》，《人民论坛·学术前沿》2013年第9期，第13－21页。

不是市场的信号，而是充斥着权力的信号，招致教育市场是"伪市场"的诟病。市场机制有自身的发展逻辑，一种被片面曲解的市场只能对教育公益性造成侵害，而一种良性的市场机制却可以成为教育事业的有利条件和确保教育公益性的重要手段。有学者比喻说，这就好像是一个工具，不同的人使用会有不同的功效，"市场由谁来使"和"如何使"就成为理解教育市场的重要维度。① 因此，教育评价"中介服务"必须遵循教育市场的发展逻辑，首先应去培育一个良性的教育市场，使教育市场回归本来的作用和价值。

一是要理解教育市场的客观性。在社会主义市场经济体制下，市场在社会资源配置过程中起着决定性作用，这种决定性表现在，一方面所有的生产要素都可以在市场中获得，另一方面社会资源的移动方向会随着市场供求关系的变化而变化。教育领域同样如此，对于教育评价中介服务的实施，可以通过市场机制和市场规律来满足教育评价需求。

二是要认识教育市场的有限性。市场机制造就了教育领域的市场秩序和运行规则，但是教育秩序却有明显的价值取向，它不仅要实现效率，更加要保证公平。因此，教育评价中介服务就是一种教育市场的秩序安排，同时是按照市场秩序发挥作用的。

三是要把握教育市场的参与性。在教育治理中，政府是作为市场的反面而出现的。市场的个性表现不需要政府干预，但市场自身的缺陷又导致了政府的干预。市场不是万能的，市场机制存在一定的缺陷，因而需要政府介入来弥补市场机制的不足，通过政府的干预来防止和纠正市场的失灵。此时的政府是作为市场规则的制定者、市场秩序的维护者和市场规则的仲裁者角色出现的。从这个意义上说，政府的主导和市场的参与，应是教育评价中介服务的基本规律。

四是要保证教育市场的开放性。政府部门不能既管教育又评教育，既做裁判员又做运动员。政府简政放权，将教育评价分离出来交给教育中介组织是大势所趋。但目前的一些中介组织往往处于有独立"法人"、却没有独立"人格"的尴尬地位。这就需要培育一个开放、规范的教育市场。此时的政府责任主要表现在扮演好自己的角色，做好对教育中介组织的培育和扶持，用法律法规和制度规定来确立中介组织参与教育评价的准入门槛，同时加强行政监管和行业

---

① 曲正伟：《教育治理结构改革中的地方探索与理论解构》，《教育理论与实践》2013 年第 34 期，第 21－25 页。

管理。

(二) 促进政府与中介组织的伙伴合作

政府失灵决定了政府需要借助第三方力量并与其建立伙伴合作关系，以便更有效地提供公共服务，同时第三方作为独立的一个社会治理主体又是制衡政府和市场不可或缺的力量。但是，第三方也同样存在失灵的问题，需要政府在伙伴合作关系中承担必要的责任，促使政府、市场和社会（第三方）形成合作共治的良好治理格局。[1] 因此，政府加强与教育中介组织的紧密合作就在所难免。

一要加强政府部门对中介组织的培育责任。鉴于目前我国教育中介组织比较薄弱的情况，政府在与中介组织的伙伴合作中的一个首要工作，就是大力培育和鼓励中介组织的生长和发展。首先要继续放松对教育中介组织的管制。近几年，不少地方逐步取消了社会组织的"双重管理体制"，一些社会组织无须主管部门的批准即可向民政部门注册登记，取消了过多的登记限制。这一做法可以继续探索，并不断加以完善。此外，政府应与原来的一些行政化的教育评估机构尽快脱钩，让它们真正成为政府与市场之外的"第三方"，而不是政府的"代理人"。其次要加强公民教育，培育公民意识。教育中介组织的发展和壮大有赖于公民社会的成长，而公民社会的成长则有赖于具有良好的公民意识和人伦精神的社会大众。要改变"功利教育"和"应试教育"模式，融公民意识教育和伦理教育于学校教育和社会教育之中，培育国民精神中的理性价值和合作品性，为实施教育评价的"中介服务"奠定基础。

二要坚守政府部门对中介服务的掌舵职能。借助第三方力量开展教育评价服务，并不意味着政府放弃所有的教育评价责任。对于政府来说，"掌舵"与"划桨"分开，并不意味着政府要放弃所有的"划桨"职能。在公共教育服务领域，政府需要保留一定的制衡手段，防止公共服务能力和技术完全由第三方或市场垄断的情况，以免政府被要挟而导致公共责任的丧失。当然，这里并不是主张政府要回到过去"划桨"的老路上去包揽所有公共服务责任，而是强调政府应作为公共服务提供者的一支重要力量与第三方和市场一起公平竞争、互促互进、良性循环。

---

[1] 陈天祥：《善治之道：政府怎样与第三方组织合作》，《人民论坛·学术前沿》2013 年第 17 期，第 13 - 21 页。

三要筑牢政府部门与中介组织的合作基础。对教育中介组织而言，在与政府建立伙伴合作关系中主要应提高教育评估水平和公共服务能力，赢得政府和社会的支持和信任。社会是教育中介组织赖以生存的基础，教育中介组织必须提高依靠社会资源开展教育评价中介服务的能力。从长远来看，教育中介组织如果将自己与政府捆绑在一起，实际上无助于提升自己的社会地位，而应善于利用各种社会资源以保持自己的独立性和自主性，形成一种有别于政府和学校、能够有效弥补两者之不足的第三方力量，获得应有的社会尊严和专业威信。与此同时，教育中介组织还应以自己的实力和特色，积极承接政府转移或委托的教育评价服务项目，并通过良好的服务质量获得政府的信任；利用自己的社会资源优势向政府和学校传达民众的教育需求和利益诉求，引导政府的教育服务和教育管理更加符合实际，最终与政府之间形成既相互独立又合作互动的伙伴关系。

（三）加强教育评价服务的行业监管

为了保证教育评价中介服务的有效性和高质量，政府需要对教育中介组织及其教育评价过程进行监管，包括市场准入、服务的价格、服务质量和确定退出机制等方面。换句话说，在教育评价中介服务中政府监管不能缺位。在西方许多国家，政府会定期对教育中介组织进行评估并划定信誉等级，或者借助其他社会中介组织对教育中介组织进行评估，然后将评估结果公之于众，从而引导教育评价中介服务的方向，保障教育评价中介服务的健康发展。借鉴国外的经验，我国也应该进一步加强对教育评价中介服务的行业监管。

第一，制定第三方教育评价的行业标准或服务标准。立足于推进教育管办评分离和教育评价改革，不断提高教育评价中介服务的专业化程度，解决教育评价中介服务行业明显存在的专业水平高下不等、服务品质良莠不齐的问题。

第二，建立第三方教育评价的社会信誉评估机制。为了保证教育评价的公信力，可以委托社会相关组织制定教育中介组织社会信誉度的评估指标，并实施具体的论证评估工作，评估结论作为教育中介组织参与招标和接受委托的重要参考。在此过程中，政府承担指导和监督责任。

第三，完善第三方教育评价的服务项目委托程序。政府向教育中介组织招标购买或委托开展教育评价时，要通过签订契约的形式，明确服务的具体数量、质量和服务价格标准等，从技术和程序上规范教育中介组织的评价行为，并根据这些标准对教育评价中介服务项目进行绩效评估。对达不到标准的教育中介组织进行相应的惩罚，列入教育评价中介服务黑名单，建立教育中介组织的退出机制，以此凸显政府委托评价的严肃性，提高教育中介组织的公信力。

第四节　督导改革与"督评对接"

教育评估与教育督导既有联系又有区别，两者都是以党和国家的教育方针、政策、法规为依据，加强对教育科学管理，全面提高教育质量。但是，督导中的评估，只是督导内容的一部分，而并不是全部，"督导工作中的评估是一种自上而下的他人评估，只是教育评估的一种形式"。[1]　"督导评价与社会评价交汇对接"是近年推进教育管办评分离出现的新概念，一般简称为"督评对接"。在"政府管教育、学校办教育、社会评教育"的教育治理架构中，对于"管"和"办"的主体界定及其职能划分已比较明确，但对"社会评教育"的范围和方式则出现了一些分歧。本书就"督评对接"的实质内涵、争议焦点和实现路径等问题做一些探讨。

一、"督评对接"的内涵意义

（一）"督导评价"与"社会评价"之分野

教育评价是对教育活动进行价值判断的教育管理行为。教育评价的主体一般分为政府、学校和社会三种。我国现行制度下，以政府部门为主体开展的行政性教育评价称为"教育的督导评价"（即"政府督导评价"），以各类学校为主体开展的自主性教育评价称为"教育的学校评价"（也称"学校自我评价"），以社会组织为主体开展的参与性教育评价称为"教育的社会评价"（也称为"社会中介评价"）。教育管办评分离的改革目标之一是"社会广泛参与"。这里的"参与"，其对象所指自然就是"教育评价"。而"社会广泛参与教育评价"最通俗的说法即是"社会评教育"或"社会评价"。

在教育评价制度体系中，督导评价与社会评价有着严格的概念区分和各自的运行规则。所谓教育的督导评价，是指在政府及其教育主管部门主导下，依

---

[1]　国家高级教育行政学院编著：《新中国教育行政管理五十年》，北京：人民教育出版社，1999年版，第209页。

据国家法律法规，根据教育发展实际，运用评估监测手段对规定范围内各级各类教育实施情况进行价值判断的过程。现代教育督导评价具有监督、指导、评估和反馈四项基本职能，是一个时期以来"政府管教育"机制中的重要手段，也是教育评价系统中的重要组成部分。所谓教育的社会评价，是指借助政府机构和教育系统以外的社会力量，根据社会发展和大众需要，有目的地对有关教育活动进行价值判断的过程。很显然，在概念内涵上，社会评价与督导评价存在着分野。

其一，社会评价的主体是社会中能够代表大众意志和需要的组织或机构，其主体范围不包括政府组织或接受政府委托的专家等。而督导评价首先是国家教育行政管理体制中的组成部分，在政府领导下独立行使督导职能，代表政府对学校教育活动进行监督、检查、监测、评估、指导。

其二，社会评价的对象是教育领域的一切活动，既可以是区域教育的整体，也可以是组成整体的具体项目，既可以是教育教学质量和内部治理水平，也可以是班子建设、校园建设、教学科研、师资管理、财务管理、安全管理、设备管理、招生就业、实习实训、社会服务等具体工作，其评价对象比较广阔。而督导评价，只能依照国家法律法规和《教育督导条例》进行，在评价对象上有质的规定性，其评价范围不能任意扩大或缩小。

其三，社会评价是以社会和群众的需要、诉求和利益为尺度和立足点，其评价组织方式也比较灵活务实。这一点与督导评价的侧重点和组织方式有明显不同。我国政府主导的督导评价，经过多年的探索创新，已具有基本完备的体制机制，在职能体系和工作体系上也日趋制度化和规范化。

（二）"督评对接"的内涵

现代教育管理是决策、执行和监督的过程。决策是否完善，措施怎么改进，关键要靠严格的评估监测。督导评价是教育改革落实的手段，也是提高教育质量的杠杆，"教育每项政策要落地有声，必须发挥督导四两拨千斤之效"。① 但随着教育管办评分离逐渐成为教育改革和教育治理的趋势，"社会评教育"相应成为了教育评价的发展方向。

近几年学术界有一个大体的共识，那就是"社会评教育"中的"社会"有

---

① 赖配根：《教育治理现代化的中国方式——党的十八大以来教育督导工作述评》，《人民教育》2017 年第 19 期，第 38 - 40 页。

着宽泛的概念范围，参与社会评价的主体不可能是"单一的"，相反应是"多元的"。社会评价的执行主体是非政府和非营利的社会中介组织或机构，即独立于政府和学校之外的"第三方"。但在我国真正独立的第三方评价机构少之又少，现行教育体制内那些附着在教育主管部门、冠以"教育评估"名称的各种院、所、中心等，尽管不是真正意义的"第三方"，在现实的教育评价体系又无不将之列为可以依靠的"第三方力量"，在行政惯性和社会心理驱使下，人们很自然地将附属于政府序列的"教育督导机构"作为"社会评教育"的"第三方"来对待。

所谓"督评对接"，笔者将其定义为：在国家现有教育体制下，将教育督导制度中的"评估监测"职能与管办评分离改革政策中的"社会评价"要求进行交汇对接，融合形成能够承担"社会评教育"职能的"第三方"机制，协同发挥督导评价和社会评价的各自优势；在此过程中，教育督导机构通过"资格再造"，获取"第三方"角色，合法融进"社会评价"体系，成为"社会评价"的新生力量。理解"督评对接"内涵，需要把握三个关键点：

第一，"督评对接"是由政府主导和统筹实施的力量整合。教育督导制度落实的责任主体是政府，对教育督导的评价组织、反馈渠道、结果认定等均属于一种教育行政行为。而在督导评价和社会评价的对接过程中，除了政府以外其他任何一个组织和机构都不具有"统筹"的职权。换句话说，只有政府可以根据评价需要和评价规制，按照一定的行政程序，将教育督导机构和社会中介组织两股力量进行整合，从而使督导评价成为"社会评教育"体系中的一部分。

第二，"督评对接"是选择关联性大、功能相近的部分进行功能对接。应该看到，教育督导在教育管理体制中的地位不断巩固提高，并在促进学校教育发展中发挥的作用日益明显。近年来，政府更新督导评估测评的理念，构建基于发展服务的评价关系，并尝试教育督导工作的社会中介评价，这为"督评对接"打下了基础。但在教育督导中与"社会评价"关联度最高的职能是"评估监测"部分，因此"督评对接"只能是有选择地打通彼此职能，而不是要将教育督导的全部工作纳入"社会评价"之中。

第三，"督评对接"是以融合形成教育评价"第三方"机制为唯一目标。"社会评教育"必须由正规的、独立的社会中介组织或机构来承担，这是管办评分离改革的基本要求。这正好说明，教育督导机构参与"社会评价"所缺乏的"中介组织"条件，必须通过"资格再造"来解决。在现有条件下，教育督导机构与"社会中介组织"协同衔接，是合法取得教育评价"第三方"资格的重要途径。

（三）"督评对接"的意义

第一，"督评对接"强化了对教育督导地位的认识。1995年，"国家实行教育督导制度和学校及其他教育机构教育评估制度"写入《教育法》，从此我国逐步建立了督学、督政和检测三位一体的教育督导工作体系，省、市、县三级政府相应成立了教育督导机构，实施对各级各类教育活动的监督管理和评估指导。之后，国家通过颁布《教育督导条例》和成立教育督导委员会，推进了教育行政体制改革，强化了教育督导的独立性，并通过跨部门的合作，"形成教育决策、执行、监督相协调的教育管理体系"。① 2014年国务院督导委员会颁布的《深化教育督导改革转变教育管理方式的意见》明确将督导作为教育管理的重要方式，提出要进一步健全教育评估监测制度。以上两个文件，对建立督导评价与社会评价的协同衔接机制具有重要意义，它既是教育评价实行"督评对接"的政策依据，同时也提升了人们对教育评价中督导地位的最新认识。

第二，"督评对接"弥补了教育督导机构依附政府部门的缺陷。教育督导机构本应是独立行使职能的政府机构，受政府领导管理，对所在政府负责。"目前条件下，无论是国家还是地方层面，教育督导机构都不应社会化，基础教育阶段的教育督导也不可能社会化"。② 但随着教育事业的发展，包括管理体制在内的各种教育问题增多，特别是管理体制上的职能属性与行政隶属的自相矛盾问题比较突出。从目前情况看，教育督导机构几乎全是采用挂靠方式附设在或隶属于同级政府的教育主管部门，成为一个内设机构。这种依附于政府的设置，已经从体制上决定了教育督导机构与教育主管部门之间存在无法撇开的上下级的关系。尽管有的省市试图突破制度中的某些壁垒，探索成立了"教育督导事务中心"，但教育督导机构的依附地位并没有发生根本改变。因此，通过创新教育督导体制机制，以"督评对接"方式建立社会中介组织参与教育评价体系，可以在一定程度上弥补教育督导机构依附政府的弊端，使教育督导机构的行为

---

① 刘延东：《创新教育督导体制机制 推进教育事业科学发展》，《中国农村教育》2012年第11期，第4页。

② 乐毅：《地方政府教育督导机构改革应从依附走向独立》，《中国教育学刊》2015年第2期，第17－23页。

不受行政权力和外界因素的影响和制约。

第三，"督评对接"拓展了教育管办评分离改革的新路。从 2010 年国家提出推进教育管评办分离到 2015 年教育部部署"政府管教育、学校办教育、社会评教育"以来，各地在实施第三方教育评价方面的进展不明显。究其原因，既有人们对教育评价方式认识的问题，也有政府对教育评价第三方组织的培育问题，还有政府和学校对教育评价权力难以割舍的问题。在教育督导"只能加强不能弱化"的背景下，只有紧贴教育督导实际的评价方式，才是管办评分离所需要的社会评价。教育督导具有既"督"又"导"的功能，其评估监测教育活动的制度设计与管办评分离中"社会评教育"的机制构建不谋而合。因此，在教育督导制度依然不够完善的情况下，实行督导评价和社会评价的交汇对接，无疑成为推进教育管办评分离、实现"社会评教育"目标的较为可行的路径之一。

二、"督评对接"的理论依据

督导评价和社会评价，两种评价方式发挥各自的角色功能并形成合力，可以弥补教育督导在"评估监测"中的不足。但在实际操作中，督导评价与社会评价的关系、"督评对接"的可行性及其价值容易被误读。笔者认为，"督评对接"之所以如此重要，是因为它可以起到放大督导评价功能的积极作用；之所以出现争议，是因为它是教育管办评分离的改革探索，尚需要深入研究对策。因此，正确厘清"督评对接"的内涵和价值，还需要在理论上对下述几个问题有基本的认识判断。

（一）"督评对接"不是"社会评教育"中的伪命题

督导评价和社会评价的关系问题是困扰教育评价实践的认识问题。国家教育督导制度是经长期实践证明行之有效的教育监督形式，这与管办评分离改革形成的社会力量的参与评价与监督并不矛盾，在管办评分离条件下实现教育督导评价制度与教育社会评价制度的"交汇"和"对接"，既有理论上的必要性，也有实践上的可行性。"督评对接"是一个必然的选择，只有通过开门开展督导、公众参与督导、社会融进督导等方式，才能实现教育督导制度的放大效应，而开门开放督导方式、社会参与融进督导的过程其实就是"督评对接"的过程。

事实上，我国政府鼓励社会中介组织和社会各界参与督导评价活动由来已久。1994 年国务院颁布的《中国教育改革与发展纲要实施意见》就明确，"要建立健全社会中介组织……发挥各界参与教育决策和管理的作用"。1997 年原国家教委制定的《普通中小学督导评估工作指导纲要》，要求"引导社会、家长用准确的标准评价学校的办学水平"。近年来，教育督导制度的内涵不断丰富，初步建成了教育评估检测体系，其督导评价方式也在发生变革，社会中介组织参与教育督导评价的顶层设计也初露端倪，使"督评对接"从理论讨论走入了评价实践。2017 年 9 月，中共中央办公厅和国务院办公厅印发的《关于深化教育体制机制改革的意见》，强调了教育督导制度所具有的法定地位。因此，教育评价实行"督评对接"，不仅完全必要，而且是完全有可能的，同时也是有政策文本依据、体现中国特色的可行之举，并非是与教育管办评分离宗旨背道而驰的新奇主张。

（二）"督导机构"与"社会组织"同属于"教育中介组织"

"督评对接"是否具有实践价值，或者说"社会评教育"中是否应该包括"督导评价"，学界确有一些不同的认识和见解，甚至有人明确持否定观点。他们做出否定判断的依据是教育督导与教育评价的职能大不相同，各级教育督导机构隶属政府机构，在管办评"教育链"中明显归属于"管"之列，不能成为"第三方"参与教育评价。在他们看来，"督导"和"评价"之间存在天然的鸿沟，"督评对接"的设想与"分离改革"的方向背道而驰，非但不能提倡，相反"教育督导恰恰是管办评分离改革中被改革的对象"。① 他们明确主张应将"督"改革掉，唯有"督评分开"才是管办评分离的真谛。对于此种观点，笔者不敢苟同。

首先，教育督导机构属于广义的"社会组织"，可参与"社会评价"。"社会评教育"涉及重构政府、市场、社会与学校的关系问题，涉及各主体间在教育治理中的范围、界限与相互关系。"社会评教育"的"社会组织"是独立于政府和学校之外的第三方组织，但"社会组织"的概念非常宽泛和模糊，目前国际上没有普遍的共识，国内学界也是见仁见智。根据我国学者的观点，狭义的社会组织是指官方概念里的"非政府、非营利"的社会组织，在外延上仅仅"包括社团和民办非企业单位两类组织"。② 广义的社会组织是指政府和营利的

---

① 宋忠芳：《教育管办评分离改革的问题分析》，《中国成人教育》2016 年第 18 期，第 61 – 63 页。

② 张明：《非政府组织与社区建设》，《社会》2001 年第 8 期，第 29 – 30 页。

企业之外的一切社会组织，"在外延上包括社团、民办非企业单位、国有事业单位、人民团体、其它组织"。① 很显然，广义的"社会组织"中涵盖了"教育督导机构"，因为"督导机构"虽为政府附属的教育机构，但它与教育主管部门平行设置，在业务上相对独立履职，应属于"国有事业单位"一类的社会组织，其所承担的督导评价，也可视为"社会评教育"体系中一种特殊的社会评价方式。

其次，教育督导机构是"教育中介组织"，可发挥评测功能。教育评价的主体是社会中的教育中介组织。所谓中介组织，"可以描述为是一个正式建立起来的团体，它的建立主要是加强政府部门和独立（半独立）组织的联系以完成一种特殊的公共目的"。② 根据这一定义，社会的各种教育组织包括督导机构均应归入教育中介组织之列。既然"督导机构"与"社会组织"同属于"教育中介组织"，那么督导机构通过一定的"资格再造"，也就有了参与社会评价的条件。因此，从理论上说，凡是教育中介组织，既可以独立于学校，又代表学校建言，影响政府的决策；也可以独立于政府，又为政府发声，发挥评估、检测、监督等作用，促进教育事业发展和实现政府行政意图。

（三）管办评分离与教育督导制度具有共时性

作为教育体制改革的产物，管办评分离所发生的深刻变化，既是教育管理历史转变的继续，又是新时代教育管理转变的发轫。应该看到，对于教育体制改革来说，教育管办评分离与教育督导制度具有共时性结构特征，同处于社会转型和时代变迁的环境之中。教育管办评分离的历史动力和现实推力，正是"督"与"评"实行对接、协同作用的内在原因。

首先，"社会评价"需要"教育督导"的参与。教育评价方式既要按照社会中介组织参与评价的理论推进改革，又不能完全抛弃现有的教育管理体制和现行的教育督导制度。其结合点就在于"督评对接"。在当下管办评分离改革政策下，我们切不可用理想主义的观念去审视或否定教育督导制度，只有用系统完整的思维去看待事关教育体制改革大局的教育督导制度，并积极推进教育管办评分离，才是一种正确的政策态度和实践选择。相反，如果在教育改革中只

① 王名：《非营利组织管理概论》，北京：中国人民大学出版社，2002 年版，第 53 页。
② 【美】伯顿·R·克拉克：《高等教育系统——学术组织的跨国研究》，杭州：杭州大学出版社，1994 年版，第 158 页。

是就事论事不及其余，不考虑现实条件和现行政策，一味排斥教育督导的评价和监测功能，那在推进教育管办评分离过程中必定会出现问题。

其次，"管办评分离"不排斥教育督导制度。在管办评分离"社会评教育"政策的顶层设计中，国家重点加强的是教育督导制度的体制机制改革，推进实施委托"第三方"进行教育评估监测，并非要否定逐步完善中的教育督导制度。在讨论"督评对接"问题，对"社会评教育"进行制度设计时，就不能不将督导机构"独立行使职能"的政策规定与"社会独立评价"的改革要求相融合。"社会评价"虽有异于"督导评价"，但两者的相同点在于一个"评"字。当实现了"督评对接"，意味着教育评价的组织壁垒被打破、体制弊端被消除，赋予了督导机构以"第三方"的属性。因此，对于督导机构来说，它虽不是严格意义的"社会组织"，但通过一定的资格再造和交汇对接，它就具备了承担"第三方评估"的条件。

三、"督评对接"的实现方式

现代教育管理发展越来越离不开协同理论。"督导评价"与"社会评价"之间同样可以建立紧密的协同关系，在两者交汇对接中实现管办评分离。协同论认为，自然系统或社会系统尽管千差万别，但均存在内在的"协同"，"协同效应"发挥得好，这些系统的整体性功能就会得到提升。协同学创始人哈肯（H. Haken）认为：协同学的"基本原理是协同效应原理、自组织原理和有序原理，其中协同效应原理是核心"。[1] 所谓协同效应是"指由于协同作用而产生的结果，是指复杂开放系统中大量子系统相互作用而产生的整体效应或集体效应"。[2]

"督导评价"与"社会评价"交汇对接对于教育管办评分离具有现实价值。当然，"督评对接"的过程应该是复杂的，操作性要求相对也比较高，"督"与"评"能否顺利实现对接，在很大程度上取决于是否对督导机构进行"资格再造"，是否构建"督评对接"的协同机制，是否为对接创造了必要的条件。只有厘清"督"与"评"的职能边界，形成"教育督导"与"社会评价"交汇对接的协同制度和实施方案，才能使"督评对接"从理论可行变为现实可能。

---

① 【美】H·哈肯：《关于协同学》，《自然科学哲学问题丛刊》1983 年第 1 期，第 8 页。
② 白列湖：《协同论与管理协同理论》，《甘肃社会科学》2007 年第 5 期，第 228－230 页。

（一）创设协同条件：处理督评序参变量，调控对接协同行为

协同论的"序参量"，是指一个系统从无到有的变化，影响着系统各要素由一种状态转化为另一种状态的"集体协同行为"。这种能够影响"集体协同行为"的序参量转变特征，对构建"督评对接"协同机制有重要启发。在教育管理的评价体系中，尽管影响评价结果的因素很多，但只要能够区分各种因素之间的本质联系，找出其中起决定作用的那个"序参量"，就能把握住教育评价体系的发展方向。序参量的特征决定了它是教育评价体系发展演化的主导因素，只要在处理"督导评价"和"社会评价"过程中审时度势、主动调节，致力凸现我们所期望的序参量，就能使"督评对接"形成后的新机制实现有序稳定的运行。

作为国家的教育管理制度，督导评价与社会评价有着必然的联系。教育督导是以一级政府的教育督导机构为主体对本级行政区域教育状态和学校教育质量做出的评价，可看成是"第三方"教育评价的一种特殊形式。从序参量角度分析，教育督导如果遵循政府的意图以督政为主要职能，那无疑拉大了与"社会评价"的差距，相反教育督导如果以督导评估、检查验收、质量监测为职能独立开展评价，那必然是与"社会评价"的功能相贴近，自然也就满足了"督评对接"的条件。

再从督导评价和社会评价的机构性质来看，承担教育督导与社会评价的机构或组织均具有"中立"属性，并且独立于政府部门和学校之外而履行评价职责。当然，在"政府"概念里虽然包含有教育督导机构，但在教育质量监测评估的过程中，督导评估特别强调应由教育督导机构"独立"行使职能。这里的"独立"含义，主要是指教育督导机构不可与教育主管部门在职能上相混淆，其评估工作不应受到教育主管部门的控制和干预，只有使教育督导独立履职，才能确保督导评价结果的客观公正。因此，教育督导的这种"独立性"以及和社会中介组织职能之间的相关性，就为构建"督评对接"协同机制提供了理论前提和现实可能。

（二）遵循协同原理：分析督评功能结构，激发对接力量组合

除"序参量"外，哈肯还提出了另一个概念"功能结构"。他认为，"功能和结构是互相依存的，当能量流或物质流被切断的时候，所考虑的物理和化学系统要失去自己的结构"；但是，"大多数生物系统的结构却能保持一个相当长

的时间，这样生物系统颇像是把无耗散结构和耗散结构组合起来了"。① 哈肯对"功能结构"的解释，尽管只是针对生物系统，但其所揭示的原理在社会系统中同样适用，为我们构建"督评对接"协同机制提供了理论工具。

毋庸讳言，督导评价与社会评价的功能有着明显不同，前者是教育督导机构主导的教育评价行为，以教育质量评估监测为重点，而后者则是社会第三方负责开展的教育评价行为，重点在于在政府和学校的委托下实施教育评价，恪守评价的专业性、独立性和客观性。这里，督评能否对接并不取决于政府的行政职权，而是取决于在督导评价与社会评价之间能否建立一种协同机制，也就是要通过两者的力量组合，促进形成"督评对接"的功能结构。

从实际可能出发，这一"功能结构"的形成，需要满足四个前提：

一是放大"督""评"两者的共同点，缩小其差异性，也即在"督导评价"和"社会评价"上需要求同存异、目标趋同、相向而行。

二是消除"政府机构"与"社会组织"之间设置的屏障，将相对独立于教育主管部门的督导机构纳入"社会组织"范畴来看待、管理和发挥作用。

三是允许督导评价模式的实践探索，在对教育质量的评估监测中，政府应引导教育督导理念和方式的创新，既要发挥督导机构在督政督学方面的作用，又要正视其相对独立的"准社会组织"性质，让其成为"社会评教育"体系的一支有效的依靠力量。

四是督导系统中"督学"专业队伍的培训和管理应得到重视和加强，"建立起一支教育素质高、通晓专业知识、结构合理的专业督导队伍"。②

（三）探索协同策略：设计督评交汇架构，求解对接重点难点

在"督评对接"协同关系的构建过程中需要树立整体观念，不可孤立和狭隘地审视"督导评价"和"社会评价"的交汇对接问题。这里的"整体观"有两层意思：一是要整体看待教育督导的制度体系，也就是国家教育督导制度所强调的两个"体系"，即"督政、督学、评估监测三位一体的教育督导体系"和"教育督导部门归口管理、专业机构提供服务、社会组织多方参与的专业化

---

① 赵丽丹：《基于协同理论的生物产业发展系统分析》，《统计与决策》2011 年第 4 期，第 65 - 68 页。

② 乐毅：《地方政府教育督导机构改革应从依附走向独立》，《中国教育学刊》2015 年第 2 期，第 17 - 23 页。

教育质量评估监测体系"；二是既要整体看待社会评价的专业性、独立性和客观性，又要对社会评价体系中"社会参与"的社会组织范围有正确的认识，不应将独立于教育主管部门和学校的教育督导机构排除在"社会组织"之外。因此，整体设计督评协同的构架方案，既是构建"督评对接"协同关系的关键措施和必由之路，也是具体实施"督评对接"的重点和难点所在。

从督评协同的现实可行性出发，设计督评交汇架构的着力点大体有五个：

第一，政府应建立教育评价"分类委托"制度。即将教育评价的任务按内容、性质、用途、难易、时间等适当归类，再根据教育评价的质量要求和时间进程实行分类委托、下达任务。对于教育督导机构有条件和能力承担的评估任务，应优先下达给督导机构，由他们根据"社会评价"的组织程序和规范要求独立开展教育评价活动。对于内容复杂、要求较高、专业性强、任务繁重的评估任务，一般不宜直接委托给教育督导机构，但可以采取灵活变通的办法加以分流：或将评价任务"打包"委托给社会中介组织实施；或明确由教育督导机构牵头，借助社会中介组织的力量，双方协同合作实施评价；或明确由社会中介组织实施为主，教育督导机构参与其中，两者优势互补、各得其所，使教育评价取得最优绩效。当然，区域之间的异地教育督导，也是一种有益的督导评价改革尝试。

第二，政府应有目的地培育专业化水平较高的"社会中介组织"。从长远发展来看，"社会中介组织"作为第三方教育评估监测机构无疑是教育评估赖以依靠的主要力量。如果社会中介组织匮乏，专业化水平达不到独立承担评估的条件要求，当教育督导机构无力（或不便）担当"第三方"重任而社会中介组织资源不足又无法比较选择时，那实施第三方评估监测教育的"社会评价"机制就成了一句空话。

第三，政府应创建教育评估监测基础数据信息平台。健全政府部门和督导机构的定期沟通制度，建立政府部门、督导机构和社会中介组织的信息共享制度，是构建高水平教育督导评估信息系统的重要基础。这个信息平台应包括"数据填报、采集、接入、生成及兼容系统与工作机制"，涵盖"基础性数据、条件性数据、过程性数据、结果性数据和相关信息"。这样做的目的，是有效实施基础评估、数据挖掘、系统分析、综合评价，强化教育督导评估的数据支持、信息支撑、管理保障与服务决策能力，提升教育评估监测的信息化水平。①

第四，政府应建立教育督导评价的"监管"制度。也就是在厘清"行政"与"督导"业务边界的基础上，探索教育督导机构的评价结果与社会中介组织的评价结果进行"相互印证"，以此提高教育评价的科学性和准确性。

第五，政府应建立教育督导队伍"定期培训"制度。可以由同级教育督导机构牵头，组织开展各级督导机构人员和中小学督导力量的业务培训，促进教育督导队伍较快适应"督评对接"后教育督导出现的新需求和新变化。

---

① 唐立军：《第三方教育评估监测怎样有效实施》，《中国教育报》，2017－4－6，第12版。

第八章

研究回顾与讨论：主要结论

第一节　本书的研究内容

一、本书的内容框架

本书按照"文献研究—理论研究—现状研究—要素研究—政策研究—策略研究"的先后顺序安排篇章结构，力图构建教育管办评分离政府角色的理论体系，既重视理论阐述和政策分析，也重视地方实践的总结和未来改革的探索。

全书主体共由八章组成，另加一个序言。

"前言"是本书的引子。概要阐述了研究选题的背景和作者对教育管办评分离中政府角色作用的前期思考和理性判断，简单交代了本书的来源、内容、体系及其创新所在。

第一章是本书的研究导论和学术构思部分。主要讨论教育管办评分离中政府角色研究的重要性，厘清研究涉及的范畴和概念，阐明研究的理论视角，在梳理研究文献和国内外研究现状基础上，提出本书的研究构思。

第二章是教育管办评分离内涵实质价值的政策分析。主要讨论教育管办评分离的政策历程和政策内涵，阐述教育管办评分离的基本问题和核心问题，分析教育管办评分离的主体职能。

第三章是教育管办评分离中政府角色转型的理论分析。包括政府角色的内在结构分析、政府角色转型的时代特征分析、政府角色转型的逻辑和目标分析等。

第四章是教育管办评分离中地方政府角色定位的综合考察。主要论证了地方政府改革的政治合理性和政策合法性，梳理了地方政府改革实践的典型案例，总结了地方政府改革探索的初步经验，分析了地方政府角色定位存在的主要问题。

第五章是教育管办评分离中省级政府统筹管理的专题研究。以扩大省级政府教育统筹权为背景，从教育治理视角，重点就教育管办评分离改革的"省级统筹"与"政府应对"问题进行了分析探讨。

第六章是教育管办评分离中政府职能重置的专题研究。分别论述了政府教育职能的内涵、现状和目标，介绍了西方国家教育改革的进展、教育治理的模式和教育管理方面的主要做法，重点按照教育善治取向探讨了政府职能重置的路径，对"教育政府""有限政府""服务政府""合作政府"的内涵和构建做了具体论述。

第七章是教育管办评分离中政府治理改革的专题研究。主要聚焦政府角色的突出特征，运用教育的理念和治理的思维去审视教育管办评分离面临的问题，寻找政府管理教育的改革路径，集中对政府主导下的"教育分权""购买服务""中介评价"和"督评对接"等重要问题进行了探讨。

第八章是本书的研究结论和对策建议部分。主要是对教育管办评分离中政府角色研究的理论和过程进行归纳，提出教育管办评分离政府职能重置及其角色定位的基本结论和对策建议。

二、本书的研究重点

本书在分析研究背景与研究目的之后，以政府教育职能转变、政府在教育管办评分离中的角色特征作为讨论的核心，以治理理论、制度理论和角色理论为核心理论分析工具，同时借鉴国外教育治理经验和我国地方教育改革实践，重点研究了政府"元治理"定位问题、政府"多角色"履职问题和政府"权力域"纠偏问题，具体梳理了政府教育职能的责任边界和权力清单，廓清了政府角色定位的体制机制障碍，论证了省级政府统筹教育分权改革的必要性及其路径，集中探索了政府角色定位的制度配置和政府职能重构的政策供给，研究提出了政府主导"中介评价"和"督评对接"的制度设想，在"政府管理教育"方面构建了一个较为完整的结构模式和比较可行的政策体系。

本书重点解决了以下四类问题：

第一类问题：教育管办评分离改革的理论政策问题。包括：教育管办评分离治理的理论范式、制度基础、目标模式和实施策略；政府、学校和社会三个主体关系的科学处理和政府权力边界的划定与守护等。

第二类问题：教育管办评分离中政府角色转型问题。包括：政府在教育管办评分离治理中的角色定位、职能重构、职权清单和权力运行；政府教育职能转变中的政策供给、要素协同、有限管理、制度分权和合作共治等。

第三类问题：教育管办评分离中政府"元治理"角色问题。包括：运用"元治理"理论研究政府角色定位的契合性；教育管办评分离中政府"元治理"的属性和价值；政府"元治理"实施的政策重点等。

第四类问题：教育管办评分离中政府统筹管理问题。包括：扩大省级政府教育统筹权与各级政府教育分权改革的关系；教育管办评分离中省级政府统筹管理的角色结构；政府主导"中介评价"的理论与实践；政府主导"督评对接"可行性及制度设想等。

三、本书的研究难点

（一）政府"元治理"定位问题

通俗地说，元治理就是"治理的治理"，强调政府是公共治理主体中负有协调责任的最主要主体，往往扮演着主导角色，拥有权力和责任。正因为元治理重新定义了公共治理体系中政府所具有的"主导角色"，因而受到公共管理、教育行政等领域学者的重视和研究。深入推进教育管办评分离，关键是要回答两个问题：管办评分离到底"由谁来负责"？政府应"如何定位和发挥作用"？由于政府的权责定位和独特优势，于是政府成了教育改革"元治理"的唯一主体，承担着教育管办评分离的政治责任和主导职能。确定政府"元治理"的角色定位是推进教育管办评分离的理论基石和治理基础，这对于构建与政府"元治理"定位相适应的顶层设计和政策体系，形成政府、学校和社会最广泛共识，强化教育管办评分离改革的政府责任，加快实现教育管办评分离的阶段目标和终极目标，有着重大而深远的意义。因而，教育管办评分离的政府"元治理"定位问题，是本书研究的首要难题。

（二）政府"多角色"履职问题

教育管办评分离改革要求政府履职方式实现重大转变：一是政府职能应由"全能管理"向"有限管理"转变；二是政府权力应由"过分集权"向"制度

分权"转变；三是政府治理应由"行政独揽"向"合作共治"转变。显然，这里所谓的有限管理、制度分权、合作共治，既是政府"元治理"的特征，也是政府角色行为的目标。推进教育管办评分离，需要政府形塑管办评分离改革的教育政府、有限政府、服务政府和合作政府等多重角色。因此，研究政府的"多角色"履职问题是教育管办评分离政府角色研究的核心问题，而如何规范政府行政职能、如何理顺政校管办关系、如何依法推进简政放权、如何改革优化机构设置等则自然成为本书研究的难题之一。

（三）政府"权力域"纠偏问题

政府在教育管办评分离中的首要任务是将管办评"三合一"体制，转化为管办评既独立又合作的教育治理结构，通过体制机制的完善创新，把教育管理权留给政府、教育实施权还给学校、教育评价权交给社会。政府通过行政权力行使管理职责，处理政府、学校和社会三者关系，使管办分离、评价独立、社会参与。目前政府教育职能所暴露出来的弊端，集中于政府的全能管理、越权管理、过度管理和僵化管理，政府职能定位的失准失当现象普遍存在。解决这个问题的基本路径是科学界定政府、学校和社会三方的职权，核心为教育分权和简政放权，关键在于依靠法治和制度规范政府的权力运行。因此，对教育行政"权力域"如何进行纠偏，成为本书研究的另一个难点问题。

第二节　本书的主要结论

一、关于教育管办评分离改革

（一）研究提出了教育管办评分离的角色关系

教育管办评分离是我国教育体制改革的现实愿景，也是实现教育善治的重要路径。作为我国教育管理体制新常态的管办评分离，其政策的提出和实施有着深刻的时代特征和改革动因。本书认为，推进教育管办评分离就是要重构教育管理、学校办学和教育评价三者之间的关系。管办评分离改革的基础和前提是体制上的分权、管理上的放权以及政府教育职能的转变。在"管办评分离"的推进过程中，如何打破管办评"三合一"角色叠加体制，重新构建政府角色，避免政府权力的"越位""错位"和"缺位"，是管办评分离和实现教育善治急需求解的关键问题。因此，教育管办评分离的重点是"管办分离"，难点是"管评分离"，焦点是评价独立，这三者构成教育管办评分离治理所面对的核心问题。本书根据职能分解理论，对教育管办评的主体角色特征进行了概括。主要观点是：政府角色是有限管理学校的主体，是提供教育服务的主体，是保障教育公平的主体；学校是依法自主的办学主体，是教育活动的责任主体，是接受监督问责的对象主体；社会组织是教育治理中的独立评价主体，是公民意识下的教育参与主体。从角色定位看，政府充当"管教育"的主官，学校担当"办教育"的主角，社会承当"评教育"的主力。

（二）研究提出了教育管办评分离的待解难题

从教育大国迈向教育强国的征程中，教育在管理、办学、评价方面的权责关系及运行状态呈现出新的特点。在深化教育领域综合改革的背景下，教育管办评分离面临着各种诉求和挑战，急需从理论、实践和路线上聚焦问题求索答案。本书认为，当前推进教育管办评分离应着力破解八大问题：①教育治理中的顶层设计问题；②教育职能中的简政放权问题；③教育评价中的社会参与问题；④教育市场中的购买服务问题；⑤教育监督中的评价改革问题；⑥教育利益中的政府统筹问题；⑦教育制度中的政策衔接问题；⑧教育协同中的合作共治问题。

（三）研究提出了教育管办评分离的改革路径

推进教育管办评分离改革，重点应放在制度规划、制度创新和制度供给上，而围绕政府权力的"自我革命"便成了改革是否成功的关键。本书认为，教育管办评分离首先应从"元治理"层面的教育分权和简政放权做起，其基本任务就是要通过"确权""分权""放权""让权"和"授权"等一系列制度化的设计和改革，厘清教育行政的权力边界，彻底改变政府一家独大的局面。对此，本书研究提出了四条路径：一是教育权力多元构架的制度化。就是"把管理权留给政府""把办学权还给学校""把评价权交给社会"。二是教育治理主体分离的法治化。就是要依法界定管办评三方的职权范围，让三个主体按照国家法律法规明确的特定地位发挥相应的作用，保证相互不越位、不错位、不缺位、不失位，使政府、学校和社会组织各得其所、各展其长。三是教育评价社会参与的民主化。就是建立由政府、学校、家长及社会各方面参与的多元评价机制，主要包括"评管"（即评价政府行为）和"评办"（即评价学校行为）两个方面。四是教育服务购买机制的市场化。就是发挥社会组织和公民在教育治理中的作用，以政府购买服务的方式实现教育治理的最大化。

二、关于政府角色的定位转型

（一）研究提出了教育管办评分离中政府角色转型的关系模型

本书从国家治理、制度变迁、管理角色等视角分析论证了政府、学校和社会三个主体的角色关系。认为在教育公共治理中，政府、学校和社会各治理主体之间是基于共同准则的相互逻辑关系，而不是正式的权威关系；它们总体上是平等的、相互依赖的结构，三个主体的治理行动共同组成一个关系网络，形成一个"合作伙伴关系"，即政府的主导作用、学校的主体作用和社会的参与作用。本书研究认为，教育管办评分离中政府的重心在于做好服务，同时要注重绩效，实现从"全能型政府"向"公共服务型政府"的战略转移，而转型的基本目标是使过去那种掌权型、控制型、主宰型、服务型为一体的"全能型政府"转变为"公共服务型"政府。

（二）研究提出了教育管办评分离中政府角色转型的科学内涵

本书研究认为，在教育体制改革中，政府的管理模式应由微观走向宏观，实现政府治理、学校办学和社会评价的良性互动。政府最主要的使命是找准自身的平衡点，对学校进行宏观管理。"政府宏观管理"不能简单理解为政府缩减行政审批、废除行政命令等，而是有着特定的内涵和要求。在新型的教育治理体系下，政府已无法继续全面控制和管理学校的方方面面，而是将重点转为预防与调控，政府对学校的管理应将重心转移到宏观调控与公共服务领域，重点应在制定与完善政策法规、确立与修订竞争规则，创建与维护竞争环境，监督与惩处不法行为等领域有所作为，将原本隶属于学校却由政府多年管控的权力毫无保留地还给学校，将原本集中垄断的学校管理权力适度下放给下级政府和基层学校，重点做好政府职能中诸如统筹规划、指导监督、制定标准、协调服务、组织评估和监测等相关工作。

（三）研究提出了教育管办评分离中政府的职能边界与重置维度

推进教育管办评分离，厘清政府、学校、社会之间的责任和义务是关键，重塑政府教育职能是核心。政府职能重置是指政府和教育主管部门依据一定时期内的角色定位，根据教育改革发展需要，对其应担负的职责和所发挥的功能、作用的范围、内容、方式等进行转移变化和调整重组。本书的研究结论是：教育管办评分离条件下政府教育职能模式的理论和实践逻辑，在于重塑政府与学校、社会、市场、公民等等之间的关系，完善教育公共服务体系，追求教育的公平以及高质量发展。政府教育职能不应该是一个观念的东西，而有着具体实在的边界要求，政府应该按照"元治理"的角色要求重新定位自己，在"管控"与"放权"之间寻找最佳平衡点。具体应从五个维度对政府教育职能进行重置，即：政府权力重心重置；政府主体关系重置；政府职能方向重置；政府责任体系重置；政府管理方式重置。

三、关于政府"元治理"角色

（一）研究提出了教育管办评分离中政府"元治理"的属性和路径

推进教育管办评分离，政府"元治理"是关键。所谓"元治理"就是对教育治理关系的再治理，达到正本清源的目的。由于我国政府与学校和社会的特殊关系，运用"元治理"及其相关理论去分析和指导教育管办评分离中的政府角色定位非常契合。在我国现有体制下，教育管办评分离不可能是依靠社会力量的"非政府行为"，更不存在市场化范式下的"没有政府的治理"。本书的研究结论是：教育管办评分离中政府"元治理"具有主体的唯一性、结构的复杂性、职能的权威性、责任的政治性等基本属性，政府应规范教育行政职能、理顺政校管办关系、依法履职简政放权、优化部门机构设置。当前尤其应推进"行业监管"的职能转换，将教育的"主管部门"转变为行业性的"监管部门"，不断加强服务型政府建设，逐步实现政府"元治理"目标。

（二）研究提出了教育管办评分离中政府"元治理"实施的政策重点

新时代中国教育发展具有新内涵和新诉求，也给教育管办评分离改革确立了新价值和新标杆。对于政府实施"元治理"的政策重点，本书的研究结论是：一要构建服务型教育政府。政府角色必须从"父母官"转变为"服务者"。二要引入市场机制实行教育分权。政府应由"划桨者"向"掌舵者"转变。三要优化教育善治顶层设计。政府要做好教育权力多元构架的制度化设计。四要保障教育多样化供给。政府工作着力点必须放到提高教育公共服务的质量和效率、创新和扩大教育服务多样化供给方面。五要强化公共教育服务监督。使用所拥有的权威性和强制力实施有效监督，是政府义不容辞的责任。

四、关于省级统筹与政府应对

（一）研究提出了教育管办评分离中省级政府统筹管理的角色结构

本书研究认为，推进教育管办评分离过程中，强化省级政府统筹职能的核心要求就是加快省级政府教育职能转型。本书对省级政府的主脑、掌舵、守护、杠杆、统揽等五种统筹角色进行了详尽分析，认为：政府的"主脑"角色，在于主导顶层设计和治理规制，在治理过程中处于核心地位；政府的"掌舵"角色，在于组织教育分权和简政放权，推动政府职能向创造良好发展环境、提供优质公共服务、维护社会公平正义转变；政府的"守护"角色，在于完善政策供给和制度配套，从管理转向治理过程中，对各方参与改革的积极性及其成效加以"守护"，确保中央政府教育改革的决策部署与基层和学校改革实践的紧密结合；政府的"杠杆"角色，在于保障公平服务和公信评价，承担着激发社会和市场参与教育评价的组织功能，在社会教育评价的服务公平、参评公正、结果公信中肩负"清障搭台"的统筹职能；政府的"统揽"角色，在于坚持因地制宜和省域联动，推进整合行政资源、教育资源和社会力量实现合作共治，切实将管办评分离改革各项任务落到实处。

（二）研究提出了教育管办评分离中政府主导"中介评价"的改革思路

"社会评教育"突出了"社会"在教育评价中的地位，同时强调社会评价必须独立进行。政府部门需要将教育评价权交给社会"第三方"。"第三方"独立评价是打通"管办评分离最后一公里"的重要改革。建立社会参与教育评价的机制，需要大力培育和发展教育中介组织。但客观地讲，与发达国家相比，我国教育中介组织的培育和发展一直缓慢，明显满足不了教育评价"中介服务"的需要。本书的研究结论是：实施"第三方评价"是一个系统工程，应确立行业标准、进行资质认定、明确委托事项、遵循委托程序、执行科学体系、严格监督管理。以"第三方"的组织身份作为分类依据，"第三方"独立评价可以采取高校专家评估、专业教育机构评估、社会代表评估和民众参与评估等四种模式。

（三）研究提出了教育管办评分离中政府主导"督评对接"的制度设想

我国的教育评价制度体系是以政府督导评价为主，兼有学校的自我评价和社会中介评价，三种评价主体相互补充并形成合力，充分发挥各自的角色作用，从而构建了中国特色的教育评价体系。本书将"督评对接"定义为：在国家现有教育体制下，将教育督导制度中的"评估监测"职能与管办评分离改革政策中的"社会评价"要求进行交汇对接，融合形成能够承担"社会评教育"职能的"第三方"机制，协同发挥督导评价和社会评价的各自优势；在此过程中，教育督导机构通过"资格再造"，获取"第三方"角色，合法融进"社会评价"体系，成为"社会评教育"的新生力量。本书研究的结论是：教育管办评分离与教育督导制度具有共时性，协同和独立是"督评对接"的制度依赖，"督评对接"一方面应依赖教育制度的协同与衔接，另一方面又呼唤着督导评价从"依附"走向"独立"。只有厘清"督"与"评"的职能边界，形成"教育督导"与"社会评价"交汇对接的协同制度和实施方案，才能使"督评对接"从理论可行变为现实可能。

第三节　本书的对策建议

一、发挥政府"元治理"角色作用

在教育管办评分离"元治理"中，政府的作用表现为负责制度设计和提出远景，通过良好的行动协调，保证教育自组织的完整和治理主体的发展运行，为管办评分离改革提供稳定的制度环境。为此应强化政府的四个作用：一是"掌舵"与"主导"作用。在教育多主体治理体系中，理想而有效的政府职能应该是"掌舵"，而不是"划船"。教育管办评分离，需要构建"强政府—大社会"的治理结构，突出政府的"元治理"角色。二是"平衡"与"协调"作用。政府要做各方利益博弈的"平衡器"，协调市场和社会的彼此利益，避免因市场和社会的利益冲突而削弱治理主体的参与和合作。三是"赋权"与"约束"作用。政府既扮演管办评分离规则的主导者和制定者，又担负着"社会赋权"的行政职责。政府通过赋权，并给予明确的程序规定和行为约束，让社会力量成为构建教育治理体系、实现教育管办评分离的第三种力量。四是"统筹"与"规制"作用。政府按照教育的属性、服务对象来划分教育管理权限，实行分级分层统筹管理，通过政策统筹、方案统筹、力量统筹、进度统筹以及一系列对办学行为的管理或制约，构建教育治理体系和实现管办评分离。

二、强化省级政府综合改革统筹

"省级政府统筹教育综合改革"已成为国家的顶层设计，省级政府在管办评分离中发挥主导和统筹的职能作用。针对教育部与省级政府的权力分割远远不够、省级政府对市县教育统得过多、各级各类学校办学自主权还远远不够的问题，省级政府必须转变教育职能和管理方式，担负教育管理的治理责任和扮好统筹角色。本书的建议是：一要强化和落实省级政府在教育管办评分离中的主导权和统筹权，加强在教育宏观调控、教育公平环境建设、教育制度健全等方面的权责，主动放弃和消减那些管不了、管不好的事务，用公共治理方式和依法治教的手段推进改革，实现教育管办评分离目标；二要尽早启动"全省各级政府教育职能条例"立法，重点应依据国家法律确定政府职权内的教育行政权力归属，划分政府各部门对教育事业发展的管理范围和审批权限，并按照政府主管、学校主办、社会主评的教育体制改革思路，明确政府的宏观调控、行业监管和公共服务职能，厘清教育主管部门的权力边界，改变多头管理、权限交叉、边界模糊现象，建立权力清晰、权责明确、分权与制衡相统一的教育管理体制；三要不断推进教育治理体系建设，建立稳定而又规范的法律制度，使管办评分离有章可循、有法可依，从而推进省域教育管理体制改革，促进省域教育优质资源均衡发展；四要建立协同治理机制，致力教育配套改革，推进省域各级政府尤其是市、县两级教育主管部门的职能改革，切实解决地方教育主管部门不同程度存在的机构设置复杂、职责范围重叠、工作内容模糊、管理效率低下等诸多问题。

三、加快教育公共治理模式转型

教育公共治理目标实现的过程，就是政府通过机制设计和制度安排来保障政府、市场、公民、社会共同参与教育公共事务管理，并承担相应责任，在充分调动利益相关人积极性的基础上，达成公共利益实现最大化的过程。教育管理方式转变的核心要求，就是由微观管理走向宏观管理，由直接管理走向间接管理，由"办教育"向"管教育"转变，由"管理"向"服务"转变。建议如下：一要转变"管"的理念。教育治理体系现代化的终极目标，应成为教育管办评分离的根本走向和目标设计的核心理念。政府应以"有限政府"或"宏观管理"为治理主题，依法对各级各类学校实行间接的管理，将学校办学和教育质量的评价权交给社会，将教育的"主管部门"转变为行业性的"监管部门"。二要清理"管"的权力。"政府管教育"的重点应是在学校之间、地区之间进行统筹、规划、协调，并保障必要的公共服务和完善的监管。三要改进"管"的方式。政府职能要转变，管理方式要改进，这是教育管办评分离改革的基本诉求和必由之路。凡是基层学校能够自主决定的事项，教育主管部门绝不插手，让教育主管部门有足够的时间精力去谋全局、抓统筹，开展服务和监督。教育主管部门通过简政放权和改变服务方式，从烦琐细碎的评估、评审、评比等事务中解脱出来，聚焦那些"该做的事"和"能做的事"。四要完善"管"的平台。政府应在简化优化教育管理流程、服务带动教育发展等方面积极探索，通过开发拓展业务管理系统，优化整合教育管理业务流程，吸引各级各类管理者共同参与，形成一站式服务、动态式管理、开放式参与等网络管理模式。

四、推进政府教育职能调整重置

重置政府教育职能，科学定位政府角色，是推进教育管办评分离的必然要求，也是教育管办评分离取得突破的关键。在现阶段教育体制下，我国教育资源配置中政府与市场作用的边界模糊，政府职能实现中"职"与"位"不匹配的问题突出，亟待对政府职能模式进行调整、转换和改革。本书建议：在政府教育职能模式的重置过程中，应遵循教育治理的理念和规律，立足国情，放眼世界，通过构建"教育政府""有限政府""服务政府"和"合作政府"，实现政府对教育和学校的有效管理。"教育政府"的角色内涵在于，政府应管好该管的事，不干预学校办学，遏制教育行政膨胀，服务性履职尽责；"有限政府"的角色特征在于政府权责、政府职能、政府规模和政府行为均受宪法与法律的明文限制，应不断强化对教育职权的监督与约束；"服务政府"的角色核心在于以公众利益为本位，围绕市场规律的核心，发挥政府应然职能，通过体制机制优化和"放管服"改革来提高教育服务水平；"合作政府"的角色价值在于参与治理的力量必须多元化，实施治理的过程必须合作化，让利益相关者成为教育治理的主体。

五、实施政府主导下的互动共治

在社会变革和部门失灵的双重背景下，合作共治应是教育行政管理的发展方向。关于政府主导的合作共治，本书有两点建议：一是强化"上下"共治。各级政府在简政放权中，需要省、市、县（区）三级政府在教育职能上步调一致、相互支持，形成上下一体、有机统一、衔接运行的"政策链"。当然，教育管办评分离更多地寄希望于在基层学校发生"静悄悄的革命"，构建教育管办评分离的自组织改革机制。如果没有自下而上的创新探索和基层实践，管办评分离改革就很难奏效。二是推进"内外"共治。社会的充分"发声"对于教育公共治理秩序的形成关系重大，它可以表达社会的真实需求和利益期待，也能够为解决"政府失灵"和"市场失灵"状况创造条件。政府应加强与社会公众的良好合作关系，建构教育民主的权利对话平台，提高公众的参教、评教能力，保证公众的教育知情权和监督权，使其及时获取与自身利益相关的政府政策信息，包括法律法规、政策措施、行政预算、教育开支等，引导社会公众共同对公共教育事业实施有效监督。

六、完善政府购买教育服务政策

近年来，我国政府购买服务的步伐明显加快，但政策实施不尽如人意，在运行机制、合同管理、风险防范、绩效评价等方面存在薄弱环节，需要总结反思。对此，本书的建议是：第一要改善宏观环境，加大政策支持。政府应及时研究制定相关的指导性文件，加强制度体系建设，细化和规范政府购买教育服务的主体、内容和程序，因地制宜地编制政府购买教育服务的"项目清单"，拿出用以提供政策对照的政府购买教育服务的"指导目录"和"服务条款"，明确政府购买的边界与范围。同时，政府应重视处理购买教育服务出现的购买成本、供给平衡和承接主体定位等新问题。第二要立足国情区情，确定购买行为。政府购买教育服务的出发点在教育质量，其衡量标准也是教育质量。要借鉴国外教育改革经验，结合我国实际将购买服务的合作对象找准，将政府的财政经费用对。第三要坚持契约精神，加强风险管控。政府购买教育服务，说到底是利用市场机制和社会机制实现公共教育目的的"市场经济行为"。对政府购买教育服务过程中各类风险的管控，是实现政府"有效购买"的重要基础。

七、实行教育社会评价中介服务

"社会评教"的简单理解就是政府将教育评价权交给社会"第三方"。建立社会参与教育评价的机制，需要大力培育和发展教育中介组织。但与发达国家相比，我国教育中介组织的培育和发展一直缓慢，明显满足不了教育评价"中介服务"的需要。本书提出了四条改进对策：一要理解社会评教育中的"社会"内涵。参与教育评价中的"社会"是一个宽泛的概念，其主体是独立于政府和学校之外的"第三方"组织或机构。但目前我国真正独立的"第三方评价"机构少之又少，同时在社会中有一些影响力的评价机构开展的教育评估，其评价结论的权威性、客观性、公正性、规范性等也时常受到质疑。二是要遵循教育市场的发展逻辑。教育现在面对的市场是一种不完善的市场，市场机制对于教育评价而言存在着"介入无效"的风险。要去培育一个良性的教育市场，使教育市场回归本来的作用和价值。三是促进政府与中介组织的伙伴合作。第三方作为独立的教育治理主体，又是制衡政府和市场的不可或缺的力量。应大力培育和鼓励中介组织的成长和发展，同时筑牢中介组织的信誉基础，提高教育评估服务能力，赢得政府、社会的支持和信任。四是加强教育评价服务的行业监管。在教育评价中介服务中政府监管不能缺位，应尽快建立第三方教育评价的行业标准或服务标准，建立对第三方教育评价组织的社会信誉评估机制，不断完善中介服务的委托程序。

八、探索督导与评价的交汇对接

"教育督导"作为教育管理的重要方式，有助于建立教育评价与教育督导的融合运行机制，但必须实现与"社会评价"的交汇对接。本书的建议如下：一是要认识"督评对接"的必要性和可能性。"督评对接"不是"社会评教育"中的伪命题，"督导机构"与"社会组织"同属于"教育中介组织"，管办评分离与教育督导制度具有共时性。"督评对接"强化了对教育督导地位的认识，弥补了教育督导机构依附政府部门的缺陷，拓展了教育管办评分离改革的新路。二是要掌握"督评对接"的规律性和操作性。"督评对接"的过程应该是复杂的，操作性要求相对也比较高。督评能否对接并不取决于政府的行政职权，而在很大程度上取决于是否对督导机构进行"资格再造"，是否在督导评价与社会评价之间建立了一种协同机制。只有厘清"督"与"评"的职能边界，形成"教育督导"与"社会评价"交汇对接的协同制度和实施方案，才能使"督评对接"从理论可行变为现实可能。

参考文献

一、中文著作

1. 中国行政管理学会编：《新中国行政管理简史（1949—2000）》，北京：人民出版社，2002 年版。

2. 俞可平主编：《治理与善治》，北京：社会科学文献出版社，2000 年版。

3. 俞可平：《中国治理变迁 30 年》，北京：社会科学文献出版社，2008年版。

4. 任晓：《中国行政改革》，杭州：浙江人民出版社，1998 年版。

5. 朱光磊主编：《中国政府发展研究报告（第二辑）：服务型政府建设》，北京：中国人民大学出版社，2010 年版。

6. 冉清文：《地方政府概论》，沈阳：东北大学出版社，2008 年版。

7. 陈振明：《政府再造——西方"新公共管理运动"述评》，北京：中国人民大学出版社，2003 年版。

8. 金太军等：《政府职能梳理与重构》，广州：广东人民出版社，2002年版。

9. 杜创国：《当代中国政府职能转变研究》，太原：书海出版社，2001年版。

10. 顾杰：《当代中国政府管理创新》，武汉：湖北人民出版社，2000 年版。

11. 杨冠琼：《当代中国行政管理模式沿革研究》，北京：北京师范大学出版社，1999 年版。

12. 汪玉凯主编：《中国行政体制改革 20 年》，郑州：中州古籍出版社，1998 年版。

13. 张文明等：《精简·统一·效能——中国政府机构与行政管理体制改革》，桂林：广西师范大学出版社，1998 年版。

14. 李文良等：《中国政府职能转变问题报告：问题·现状·挑战·对策》，

北京：中国发展出版社，2003 年版。

15. 刘星：《服务型政府：理论反思与制度创新》，北京：中国政法大学出版社，2006 年版。

16. 李燕：《政府公共服务提供机制构建研究——基于公共财政的研究视角》，北京：中国财政经济出版社，2008 年版。

17. 唐斌：《责任政府的逻辑——政府道歉的伦理内涵及其效用保障》，北京：中国社会科学出版社，2017 年版。

18. 张国庆：《现代公共政策导论》，北京：北京大学出版社，1997 年版。

19. 胡泽君：《公共管理与治理转型》，北京：中央编译出版社，2008 年版。

20. 罗豪才等：《软法与公共治理》，北京：北京大学出版社，2006 年版。

21. 齐振海：《管理哲学》，北京：中国社会科学出版社，1988 年版。

22. 康晓光：《权力的转移——转型时期中国权力格局的变迁》，杭州：浙江人民出版社，1999 年版。

23. 薄贵利：《中央与地方关系研究》，长春：吉林大学出版社，1991 年版。

24. 董辅礽等：《集权与分权——中央与地方关系的构建》，北京：经济科学出版社，1996 年版。

25. 辛向阳：《百年博弈——中国中央与地方关系 100 年》，济南：山东人民出版社，2000 年版。

26. 孙柏瑛：《当代地方治理：面向 21 世纪的挑战》，北京：中国人民大学出版社，2004 年版。

27. 杨雪冬等：《地方的复兴——地方治理改革 30 年》，北京：社会科学文献出版社，2009 年版。

28. 陈天祥：《新公共管理——政府再造的理论与实践》，北京：中国人民大学出版社，2007 年版。

29. 陈恒均：《治理互赖与政策执行》，台北：商鼎文化出版社，2002 年版。

30. 张其禄：《管制行政：理论与经验分析》，台北：商鼎文化出版社，2007 年版。

31. 马健生：《公平与效率的抉择：美国教育市场化改革研究》，北京：教育科学出版社，2008 年版。

32. 奚从清：《角色论——个人和社会的互动》，杭州：浙江大学出版社，2010 年版。

33. 王伟光：《经济利益　政治秩序　社会稳定——社会主义社会矛盾的深层反思》，北京：中共中央党校出版社，1991 年版。

34. 毛寿龙：《中国政府功能的经济分析》，北京：中国广播电视出版社，1996 年版。

35. 毛寿龙、李梅：《有限政府的经济分析》，上海：上海三联书店，2000 年版。

36. 毛寿龙等：《西方政府的治道变革》，北京：中国人民大学出版社，1998 年版。

37. 俞可平主编：《权利政治与公益政治》，北京：社会科学文献出版社，1999 年版。

38. 曹沛霖：《政府与市场》，杭州：浙江人民出版社，1998 年版。

39. 朱利霞：《国家观念、市场逻辑与公共教育——转型期西方公共教育改革研究》，济南：山东教育出版社，2010 年版。

40. 俞可平等：《中国公民社会的兴起与治理的变迁》，北京：社会科学文献出版社，2002 年版。

41. 马国泉：《行政伦理：美国的理论与实践》，上海：复旦大学出版社，2006 年版。

42. 陈富良：《放松规制与强化规制》，上海：上海三联书店，2001 年版。

43. 秦晖：《政府与企业以外的现代化——中西方公共事业史比较研究》，杭州：浙江人民出版社，1999 年版。

44. 曾峻：《公共秩序的制度安排——国家与社会关系的框架及其运用》，上海：学林出版社，2005 年版。

45. 高小平、王俊豪、张学栋：《政府职能转变与管理方式创新》，北京：人民出版社，2010 年版。

46. 胡家勇等：《政府职能转变与政治治理转型》，广州：广东经济出版社，2015 年版。

47. 吴爱明、沈荣华、王立平：《服务型政府职能体系》，北京：人民出版社，2009 年版。

48. 易昌良：《中国服务型政府职能重构研究》，北京：人民出版社，2014 年版。

49. 顾丽梅、陶东明：《政策创新与政府治理》，上海：复旦大学出版社，2009 年版。

50. 龙宁丽：《政府改革与公共治理》，北京：中央编译出版社，2015 年版。

51. 赖先进：《论政府跨部门协同治理》，北京：北京大学出版社，2015 年版。

52. 黄璇：《寻求合作共治：当代中国治理的价值取向与哲学阐释》，北京：北京大学出版社，2015 年版。

53. 于小千：《管办分离：公共服务管理体制改革研究》，北京：北京理工大学出版社，2011 年版。

54. 于述胜：《中国教育制度通史（第七卷）》，济南：山东教育出版社，2000 年版。

55. 邬志辉：《中国教育现代化新视野》，沈阳：东北师范大学出版社，2000 年版。

56. 李岚清：《教育访谈录》，北京：人民教育出版社，2003 年版。

57. 袁振国：《教育改革论》，南京：江苏教育出版社，2005 年版。

58. 顾海良：《教育体制改革攻坚》，北京：中国水利水电出版社，2006 年版。

59. 朱国仁：《教育体制改革：科教兴国战略下的选择》，北京：党建读物出版社，2004 年版。

60. 陈孝彬：《教育管理学》，北京：北京师范大学出版社，1999 年版。

61. 谢维和：《教育活动的社会学分析：一种教育社会学的研究》，北京：教育科学出版社，2007 年版。

62. 蒲蕊：《政府与学校关系的重建——一种制度分析的视角》，武汉：武汉大学出版社，2012 年版。

63. 冯大鸣：《西方六国政府学校关系变革》，上海：上海教育出版社，2011 年版。

64. 蒲蕊：《教育行政学》，北京：中国人民大学出版社，2008 年版。

65. 朱永新、袁振国等主编：《教育改革进行时》，太原：山西教育出版社，2016 年版。

66. 朱永新、袁振国等主编：《十三五，教育怎么办》，太原：山西教育出版社，2016 年版。

67. 朱永新、袁振国等主编：《跨界看教育》，太原：山西教育出版社，2016 年版。

68. 朱永新、袁振国等主编：《创新时代：教育怎么办》，太原：山西教育出版社，2016 年版。

69. 王晓辉主编：《全球教育治理：国际教育改革文献汇编》，北京：教育科学出版社，2008 年版。

70. 上海教育杂志社编：《此岸·彼岸——28 国教育改革进行时》，上海：

上海教育出版社，2006 年版。

71. 吴清山等：《教育绩效责任研究》，北京：九州出版社，2006 年版。

72. 孙绵涛：《中国教育体制论》，沈阳：辽宁人民出版社，2004 年版。

73. 傅林：《当代美国教育改革的社会机制研究——20 世纪 60 年代美国教育改革运动的形成》，北京：教育科学出版社，2006 年版。

74. 杨小微等：《"新基础教育"学校领导与管理改革指导纲要》，桂林：广西师范大学出版社，2009 年版。

75. 胡卫等主编：《办学体制改革：多元化的教育诉求》，北京：教育科学出版社，2010 年版。

76. 李春玲：《理想的现实建构：政府主导型学校变革研究》，杭州：浙江大学出版社，2007 年版。

77. 杨东平主编：《中国教育发展报告》，北京：社会科学文献出版社，2008 年版。

78. 张新平：《教育组织范式论》，南京：江苏教育出版社，2001 年版。

79. 孙绵涛主编：《教育政策学》，北京：中国人民大学出版社，2010 年版。

80. 李图强：《现代公共行政中的公民参与》，北京：经济管理出版社，2004 年版。

81. 陈振明主编：《公共管理学：一种不同于传统行政学的研究途径》，北京：中国人民大学出版社，2003 年版。

82. 吴锦良：《政府改革与第三部门发展》，北京：中国社会科学出版社，2001 年版。

83. 陈振明等：《政府工具导论》，北京：北京大学出版社，2009 年版。

84. 宋官东：《教育公共治理导论》，沈阳：东北大学出版社，2012 年版。

85. 颜丙峰、宋晓慧：《教育中介组织的理论与实践》，上海：上海人民出版社，2006 年版。

86. 吴康宁：《教育改革的"中国问题"》，南京：南京师范大学出版社，2015 年版。

87. 扈中平、陈东升：《中国教育两难问题》，长沙：湖南教育出版社，2000 年版。

88. 康永久：《教育制度的生成与变革——新制度教育学论纲》，北京：教育科学出版社，2002 年版。

89. 袁益民：《教育评估的体制创新》，南京：江苏科学技术出版社，2007 年版。

90. 涂文涛主编：《教育督导新论》，北京：人民教育出版社，2015年版。

91. 陆有铨：《躁动的百年——20世纪的教育历程》，济南：山东教育出版社，1997年版。

92. 改革开放30年中国教育改革与发展课题组：《教育大国的崛起（1978—2008)》，北京：教育科学出版社，2008年版。

93. 史静寰：《当代美国教育》，北京：社会科学文献出版社，2001年版。

94. 吴遵民、李家成：《学校转型中的管理变革——21世纪中国新型学校管理理论的构建》，北京：教育科学出版社，2007年版。

95. 上海市浦东新区社会发展局：《中国教育改革前沿报告：浦东新区教育公共治理结构与服务体系研究》，上海：上海教育出版社，2009年版。

96. 傅大友等：《行政改革与制度创新》，上海：上海三联书店，2004年版。

97. 江美塘：《制度变迁与行政发展——公共行政之制度理论的比较研究》，天津：天津人民出版社，2004年版。

98. 国家高级教育行政学院编著：《新中国教育行政管理五十年》，北京：人民教育出版社，1999年版。

99. 盛洪：《为什么制度重要》，郑州：郑州大学出版社，2004年版。

100. 程虹：《制度变迁的周期——一个一般理论及其对中国改革的研究》，北京：人民出版社，2000年版。

101. 张翼：《教育发展与制度选择——我国二十五年来教育制度变迁分析》，广州：暨南大学出版社，2012年版。

102. 朱小蔓：《教育的问题与挑战——思想的回应》，南京：南京师范大学出版社，2000年版。

二、翻译著作

1. 卢梭：《社会契约论》，北京：商务印书馆，1980年版。

2. 维尔·杜兰特：《哲学的故事》，北京：中国妇女出版社，2004年版。

3. 奥斯特罗姆：《公共事物的治理之道：集体行动制度的演进》，上海：上海译文出版社，2012年版。

4. 阿尔恩特、欧曼：《政府治理指标》，北京：清华大学出版社，2007年版。

5. 詹姆斯·N·罗西瑙：《没有政府的治理》，南昌：江西人民出版社，2001年版。

6. 卡斯·桑斯坦：《简化：政府的未来》，北京：中信出版社，2015年版。

7. B·盖伊·彼得斯：《政府未来的治理模式》，北京：中国人民大学出版社，2013年版。

8. 特里·L·库珀：《行政伦理学：实现行政责任的途径（第四版）》，北京：中国人民大学出版社，2001年版。

9. 戴维·奥斯本、彼德·普拉斯特里克：《摒弃官僚制：政府再造的五项战略》，北京：中国人民大学出版社，2002年版。

10. 麦克尔·巴泽雷：《突破官僚制：政府管理的新愿景》，北京：中国人民大学出版社，2002年版。

11. 戴维·奥斯本等：《改革政府：企业精神如何改革着公营部门》，上海：上海译文出版社，1998年版。

12. 保罗·C·纳特、罗伯特·W·巴可夫：《公共和第三部门组织的战略管理：领导手册》，北京：中国人民大学出版社，2002年版。

13. 亨廷顿：《变化社会中的政治秩序》，上海：三联书店，1989年版。

14. 青木昌彦：《比较制度分析》，上海：上海远东出版社，2001年版。

15. 查尔斯·E·林布隆：《政策制定过程》，北京：华夏出版社，1988年版。

16. 拉尔夫·达仁道夫：《现代社会冲突》，北京：中国社会科学出版社，2000年版。

17. 欧文·E·休斯：《公共管理导论》，北京：中国人民大学出版社，2001年版。

18. 简·莱恩：《新公共管理》，北京：中国青年出版社，2004年版。

19. 雷·马歇尔、马克·塔克：《教育与国家财富：思考生存》，北京：教育科学出版社，2003年版。

20. 杰夫·惠迪、萨莉·鲍尔、大卫·哈尔平：《教育中的放权与择校：学校、政府和市场》，北京：教育科学出版社，2003年版。

21. 约翰·E·丘伯、泰力·M·默：《政治、市场和学校》，北京：教育科学出版社，2003年版。

22. 丹尼斯·缪勒：《公共选择》，北京：中国社会科学出版社，1999年版。

23. 让－皮埃尔·戈丹：《何谓治理》，北京：社会科学文献出版社，2010年版。

24. 托尼·鲍法德、爱尔克·劳夫勒编：《公共管理与治理》，北京：国家行政学院出版社，2006年版。

25. 威廉·冯·洪堡：《论国家的作用》，北京：中国社会科学出版社，

1998 年版。

26. 皮埃尔·卡蓝默：《破碎的民主：试论治理的革命》，上海：三联书店，2005 年版。

27. 约翰·克莱顿·托马斯：《公共决策中的公民参与：公共管理者的新技能与新策略》，北京：中国人民大学出版社，2005 年版。

28. 洛克：《政府论：下篇》，北京：商务出版社，1965 年版。

29. 罗伯特·A·达尔：《论民主》，北京：商务出版社，1999 年版。

30. E·马克·汉森：《教育管理与组织行为》，上海：上海教育出版社，1993 年版。

31. 罗伯特·G·欧文斯：《教育组织行为学（第 7 版）》，上海：华东师范大学出版社，2001 年版。

32. 詹姆斯·布坎南：《自由、市场和国家》，北京：北京经济学院出版社，1988 年版。

33. 迈克尔·富兰：《变革的力量——透视教育改革》，北京：教育科学出版社，2000 年版。

34. 迈克尔·富兰：《教育变革新意义（第 3 版）》，北京：教育科学出版社，2005 年版。

35. 斯蒂芬·鲍尔：《政治与教育政策制定——政策社会学探索》，上海：华东师范大学出版社，2003 年版。

36. 本杰明·莱文：《教育改革——从启动到成果》，北京：教育科学出版社，2004 年版。

37. 戴维·T·康利：《谁在管理我们的学校——变化中的角色和责任》，上海：华东师范大学出版社，2005 年版。

38. 凯瑟琳·麦克德莫特：《掌控公立学校教育：地方主义与公平》，北京：教育科学出版社，2007 年版。

39. 托尼·布什：《当代西方教育管理模式》，南京：南京师范大学出版社，1998 年版。

40. 珍妮特·V·登哈特等：《新公共服务：服务，而不是掌舵》，北京：中国人民大学出版社，2004 年版。

41. 克里斯托弗·波利特等：《公共管理改革——比较分析》，上海：上海译文出版社，2003 年版。

42. 埃里克·阿姆纳等：《趋向地方自治的新理念》，北京：北京大学出版社，2005 年版。

43. 哈贝马斯：《公共领域的结构转型》，上海：学林出版社，1999 年版。

44. 世界银行：《1997 年世界发展报告·变革世界中的政府》，北京：中国财政经济出版社，1997 年版。

45. 吉列尔莫·奥唐奈、菲利普·施密特：《威权统治的转型：关于不确定民主的试探性结论》，北京：新星出版社，2012 年版。

46. 吉列尔莫·奥唐奈：《现代化和官僚威权主义》，北京：北京大学出版社，2008 年版。

47. 青木昌彦、吴敬琏：《从威权到民主：可持续发展的政治经济学》，北京：中信出版社，2008 年版。

48. 斯迪芬·海哥德、罗伯特·R. 考夫曼：《民主化转型的政治经济分析》，北京：社会科学文献出版社，2008 年版。

49. 藤田英典：《走出教育改革的误区》，北京：人民教育出版社，2001 年版。

50. 唐纳德·凯特尔：《权力共享：公共治理与私人市场》，北京：北京大学出版社，2009 年版。

51. 道格拉斯·C. 诺思：《制度、制度变迁与经济绩效》，上海：格致出版社、上海三联书店、上海人民出版社，1994 年版。

三、期刊论文

1. 杨小云：《论我国中央与地方关系的改革》，《政治学研究》1997 年第 3 期。

2. 王诗宗：《治理理论的内在矛盾及其出路》，《哲学研究》2008 年第 2 期。

3. 丁冬汉：《从“元治理”理论视角构建服务型政府》，《海南大学学报（人文社会科学版）》2010 年第 5 期。

4. 贾博：《对公共服务主体角色的理论分析》，《理论导刊》2014 年第 2 期。

5. 杨建顺：《计划行政的本质特征与政府职能定位》，《中国人民大学学报》2007 年第 3 期。

6. 朱艳鑫、赵立波：《管办分离：认知、内涵与机制创新》，《行政论坛》2014 年第 4 期。

7. 洪向华、井敏：《事业单位“管办分离”存在的问题及对策》，《探索与争鸣》2011 年第 3 期。

8. 金太军、鹿斌：《社会治理新常态下的地方政府角色转型》，《中国行政管理》2016 年第 10 期。

9. 陈天祥：《善治之道：政府怎样与第三方组织合作》，《人民论坛·学术前沿》2013 年第 17 期。

10. 周雪光：《权威体制与有效治理：当代中国国家治理的制度逻辑》，《开放时代》2011 年第 10 期。

11. 陈毅：《中国转型社会的国家治理有效性——基于国家自主性的视角》，《社会科学》2013 年第 1 期。

12. 阮成武：《论社会建设中的政府教育职能》，《中国教育学刊》2009 年第 3 期。

13. 袁振国：《改革开放三十年教育思想观念的重大突破》，《中国高等教育》2008 年第 20 期。

14. 刘复兴：《公共教育权力的变迁与教育政策的有效性》，《教育研究》2003 年第 2 期。

15. 陈谋开：《经济全球化与我国教育行政职能的转变》，《国家教育行政学院学报》2002 年第 6 期。

16. 吴康宁：《政府部门超强控制：制约教育改革深入推进的一个要害性问题》，《南京师大学报（社会科学版）》2012 年第 5 期。

17. 龚怡祖：《教育行政体制中的基本关系分析》，《清华大学教育研究》2009 年第 6 期。

18. 褚宏启、贾继娥：《教育治理中的多元主体及其作用互补》，《教育发展研究》2014 年第 19 期。

19. 张烨：《教育政策的制度分析：必要、框架及限度》，《复旦教育论坛》2006 年第 6 期。

20. 劳凯声：《教育市场的可能性及其限度》，《北京师范大学学报（社会科学版）》2005 年第 1 期。

21. 许杰：《教育分权：公共教育体制范式的转变》，《教育研究》2004 年第 2 期。

22. 潘希武：《政府在教育治理中扮演的两个角色》，《比较教育研究》2006 年第 11 期。

23. 朱丽：《教育评估：市场的缺位与合理介入》，《教育测量与评价（理论版）》2011 年第 6 期。

24. 刘尧：《我国基础教育评价的回顾与反思》，《教育测量与评价（理论版）》2008 年第 1 期。

25. 黄崴：《我国教育督导体制现状、问题与改革路径》，《教育发展研究》

2009 年第 12 期。

26. 骈茂林：《教育督导监督职能的发展：以公共教育权力变迁为背景》，《中国教育学刊》2006 年第 8 期。

27. 吴景松：《西方公共教育治理范式变革及其启示》，《中国教育学刊》2010 年第 11 期。

28. 杨东平：《政府教育治理能力的现代化》，《教育发展研究》2013 年第 23 期。

29. 张建：《教育治理体系的现代化：标准、困境及路径》，《教育发展研究》2014 年第 9 期。

30. 许明、胡晓莺：《当前西方国家教育市场化改革述评》，《教育研究》1998 年 3 期。

31. 孙绵涛、王刚：《我国现代学校制度建设的成就、问题与对策》，《教育研究》2013 年第 11 期。

32. 范国睿：《政府·社会·学校——基于校本管理理念的现代学校制度设计》，《教育发展研究》2005 年第 1 期。

33. 刘利民：《新形势下我国基础教育管办评分离思考》，《中国教育学刊》2015 年第 3 期。

34. 张力：《教育领域深入推进管办评分离的探索》，《中国机构改革与管理》2014 年第 4 期。

35. 周海涛：《高等教育"管办评分离"的缘由与路径》，《国家教育行政学院学报》2014 年第 3 期。

36. 杨志刚：《基础教育管办评分离的实践探索与理论分析》，《中国教育学刊》2014 年第 7 期。

37. 徐玉特：《基础教育管办评分离：困境与破解》，《教育科学研究》2015 年第 7 期。

38. 张志勇：《管办评分离是建立现代教育治理体系的关键》，《人民教育》2014 年第 3 期。

39. 满建宇：《管、办、评分离：现代学校制度建设的关系重构》，《现代教育管理》2014 年第 9 期。

40. 胡伶：《我国教育行政职能变革：趋势、难点和对策——透析上海浦东新区"管办评"分离与联动改革的实践》，《教育实践与研究（中学版）》2008 年第 11 期。

41. 黄晓婷：《管办评分离背景下的教育评价新视野》，《中小学管理》2015

年第 8 期。

42. 杨克瑞：《教育管办评分离的改革困境与有效推进策略》，《中小学校长》2016 年第 12 期。

43. 宋忠芳：《教育管办评分离改革问题分析》，《中国成人教育》2016 年第 18 期。

44. 关守宁、吴中波：《教育供给侧改革视域下高等教育管办评分离研究》，《现代教育管理》2017 年第 12 期。

45. 黄亮：《论我国教育法治进程中管办评分离改革》，《经济研究导刊》2017 年第 35 期。

46. 袁益民：《关于深化教育"管办评分离"改革的政策建议》，《高教发展与评估》2017 年第 1 期。

47. 刘佳：《"管办评"分离的构建与协同机制研究》，《中国教育学刊》2015 年第 9 期。

48. 范国睿：《基于教育管办评分离的中小学依法自主办学的体制机制改革探索》，《教育研究》2017 年第 4 期。

49. 范国睿：《教育管办评分离改革：理论假设与实践路径》，《教育科学研究》2017 年第 5 期。

50. 周家荣、黄子钰：《教育管办评分离与政府治理方式的变革》，《昆明理工大学学报（社会科学版）》2016 年第 5 期。

51. 尧逢品：《实践视角下教育管办评分离之"评"析》，《上海教育评估研究》2017 年第 1 期。

52. 钟媚、肖娟：《我国教育"管办评"分离机制创新：问题与对策》，《韩山师范学院学报》2016 年第 2 期。

53. 苏君阳：《管办评分离背景下教育督导评估机制的建构》，《北京教育（高教版）》2016 年第 12 期。

54. 孙燕、胡弼成：《"管办评分离"：大学走向善治的契机》，《大学教育科学》2015 年第 5 期。

55. 蒋海春：《教育管理体制改革实行管办评分离机制研究》《当代职业教育》2015 年第 9 期。

56. 葛道凯：《从矛盾变化看新时代教育改革发展的基本走向》，《教育研究》2018 年第 12 期。

57. 李亚东、俎媛媛：《我国第三方教育评价的核心问题辨析及政策建议》，《教育发展研究》2018 年 21 期。

58. 谈松华：《我国教育改革40年主要经验与启示》，《人民教育》2018年第21期。

四、报纸文章

1. 袁贵仁：《深化教育领域综合改革 加快推进教育治理体系和治理能力现代化》，《中国教育报》，2014-2-13，第1版。

2. 易鑫：《教育"治理"辨析》，《中国教育报》，2014-4-5，第3版。

3. 俞水、易鑫：《推进教育治理体系能力现代化》，《中国教育报》，2013-12-5，第3版。

4. 柯进：《教育体制改革30年："坚冰"仍待打破》，《中国教育报》，2015-6-10，第5版。

5. 翁小平：《以法治思维推进教育治理现代化》，《中国教育报》，2014-11-25，第5版。

6. 赵立波：《推进事业单位管办分离改革》，《学习时报》，2012-9-3，第3版。

7. 郑军：《共同治理模式与教育治理体系建设》，《中国教育报》，2014-2-26，第10版。

8. 丁善辉：《教育治理要先"理"后"治"》，《中国教育报》，2014-10-28，第6版。

9. 刘峰：《教育治理现代化要做好"加减法"》，《人民政协报》，2014-2-26，第10版。

10. 张勇、姚春艳：《教育评价改革再认识》，《光明日报》，2015-4-21，第14版。

11. 谭浩俊：《政府角色定位事关改革成败》，《中华工商时报》，2013-9-18，第7版。

12. 韩启：《政府角色再定位》，《新金融观察》，2013-11-18，第15版。

13. 吴景松、胡振鲁：《重塑政府角色实现公共教育服务均等化》，《中国社会科学报》，2011-5-12，第10版。

14. 彭松建：《从国际视角看市场中的政府角色》，《中华读书报》，2014-1-1，第12版。

15. 杨燕青、严婷、周艾琳：《"市场决定"不等于弱化政府角色》，《第一财经日报》，2014-4-4，第A07版。

16. 杨东平：《政府不一定要亲自管理学校》，《中国青年报》，2013-12-

10，第 2 版。

17. 高书国：《把握改革整体方向深化教育综合改革》，《中国教育报》，2013 - 12 - 27，第 6 版。

18. 龚姚东：《管办评分离：重在厘清"管"与"评"的关系》，《浙江教育报》，2015 - 10 - 21，第 5 版。

19. 焦以璇：《管办评分离激发教育新活力——全国教育管办评分离改革试点工作综述》，《中国教育报》，2017 - 12 - 22，第 2 版。

六、网络资料

1. 董少校、储召生、柯进：《教育体制改革没有完成时，只有进行时》
http：//edu. people. com. cn/n/2015/0526/c1053 - 27056827. html

2. 范国睿：《教育体制机制改革与教育治理现代化》
http：//cjjy. com. cn/fgrjytijzgg/

3. 陈宝生：《将教育综合改革推向精准落实新阶段》
http：//www. edu. cn/edu/jiao_ yu_ bu/jiang/201706/t20170622_ 1532283. shtml

4. 无锡市政府网站：《教育"管办评"分离改革加速推进》
http：//www. wuxi. gov. cn/doc/2016/10/18/1158338. shtml.

5. 教育部网站：《杭州上城区：政府推行"管办助评"释放学校办学活力》
http：//www. moe. gov. cn/jyb_ xwfb/s5147/201507/t20150713_ 193596. html.

6. 教育部网站：《青岛扎实推进教育管办评分离》
http：//www. moe. gov. cn/jyb _ xwfb/s6192/s222/moe _ 1769/201706/t20170609_ 306667. html.

7. 四川新闻网：《关于教育"管办评分离"的新津探索》
http：//edu. newssc. org/system/20151229/001820145. htm.

8. 陕西省人民政府网站：《省教育厅稳步推进教育管办评分离改革》
http：//www. shaanxi. gov. cn/zdzl/znzb/gzsj/57985. htm.

9. 周洪宇：《教育放、管、服改革的三个清单与一个核心》
http：//www. sohu. com/a/133747512_ 539029

后 记

本书是在我承担的国家社会科学基金"十二五"规划教育学立项课题"教育管办评分离治理的政府角色研究"的研究报告基础上修改完成的。出版时吸收了本人所承担的江苏省社会科学基金项目立项课题"省级政府统筹下教育管办评分离改革路径与制度设计研究"、江苏省教育厅委托资助课题"省级统筹条件下教育管办评分离改革研究"的部分成果,同时融进了本人近年在指导研究生过程中对我国教育体制改革焦点难点问题的最新心得。

坦率地讲,教育改革和教育治理研究本不是我的学术兴趣和擅长。我们20世纪60年代初出生的这辈人,一直有一种国家情怀和教育理想,也不缺少教书育人的责任与担当。我在20世纪80年代初的扬州师范学院中文系毕业后,先留校做一名专职教师,后来因故转岗而进入工作、学习、研究的新天地。在之后的二十多年里,先后研究过传统美德教育,探索过高校党政管理,专攻过大学校园文化,钻研过依法治校理论,算是与教育学科结缘较深的"教育爱好者"和"业余研究者"。当时我仅凭着兴趣爱好,将本应用于陪伴家人、探亲访友的零星时间大多用到思考和写作之中,万没想到这些成果能给今后发展带来莫大好处,以至于使我成为当时全校专职党政管理队伍中最年轻的正教授。

当然,这些年来我用功最多的是学校管理和教育治理。1995年以来我经历了晋升职称、申报课题、培养研究生、教育管理实践、参与学院事业的建设发展,特别是从2010年起将人生航船稳稳停靠在了教育研究的码头上,与同仁们交流心得、讨论热点、切磋学术、展望未来。从一开始被师生认为是"业余教育学者"的教育科学学院党务管理者,到校内屈指可数的同时承担国家级、省级、厅级教育研究课题的主持人,这种"华丽转身"的背后,除了笔耕不辍、积沙成塔的必然性外，当然也有"运气"和"被逼"的成分。回想自己十余年教育研究历程，似乎都是在这种挤压窒息中去拓疆夺地，最后进入"柳暗花明又一村"的新境界。

更重要的是，经历数十年教育领域的管理实践、学术训练和书香熏染，使我逐步获得了看待国家、看待政府、看待学校、看待社会、看待教育、看待管理、看待组织、看待自身的理性视角。也正是通过阅读政治学、教育学、管理学、社会学、文化学的各种经典，与政府管理、教育管理的理论大师们进行精神对话，使我得以知晓和领悟教育治理真谛，尽管身为渺小的个体，却也能在时代变迁、国家强盛和教育善治中找到个人与社会的联系，界定好自己的人生方位，扮演好教育研究者角色，为推进国家教育治理转型、实现中国教育善治目标添砖加瓦。

历经三年甘苦，如今本书终于完稿付梓。这与其说是我对国家级教育项目研究任务的成果交代，还不如说是对自己因觉悟早、运气好，被"逼"上教育研究之路后的学术交代，同时也给自己坎坷不易的35年校园职业生涯画上了圆满句号。更加深入一点说，此时出版本书，也使长期折磨自己的各种复杂思绪和纠结情感可以毫无遗憾地收入历史记忆中，取而代之的是用"老来得子"的快乐心情去迎接日渐临近的退休生活。这里永远不会忘记，是扬州大学这方热土教育和培养了我，实现了我的目标，成就了我的梦想。

研究不易，过程很美，使我在为人、从教、治学、交友、尽孝、持家等方面受益良多。今天能做到这一步，内心无比感谢我的领导、同仁、朋友、学生和家人。

感谢江苏省教育厅张亚平、周长春、冯大生、周振修等领导师友的支持和帮助，诸位的不吝赐教，使我获益匪浅，情谊深厚，长铭于心。感谢扬州大学有关领导和我的同事学友在我研究期间给予的关心和帮助。感谢省内外有关市、县、区教育局、督导室、教科所（室）领导以及高教、基教、职教等一批同道挚友为我的研究工作提供的各种便利。感谢在本书出版过程中给予热情帮助的陈洪彪、张金良两位先生，正是他们的敬业、耐心和细致，为本书的及时面世提供了保证。

在此，我还要特别感谢我的爱人和儿子、儿媳。为了我的研究和写作，他（她）们放弃了许多休息时间，给我鼓励督促和全力保障。直至小孙女降生后，她们非但没有干扰我的研究工作，相反还抽出时间来照顾我的生活，催促我的写作。我虽苦犹荣，倍感欣慰。

　　在本书付梓之际，特别想起父母亲的养育之恩以及给予我们子女们无私的爱。几十年里严父慈母的期望和教诲，一直是我从教敬业、披荆斩棘、勇往直前的动力。谨以此书纪念我敬爱的老母亲逝世三周年，并敬祝年届九十的老父亲健康长寿、幸福快乐！

史华楠

己亥年仲秋谨识于扬州鸿大花园